台湾と日本のはざまを生きて

世界人、羅福全の回想

羅福全 著
陳柔縉 編著
小金丸貴志 訳
渡辺利夫 序

藤原書店

羅福全

1999 年　撮影・呉金石

（上）母は独立した現代的な女性で、戦前は職業婦人であり、戦後は自分で旅館を経営していた。写真は1940年代初頭の東京の街頭。

（右下）嘉義市栄町の家の前で、姉2人と。

（左下）母や姉と嘉義から東京の田園調布に移り住み、一家三人の新生活が始まった。家は大きく、庭には小さな神社と鳥居があった。隣は森永ミルクキャラメルの社長の家。

父の羅程（前列右から 9 番目）と林抱（同 8 番目）。共同出資でバス会社を経営し、会社は嘉義駅の近くにあった。

（上）富裕な家庭に生まれた。70 数年前の子供時代、流行の水兵服を着て、腰には革ベルトをしている。

（左）1943（昭和 18）年頃、従兄に連れられて街へ出た時の写真。当時の東京・銀座ではプロのカメラマンが隠し撮りをしてから写真を販売しており、新聞のような動きのある貴重な写真が残ることになった。足元には路面電車のレールが走り、背景には雅な街燈が見え、その脇の電柱には旅館の広告が掛かっている。

米アイビーリーグのペンシルベニア大学で博士号を取得、ノーベル経済学賞受賞者に学ぶ。

（右頁上） 日本留学中の 1961 年、右から頼家興、謝南強、張鴻禧らと熱海の温泉で。
（右頁下） 修士課程で日本に留学、東京大学と早稲田大学の両方の授業に出て勉強した。

世界を駆け巡った国際連合パスポート。専門知識を生かして各国で経済顧問を務めたが、故郷では国民党の独裁統治のために政治犯のブラックリストに載せられ、帰国することができなかった。

オーストリアで各国専門家と国際問題の会合に出席（前列左から 3 番目）。

1975 年、UNCRD ホールでマレーシアの学者、カマール・サリー（立っている）と理論を共同発表する。会場には国連の旗が掛かっている。

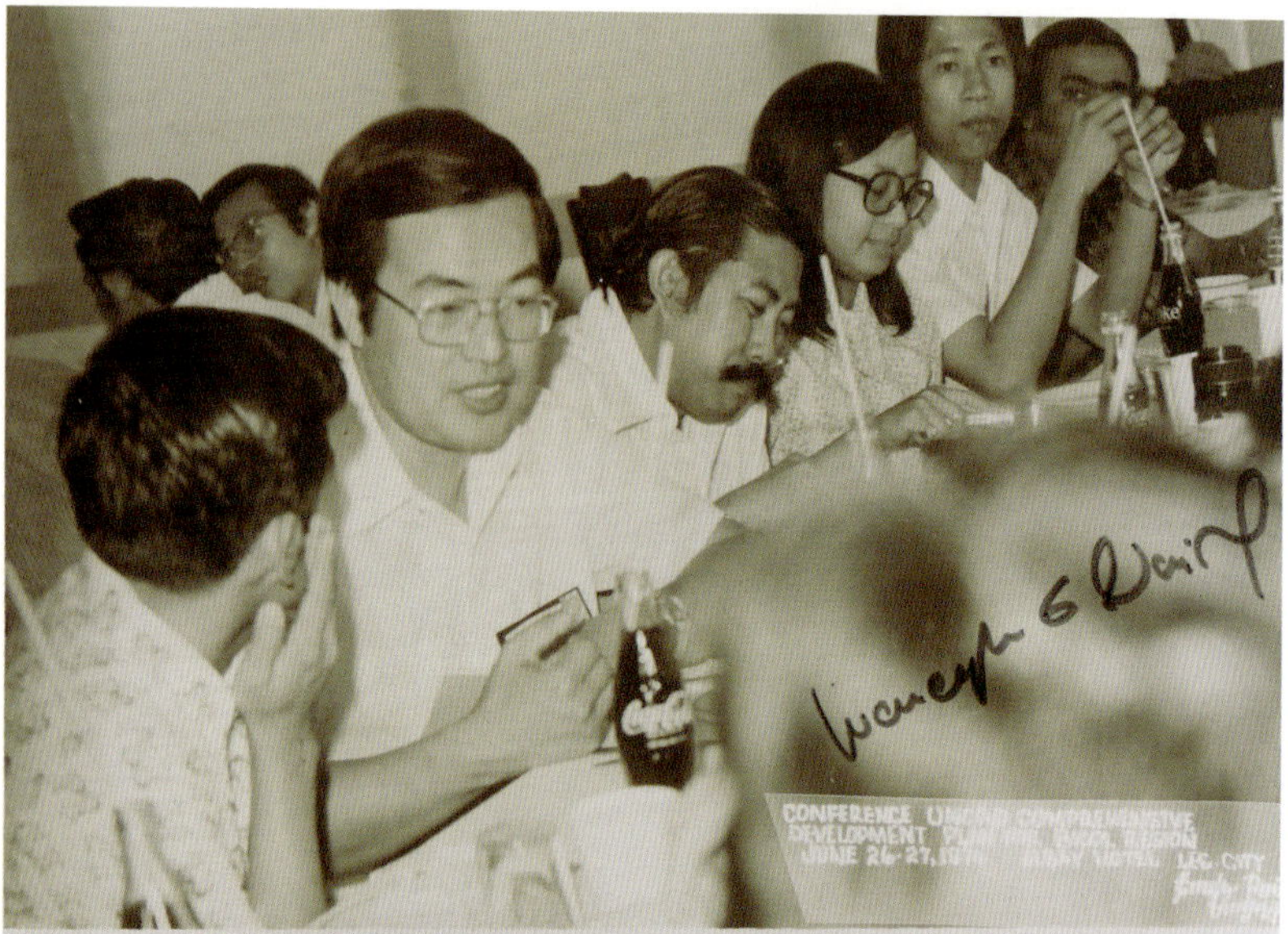

（上）1974年、初めてアジアでの業務につき、フィリピン・ビコル地区の開発計画を支援したほか、フィリピンの地域開発の専門家養成に当たった（左から2人目）。

（下）いつも肌の色や民族、国籍の異なる学者と付き合った。「その場に在るを楽しむ。青春を無駄にせずさ」。ロンドン大学主催のアフリカ大都市に関するシンポジウムで（右から2人目）。

台湾海峡の両岸の接触がなかった1986年、国連職員として北京人民大会堂で経済会議を主催（前列右端）。15カ国の政府代表が参加し、中国高官との会合が行われたが、中には趙紫陽首相（前列右から9番目）、銭其琛・外交部副部長（同7番目）、宦郷・社会科学院副院長（前列左から7番目）、朱鎔基・国家経済委員会副主任（同5番目）らがいた。さらにマレーシア首相府長官（前列右から4番目）とタイ副首相（同8番目）も出席していた。

（右上から時計回りに）羅福全（右から２人目）が出席する会議の会場を囲む各国国旗。台湾の旗だけが見えない。タイのタナット・コーマン副首相（左）は羅福全（右）にバンコクで経済問題の会議を開くよう急き立てた。羅福全（右から３人目）が冷戦後の軍縮と世界経済への影響をテーマに会議を開き、マクナマラ米元国防長官（左）のほか、日本の２人の元外相、大来佐武郎（左から２人目）と柿沢弘治（右から２人目）が出席した。羅福全はシン・インド首相と国際会議で何度も会っている。羅福全に招かれて台南を訪問したアンドレアス・ファン・アフト元オランダ首相（中）。日本の景気循環論の権威、篠原三代平教授（中）に能力を高く評価され、東京で経済会議を開催した。

（上）国連大学に在籍していた際、国連事務次長夫妻の訪台を手配し、国連の台湾での組織設立に道を開いたほか、李登輝総統や連戦行政院長との面会を実現した。

（下）恩師でノーベル経済学賞受賞者のクラインの訪日を歓迎し、駐日代表処で歓迎の宴席を設け、日本の著名な経済学者、青木昌彦や宇沢弘文、吉冨勝、藤田昌久らを招いた。

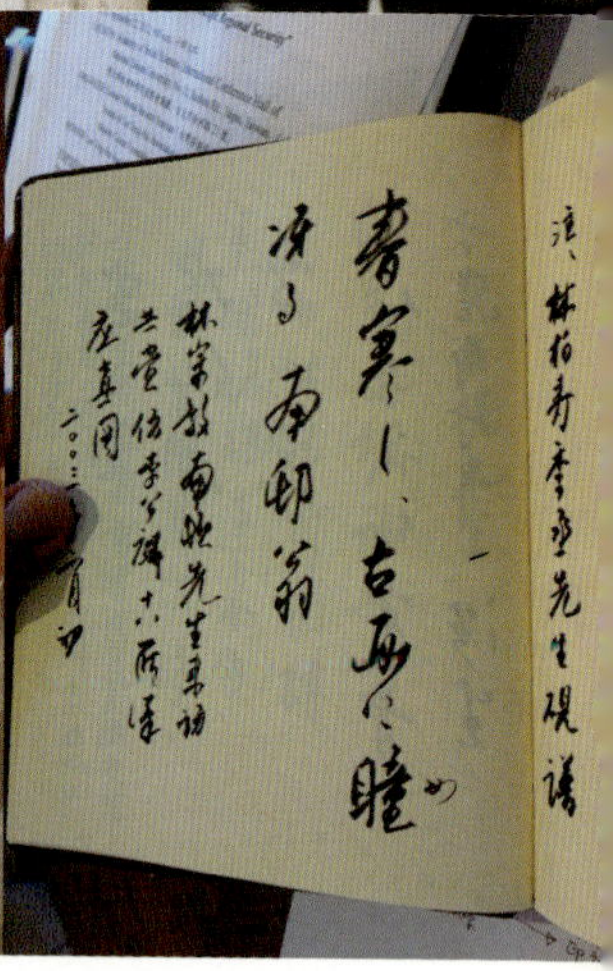

（上右）日本在住の芸能人で版画家の翁倩玉（ジュディ・オング、中）が初めて台湾をテーマとした版画作品を購入、代表処の芸術的雰囲気を盛り上げた。

（上左）羅の家系はみな達筆であった。子どもの頃から母に習字を習うよう言われ、海外で勤務中も書を通して交流を深めた。

（下右）自宅でもよく筆で詩を書く。

（下左）李登輝元総統（右から 2 番目）の訪日がついに実現したのは、駐日代表を務めた 4 年間で最大の成果だった。

(上) 天皇陛下の園遊会で、安倍晋三首相と羅福全夫妻。

(下) 台湾と日本は外交関係がなく、駐日代表夫人は外交団や外交官夫人の活動には全く加われなかった。だが日本の皇族・高円宮殿下（左）に面会してからは、同妃殿下が名誉総裁を務める「いけばなインターナショナル」の会合に羅福全夫人の毛清芬（右）も各国大使夫人と同様に参加できるようになった。

国連に奉職した30年間、世界の各所を巡ることで様々な経験を積んだ。西藏(チベット)大学での講義に招かれたり（上)、アフガニスタンの砂漠で銃を製造する村落を訪れたことも（下)。

(右) 留学生の同期にはみな女児が生まれており、羅福全も良い名の「欣欣（シンシン）」を取っておいたが、生まれたのは長男澤行で、「ゴリラ（猩猩＝シンシン）にならなかったんだから、まあ良いか」と一言。

(左上) 母、姉の昭容、姉の夫らと。

(左下) 父と大きくなった子供２人（右・長男澤行、中・次男澤言）がシガーバーでくつろぐ一時。

羅一家は国際的で、羅福全（後列右から２番目）と妻（前列右から２番目）は台湾に戻り、長男澤行の家族（同左から１、２、３番目、後列左から１番目）は日本に長く住み、次男澤言の家族（後列右から１、３番目、前列右端）は米国在住。

日本の読者へ

この度、私の回想録が日本語版で出版されるはこびになりました。私にとってこの上ない喜びであります。本書の出版に当たり、名古屋大学の小金丸貴志氏が一年をかけて翻訳し、渡辺利夫拓殖大学前総長のご紹介により、藤原書店による出版が実現しました。各位の周到な御配慮に心より感謝致します。

人生を振り返ると、私は三分の一の歳月を日本で過したことになります。

私は小学校四年生の時に埼玉で終戦を迎えました。東京は焼野原で食糧難であり、闇市の米で炊いた白い御飯が忘れられません。翌年二月、今も横浜港に停泊している氷川丸で台湾に引き揚げました。一九五八年に台湾大学を卒業した時、台湾では戦後初めての国外留学ブームが起こり、私は一九六〇年に早稲田大学経済研究科に留学しました。安保闘争の真最中で、校庭の大隈公の銅像には反米、反政府のプラカードが掛かっていました。当時の台湾は戒厳令が布告されており、三人以上の集会は政府の許可なしでは逮捕投獄される時代でした。「日本は自由な国だ」と目覚めた私は帰国を断念し、自由を求めてアメリカに渡り、その翌年の一九六四年に中華民国のパスポートを放棄、一九九二年に李登輝総統が我々に帰国の許可を出すまで三十数年間、台湾に帰れぬ身となりました。

七〇年代に国連職員として日本に赴任した時は、国連のパスポートで入国しました。当時、日本は高度成長期を迎え、池田首相の所得倍増計画は七年間で達成されました。その経済成長を支えた「拠点開発」(Growth Pole) の実例として、私は岡山県の水島コンビナートを国連のレポートにまとめ、アジア各国の地域開発担当者を岡山に招きました。現地では県庁の代表、企業側の代表と漁民代表をまじえて国際フォーラムを開きましたが、その場では汚染に反対する漁民が激しい論争を起こし、私は経済成長と環境問題をいかに両立するかが問題となる時代を迎えた思いが致しました。

九〇年代に東京の国連大学で一〇年間勤務した時には、日本は世界第二の経済大国となっており、一九九二年当時の橋本首相は、ブラジル・リオの地球環境首脳会議で、日本が地球環境で世界に貢献してゆくと宣言しました。私も日本政府や民間財団の多大な支援を受けて、国連大学で国際会議を開催し、国際的な協力ネットワークによる地球の持続可能な発展と環境問題の研究に従事し、日本の学界や専門家の参加を得ることができました。

その一方、台湾では李登輝総統による民主化が開花し、二〇〇〇年には戦後初めて、国民党に替わって民進党の陳水扁氏が総統に選出されました。私はその時に台湾駐日代表に任命され、三十数年ぶりに中華民国のパスポートで東京に赴任しました。

七〇年間にわたる歳月において、私は戦争中の伊豆「船原」での学童疎開に始まり、長い間日本社会の変動を共に経験し、相互に理解し合える日本の友人や学界・政界の方々との知遇にも恵まれました。今では日本を訪れるたびに、日本は自分にとって第二の故郷だとの思いが致します。

私が駐日代表を務めていた時、日本の世論調査によると、日本人にとって台湾が一番親しみを感じる国だとの結果が話題を呼びました。時を同じくして台湾でも、日本が世界で一番親しみを感じる国だという結果が発表されました。

一九九九年九月、台湾中部で震度七・三強の「九二一大地震」が発生した際、私は日本の専門家と現地の南投に赴き、第一線で懸命に活躍する日本の救援隊を見ました。中寮の街は殆んど全壊していましたが、住民総出で日本の救援隊と温かい食物を笑顔で囲む風景には心からの感動を覚えました。二〇一一年の東日本大震災では、台湾は数か月で二百億円を超える義援金を日本へ送りました。その内訳は台湾政府が三億円のみで、残りはすべて台湾の街頭での少額の募金が積み上げられたものであることを知り、私は一般台湾人の日本人に対する思い遣りには、ほとんど奇蹟とも言えるようなものがあることに気づきました。

台日関係の歴史を振り返ると、そこには五〇年間に亘る日本による台湾植民統治という不平等な関係がありました。その一方で、近代化のプロセスを共にすることで、今日双方の国民が台湾と日本の「互いに思い遣りのある」関係を築き上げてきたと思います。

二〇一一年九月、当時の安倍晋三衆議院議員は台北での講演において、「私は首相在任中、自由、民主主義、基本的人権、法的支配という四つの価値を重視した外交を目指しました。……日本と台湾は共通の価値観を持つ重要なパートナーです」と述べました。

《亞太區域安全與台海和平國際研討會》四六頁、台湾安保協会、二〇一一年九月出版

私はこの講演の主催者として深い感銘を受けました。

アジアは今、新しい時代を迎えつつあります。日本と台湾の間には目下のところ正式な国交はありませんが、互いに近代化を成し遂げ、今日民主国家として共に肩を並べる両国は、アジアの平和にとっての重要なパートナーであります。私は台日関係の新しい幕開けを確信しております。

羅福全

平成二十八（二〇一六）年二月

序　「棄《す》るは取るの法なり」の人生を生きた台湾人

拓殖大学学事顧問・前総長
渡辺利夫

「浮世を軽く視《み》るは心の本体なり。軽く視るその浮世を渡るに活溌なるは心の働《はたらき》なり。内心の底に之《これ》を軽く視るが故に、能《よ》く決断して能く活溌なるを得べし。棄《す》るは取るの法なりと云《い》う」と『福翁百話』にある。〝大事に当たる時にはこれを大事とはみなさず、むしろ小事と捉えることにより、かえって大事に活溌に対処できる〟といった意味であろう。明治維新を挟んで前後三三年ずつの激変の時代を逞しく生き抜いた人生の達人、福澤諭吉にして初めて語りうる処世の訓にちがいない。凡庸なる私などには到底及び難い境地である。

羅福全の人生は、一面では、台湾の運命によって余儀なくされた不可避のものであった。しかし、他面では、国民党のブラックリストに載せられて安住の地を放棄させられ、母上逝去の報せを受けても帰郷できないという、普通の人間であれば呪うべき己の人生を、まるで逆手に取るように自在に操り、ついには世界に知のネットワークを張ることに成功した希有の人物である。

羅福全は日本の統治時代の台湾で教育を受け、後に日本と米国にわたりそこで自由と民主主義にめざめ、台湾の恐怖政治からの解放を要求する政治運動に身を投じた。ほどなくして国連の高位ポストに就任、国連パスポートをフルに活用して、米国最高のエコノミストの薫陶によって手にしたアカデミズムの実践知をもって、貧困国の開発に有効な政策的処方箋を次々と提供していった。その過程で逢着した難題に立ち向かう羅福全の姿勢には、悲壮感がまるでない。むしろ「大事」の時こそ、余裕をさえ感じさせる対応をもって静かに相手国の指導者に接し、みずからよしとする処方箋を開発の現場で実践しつづけた。福澤の処世の訓を現代に証した一人の台湾人の物語が本書である。物語に登場する世界の多くの指導者との交流に際してみせる羅福全の姿勢には、言葉は適切ではないかもしれないが、巧まざる「人心操縦の術」を感じさせる。羅福全という人物の中に潜在していた徳と志が、台湾の政治的運命と米国での学問的研鑽により、鬱没とほとばしり出たのであろう。

李登輝による政治的民主化により帰国を許され故郷に戻るやほどなく民進党・陳水扁政権が誕生し、陳水扁により駐日大使（台湾駐日代表）に指名された。この間、李登輝の訪日を実現すべく、羅福全が培ってきた日本の政界人脈を巧みに用いて訪日実現にいたる過程を描く本書の一部など、まるで優れたドキュメンタリー映画をみせられているかのような感覚に誘われる。

開発経済学を必死に学んでいた私の青春時代、羅福全は遙か仰ぎみる存在であったが、駐日大使に赴任された頃から私は引き寄せられるように羅福全に近づいていった。それからもう十数年が経つ。多少は知っていた羅福全の人生が、これほどまで広大で深遠なものであったのかと改めて思い知らされ、深い感銘を覚えている。

鮮やかな人生、心を動かすストーリー

詩人
李敏勇

『栄町の少年、天下を行く――羅福全回顧録』（本書の原題）を幸いにも先に一読することができた。先にメモ用紙の上に、「福全のストーリー＋柔縉の筆」と書いていた。読み終わってさらに、「羅福全の人生の伝奇＋陳柔縉が伝記を書く」等を書き足した。

これは実に面白い伝記であり、陳柔縉の文体の新たな発展である。また羅福全という誰にも知られていないような人物も、まだまだ知られるところの少ない主人公であるということである。経歴が鮮やかに描写され、材料も見事に配置されている。本を開くと読み終わるまで手が止まらないのもむべなる哉だ。

羅福全という名は、その自国である台湾においては、駐日代表に就任（二〇〇〇年）して以来、初めて人に知られるようになったと言えよう。これは戦後台湾という特殊な政治環境における、この一代の人物の境遇に関係する。一人の嘉義・栄町の少年が天下を行くうちにブラックリストに載せられ、自らの故郷、自らの国の門は永年にわたり彼を拒み続けた。

これは何なのか、何故なのか？　羅福全のような人並み優れた者は自らの土地に戻れず、流亡すべき運命にあるのだろうか？　一九三〇年生まれの彼はいわゆる名家の出と言って良い。幼少の頃に戦前の日本時代と戦後の国民党中国の時代を跨ぐ経験をした。大学卒業後は台湾を離れて、台湾、日本、米国を通して生きる人生を送った。亡命という彼の運命は、一個人を通して台湾史のアウトラインを描き出すものとなっている。

人生のエピソードが豊かでありながら、自国では知られてはいない。羅福全はそんな多くの台湾人と同様の人物である。彼の流浪の人生は台湾独立運動や、国連地域開発センター、国連大学が入り混じり、綾を成している。台湾で際立って優秀な多くの人々と同様に、羅福全は米国留学時に台湾独立運動に加わり始めた（一九六三年）。彼と台湾大学で二年後輩の歴史系の後背である毛清芬は、その後は単に夫婦であるというだけでなく、同志として共に手を携え、多彩で多くの局面のある人生を展開して行った。

経済を学んだ彼は、台湾大学経済系から日本の早稲田大学政経研究所と東京大学経済学部を経て米国のペンシルベニア大学に向かった。経済学の巨匠、クライン（一九八〇年ノーベル経済学賞受賞者）に師事し、指導教授ロナルド・ミラーの下で「地域科学博士」号を得た。縁あって国際連合の機関に就職（一九七三年）した。地域発展の専門家、というのが国連の三機関に在籍した二〇年間の彼の姿だった。「中華民国」のパスポートが失効して無国籍の台湾人となり、国際連合で働く前に米国民の地位を得て、今度は国連のパスポートを取得する。一つの段階に終止符を打ち、新たな段階の序章を書くために。

羅福全は一個の台湾人だが、歴史の特殊な構造がかつて彼をして日本国民とし、または米国民とした。国連で働いたという経歴により、彼は世界人でもあり、台湾と世界は彼の人生において巧みに繋がっている。極めて小さな美麗の島は、一つの広く発展しつつある世界でもある。世界を行く栄町の少年、羅福全は一人の台湾人の物語であり、また一人の経済学者、インテリの物語でもある。

職業人生の最後を駐日代表とする、とするということは羅福全が予想したことではなく、そのような人生の章立てを思い設けてはいなかった。悠揚迫らぬ様子の羅福全が、台独分子やブラックリストから、彼に帰国を禁じた「台湾駐日経済及び文化代表処」を代表するまでになったことは、もちろんながら民主進歩党が政権になければ起こりえないことだった。これは紆余曲折の一ページとも言えるが、政治により故郷の土地から切り離されてしまった台湾人が台湾により深い結びつきを持つのも、歴史にも歴史があるという奇妙なロジックであると言えよう。

エコノミストであり、優雅な文化人でもあるが、自らの国を思う知識人でもある。生活の情趣を追い求める羅福全は、筆墨や文章を弄ぶ一面を内に秘めている。彼の悠揚迫らぬ様子は名家の出身であることや、その文化教養に由来する。物語の絶えないこの本は、さながら人生で出あう危機と困難を綴るロマンスのようであり、戦後の政治に抑圧された台湾人の面貌を読者に見せてくれる。

柔縮の文章には感謝したい。この羅福全の自伝『栄町の少年、天下を行く』は、張超英の伝記『宮前町九十番地』に続き、読む者に津々と興味の尽きぬ思いをさせる伝記である。この本が描くものは一個人であるが、また一つの歴史もが描かれている。それはプリズムでもあり、万華鏡でもある。

溢れるように多くの色彩が広がり、心が動かされる。誰にとっても読むに値する一書である。

歴史の足取りは、元から個人が思う様に進んで行ったりはしない。

政治大学台湾文学研究所
陳芳明

歴史の軌跡は、そもそもが個人の思う通りに展開して行くようなものではない。羅福全が関わってきた時間の旅と空間の旅は、台湾の歴史をそのままに反映する縮図である。彼らの世代は日本統治下の国語教育を受けており、また戦後の国民政府による国語教育をも受けた。何れも国語教育と称したが、戦前は日本語、戦後は中国語である。嘉義市に生まれ育った彼は、いずれ大洋を渡り日本、さらには米国にまで行くとは思いもしなかっただろう。彼は留学途中で台湾独立運動に係り、帰国後は陳水扁政権に加わった。かくも豊富で多種多様な旅程というものは、到底一般人の想像の及ぶところではない。そして彼の辿ってきた起伏や曲折は、台湾現代史の曲がりくねった道程をそのままに見せるようなものである。

体格の堂々とした羅福全に会ったのは、一九八〇年代の私が海外に亡命していた時期だった。我々は何れも台湾の民主政治に関心をもっていたが、彼は台湾独立連盟に属しており、私は何の組織にも属していなかった。その当時、私は『美麗島週報』の編集長をしており、海外在住のインテリ層の思想や動向をやや斜に構えた態度で観察していた。羅福全とは互いに尊重した態度で付き合っていたと思うが、彼の妻の毛清芬さんとは比較的良く知った間柄で、それは彼女が団体の集まりで台独連盟の機関紙『台湾公論報』のセールスをしていたからである。毛清芬さんの会話はとても優雅で、しかも非常に近づきやすかった。彼女の姉の毛燦英さんは中国の古典小説を専門とする日本の著名な教授に嫁いでいる。私が仙台で魯迅の記念会合に参加した際、毛燦英さんにもお招きを受けた。だがこのような親しい交際があったからと言って、それで羅福全をよく知るようになった訳ではない。

本書を読むうちに、私は台湾人の心情というものがより理解できるようになった。彼らは戦前には大和民族主義の薫陶を受け、戦後は中華民族主義を叫ぶ教育を受けている。だがこれらの国々はその世代の精神世界からは遥かに遠いものだった。時代の流れに浮き沈みしながらも、インテリ層はみな上に這い上がろうとする。そして一定の高度に達すると必ず障害に突き当たるのである。この関門は制度上のものだけでなく、一種強烈な身分差別でもあった。彼は勉強の途中で非常に運良く優れた教授に出逢うことができ、これにより非常に豊かで多様な経済学の知識を得ることができた。だが全体としての政治環境は彼らの知識で解決できるようなものではなかった。太平洋戦争、二二八事件、白色テロ、戒厳下の専制的体制の経験は、正にある世代が受けた精神的な試練だった。東京大学も出国して高等教育を受けることは、間違いなくその当時唯一の精神的な出口だった。

彼の知的な強い関心を満足させることはなかった。六〇年代末に彼は意を決して米国東海岸に渡り、ペンシルベニア大学に入学した。もしもいわゆる「自由の味わい」というものがあるならば、彼は確かに米国の土地の上でそれを味わっている。このような旅程はまさに彼を一九七〇年代の保釣《ほちょう》運動（尖閣諸島の中国領有権を主張する運動）に結びつけている。歴史上明らかなことは、この政治的運動で海外の台湾人インテリ層は三派に分かれていた、ということである。一派は左傾した統一派、一派は右翼の台湾独立派、もう一つは統一でも独立でもない、革新的な台湾支持派である。台湾で生まれ育った羅福全は結局は独立派の陣営に加わったが、それは何ら驚くようなことではない。彼の人格発展の元となった経験の全体を見渡すならば、中国という存在は非常に模糊とした、遥か遠くにあるトーテムポールのようなものだった。中国を代表するものが国民党だとするならば、それは一種の圧迫、統制、支配の象徴である。それが中共政権となれば、なお一層彼の生命と係る所は無きに等しい。

彼はその内心の変遷において、中国の古典文化にも触れているが、この異文化理解も中国共産党や国民党と繋がりを持つことはない。ゆえに彼が心を寄せるものは、結局のところは彼を育てた台湾社会である。政治的には台湾独立を口にはするが、彼が真に理想とする所は、台湾という小さな島の上に公平で開かれた民主社会を実現することである。本書によって、汚名を着せられていた台湾独立運動は名誉を回復することができよう。これはある世代のインテリ層にとっての夢である。彼らはどの政治体制に対しても、別段遺恨を有している訳ではない。ただ壮大な夢を抱いたが故に、彼らは絶え間なく曲解され、弾圧され続けたのである。

海外を漂泊した台湾人は、政治的主張がどれほど過激であろうとも、結局は皆が自分の故郷である島国に戻ることを選んだ。一九九〇年代、民主的なブームが巻き起こり、誰もがその歴史的な現場に身を置かない訳には行かないと考えた。政権交替が実現した二〇〇〇年に羅福全はちょうど国連の仕事から退職するところで、陳水扁の依頼を受けて日本駐在の代表となった。彼と陳水扁には何の付き合いもなかったが、日本留学と国連での勤務経験により、新たに当選したばかりの総統の関心を惹いたのだ。その当時の民進党の人材を見渡すと、羅福全は正に適当な人選であった。早期の国民党にも張群や何応欽などのいわゆる知日派がいたが、だが彼らが必ずしも日本人の思考方法や価値観を理解していたわけではない。羅福全は永く日本に留学し、東京の国連大学で教えており、同時代の経済専門家とも交際が親密だった。彼の知り合いである日本のインテリ層はみな内閣とも深い繋がりがあった。そればかりでなく、彼は皇室との関係にも詳しかった。公平に見て、総統直接選挙の実施以来の歴代駐日代表の中で、資格や経歴が最も整い、外交に最も習熟した人物としては、当然羅福全の名が挙がるだろう。

今年八十一歳の彼は、想像も及ばぬほどの歴史的な段階を通り抜けて来ている。早いうちに父を喪ったことで、同年輩の友人よりも早熟となった。その器の大きさや決然とした所が、見知らぬ新たな知的領域を探る上で助けになったことだろう。経済を専攻したことにより、彼は台湾社会が近代化の過程で如何なる盛衰を経たかを明らかに知ることとなった。資本主義の文化的なロジックは彼の詳しく承知していた所であり、一国家の栄枯とは単に財富のみに依るものでは決してない、思想文化や民主政治の支えがなければ、近代化運動を見事に結実せしむることはできないと理解していた。彼は日本・米国・台湾・中国の発展についても、明らかに同じ物の見方からこれを観察している。本書も全体として個人の記憶に集中してはいるが、その叙述を追いながら、われわれは台湾のアジアにおける、また全世界における運命を見出すことができるのである。

生命とはこのように枝葉末節や細事に宿るものであり、また彼は敗北や困難の苦痛を味わい尽くしているが、絶望して落涙したり、悲観したりする感情を持ったりはしない。正しくその正反対に、彼は明るく楽観的な態度で幾多の試練を迎えている。植民地時代から戒厳時代まで、自国が彼に何らかの許諾を与えることはなかったが、彼は毅然として起ち上がり、退却するようなそぶりは全く見せなかった。彼が求められて駐日代表に就任した時、過去の全ての探求や鍛錬、追い求め立ち向かってきたことが、すでに特別な高みに達しており、その地位に正に相応しいものとなっていた。彼の歩んできた歴史は、台湾社会の戦前から戦後にいたる精神史に他ならない。

若い頃には色々な夢想を抱いたが、それらは革命の夢と台独の夢とを問わず、みな台湾民主運動に注ぎ込まれて行った。ある大時代が出現する際、文化にも大規模な気候変動が起こり、各種各様の政治理念や思想形態が受け容れられるようになるものだ。政治体制の外から内へ入った羅福全は、まさにその好例を体現している。真の運動家とは、決して自ら作りあげた象牙の塔に籠っている者ではなく、また意識の牢獄に耽溺し続ける者でもない。彼の知識や学問、その政治的な主張は、結局はその全てが台湾の現実の求めるものだった。その知恵や理想は、最後には実践へといたるものである。理想は煙の如く、現実は海の如し。夢を現実とするには、社会の大波を航行して行かねばならないのだ。羅福全回顧録の出色の文字は、まさしく我々のために決して磨滅しない意志の形を見せてくれる。

歴史を切り拓き、歴史の目撃者となった国際人
——広々とした厚みのある人柄で人に好かれる羅福全——

作家、日本在住
劉黎児

初めて羅福全に会った時、彼が言っていたのは、「東京で代表になるなんて予想もしていなかったので、荷物はみな台北に運んでしまったんです。これから何とかしようと思ってますよ」。台湾はこれで第二の席徳進（台湾の著名画家）を失ったのかもしれないが、それは大した問題ではなかろう。台日関係史上、ひいては台湾史上において、仮に羅福全とそれに続く許世楷の「台日黄金の八年」がなかったとすれば、その損失は極めて甚大であり、台日双方の国民感情も現在のような美しきピークに達する、ということはなかっただろう。

羅福全に対する私の最初の印象は、東京の国連大学に勤務中、朝日新聞にしばしば意見を発表し

ていたことで、私はこれで初めて国連大学にも台湾人がいて要職に就いている、ということを知った。後に知ったことは、彼が台湾独立連盟の要人であることであり、彼の東京赴任が決まったその時には、東京から国際電話で独自取材をした。彼は自分の立場が特殊であることを認め、ただ個人的な立場に立つことはせず、国家の利益を原則とする、国家の外交政策の実行を自分の立場とする、永年国連でも働き、中国大陸の持続的な発展のための経済計画等を立案してきたので各界を安心させるだろう、と述べた。その後は駐日代表時代と亜東関係協会会長時代とを問わず、彼のやり方はその広い視野と卓越したバランス感覚を再三示している。彼は多くのチャンネル、多層の外交人脈を駆使して、自然に青・緑（国民党・民進党支持）のワクを乗り越えて行った。彼を登用したことは、陳水扁人事の布石ナンバーワンだったと言えよう。

本書で羅福全は、日本駐在時代のさまざまな成果と人間関係について自ら語っている。今その時代を振り返って見ると、例えば就任一年以内で李登輝訪日の障壁を打破して話を進めたり、米台関係に対する日本の支持を取り付けたりと、豊かな成果のある時代だったが、この時期は本来、難しい時代だったのである。日本の古い親台湾勢力は台湾の政権交替を是認していなかったし、羅福全自身も山中貞則の口から、「陳水扁って誰？　俺のどの子供よりも若いよ！」と聞いている。だが羅福全はその柔軟な忍耐と心遣いで禍を福に転じ、結局のところ全てを乗り切っている。しかも彼は人間性というものを心に懸けており、重要な部分で日本に媚びるということもない。彼は総じて日本が積極的に歴史の恩讐を解いてゆくべきだと主張している。

羅福全には識見や経歴の広さや人文芸術の素養の深さだけでなく、接した人から皆好きにならざるを得ない所がある。駐日代表の地位は意外であったにせよ正に天職だった。

私も歴史を学んだ経験があるが、当局側の一方的な歴史観には信をおけない。多くの人物はむしろ歴史の塵に埋もれたほうが、その醜さが気づかれずに済む。一方で羅福全のように台日関係史の新時代を啓いたような人物は真に貴重である。彼が一生に積み重ねてきたことは、正に日本駐在の期間に総動員されたのかもしれない。目撃する価値のある時代であったと私は感じている。

私は富貴な名家に生まれた人を羨ましいとは思わない。だが語るべきことの多い人は羨ましいと思う。羅福全はこの意味で私に羨望の念を抱かせる。また羅福全の人生を台湾と世界の歴史のジグソーパズルの中に上手くはめ込み、精密かつ詳細に描写した柔縞にも感謝を表したい。羅福全はその巡ってきた広大な時空の主役であり、羅福全を通して時代の全貌を見渡すことができる。その人生が壮大なればこそである。柔縞は台湾のオーラルヒストリーと人物描写の第一人者であり、彼女の筆を通して羅福全の人生を理解することが出来たが、正にこれこそが歴史だと思い至った。

台湾と日本のはざまを生きて　目次

Ⅱ　恐怖政治下で過ごした台湾の学生時代　*1945-60*　83

V 駐日代表として台日の架け橋となる 2000-07

台湾と日本のはざまを生きて

世界人、羅福全の回想

妻の清芬、息子の澤行と澤言に捧げる

自序

私は紛れもない台湾人である。大学卒業後に出国したが、台北に戻って住むまでに四五年間も海外に留まることになろうとは、全く意想外のことだった。

若き日に出国したのは、私にしてみれば専制的で非常に生き辛かった台湾を離れようとしたのである。六〇年代の米国フィラデルフィアに渡り、ペンシルベニア大に学んでから、一個の自由人たらんと決意して中華民国のパスポートを放棄し、帰ることのない道を歩いた。ペンシルベニア大創立者のベンジャミン・フランクリンは米独立宣言にも署名した自由人であり、彼らは英国とは同文同種であるが、なおも独立して自由な米国を建国しようとした。これは天賦の権利である。米国の独立は、近代史において国民国家を追求した嚆矢とも言うべきものであり、米国を建国した独立宣言は、その当時の私と清芬の心のより所であり、わが人生の新たな開始でもあった。

七〇年代に私は国際地理学連合（IGU）で論文一篇を発表したが、ある国連職員が私に連絡してきて、日本で設立したばかりの「国連地域開発センター」（UNCRD）に入る気はないか、と尋ねてきた。これが私の人生のもう一つの転機であった。後に一九九〇年から二〇〇〇年までの間、私は再び東京の国連大学で一〇年間勤務することとなった。戦前の五年間や、日本で修士課程の三年間を合わせると、私と日本には浅からぬ因縁がある。人生の中で二五年の歳月を日本で過ごし、戦前戦後という異なった時代を経てきた。二〇〇〇年に就任した駐日代表の四年間に対日関係を促進する仕事をしたのも、人生の意義深い機縁だった。

七〇年代に国連で働き始めたころ、東アジアの各国は相次いで高度成長期に入って行った。まず日本が先陣を切ったあと、東アジア四小龍の台湾、韓国、香港、シンガポールがこれに続き、九〇年代からは中国が勃興し、東南アジア諸国が列に加わった。インドも過去の一〇年間にテイクオフしている。世界銀行はこの間の歴史を「東アジアの経済的奇跡」(East Asia Miracle) と呼んでいる。私自身はその最盛期に遭遇し、これらの国家で経済開発顧問となり、研究に従事した。

これは単に経済的な変動であるというだけでなく、それぞれの国が現代化した国家となる中での社会の大変化であり、幸運にも私はそれらを自ら経験する機会に恵まれた。八〇年代初頭には韓国で朴正熙が暗殺、続いて光州事件が発生し、フィリピンではマルコス政権の崩壊とピープル・パワー革命、インドネシアでは親共的スカルノ政権が親米スハルト政権、さらには民主化を経て現在の政権に変わるところに私は居合わせることとなった。またイランでは一九七八年の王朝顛覆前の混乱、パキスタンでは政変を目撃した。さらに一九八〇年十一月には初めて北京を訪れ、四人組裁判を目の当たりにした。一九九〇年六月四日の天安門事件一周年には、たまたま北京大学で講義をして学生と話す機会があったが、その当時の北京大の正門は人民解放軍に包囲されていた。そして冷戦終結時のいくつかの東欧の国では、何れの国でも社会の大変動を目にして、その国の友人や学生、一般民衆がいかに対応したかをつぶさに知ることができた。いずれも私の人生における貴重な経験である。

東京の国連大学での一〇年間（一九九〇〜二〇〇〇年）は、国連が一九九二年にブラジルのリオデジャネイロで地球サミットを開催し、地球の持続可能な発展こそ人類の新たな挑戦だと宣言した時期に当たっており、これは私の国連大学における研究テーマの中心的なものとなった。もう一つの研究課題は世界の大都市問題であり、第三世界の人口爆発により、農村人口が大量に巨大都市（メガシティ）に流入し、その一方で世界経済が多くのいわゆる世界都市を形成発展させ、経済システムのグローバル化を主宰したことである。これら二つの研究では各国の学者や機関と共同研究を行うことが業務となり、私の活動範囲には第三世界から先進国までが含まれ、世界各地を巡り歩くこととなった。

忙中閑ある時に私が一番済まなく感じたことは、米国ニュージャージー州に住む清芬や子供とは数千里を隔て、一緒に暮らせないことだった。澤行と澤言が高校から大学に進学するころは、最も多感で傍らの父親の助けや家庭の暖かさを必要とする年ごろだった。一九八四年にアジアに戻ることを決めた時、ペンシルベニア大学からは専任の教授として慰留されていたが、私の心はすでに良く知った発展途上国の上にあり、それで単身で赴任した。毎週末の長距離電話や、パリやアルゼンチンからの葉書でも、若者にとっては「父親が家にいない」ために家庭の温かみがないことの補いがつくわけではなかった。清芬はしっかりした女性であり、家庭を守る重責を担ってくれたが、それは私にとり実に幸運なことだった。

幸いにも子供は学業をつつがなく完うし、米国の企業に就職したが、二人とも前後して東京に派遣されてきた。私が国連大学に勤務した期間、そして二〇〇〇年六月から再び四年間にわたり東京で駐日代表となった間に、一家はずっと東京で一緒に暮らすことができた。この間に子供は相次いで結婚し、わが家は六人の大家庭、大家族となった。わが人生で最も心楽しき日々であったと言える。一〇年後、三代目の孫たちは幾つもの言語でわれわれと話し合うようになり、離郷四〇年にしてわれわれの家庭は国際人となった。

二〇〇四年の夏、ついに台北に居を定めて帰ってきた。一〇階の窓から眺めやる大屯山、陽明山は蜿蜒《えんえん》と連なる青山であり、白雲晩霞が人をして心楽しませる。街上では青や緑（国民党や民進党）の間の争闘がいまも引きも切らず、社会には旧時代の不公平な構造がなおも存在しているが、台湾の民主主義は一歩ずつ前に歩みつづけており、専制時代は過去のものとなった。新たな市民社会運動が胎動し始め、台湾はその他のアジア諸国の多くと同様に近代民主国家の条件を備えつつある。

対岸の中国の近二〇年来の経済発展は結構なことである。一九一九年の五四運動には二つのスローガンがあって、それは「賽先生（サイエンス）」と「徳先生（デモクラシー）」が中国を救う、というものだった。今はまだその中の一つしかない。もう一つの民主には、まだかなりの時間が掛かりそうである。振り返って見れば、台湾は実に恵まれている。四十数年を経て私が戻ってきたのは、新たな台湾だった。

清芬の好きなマーチン・ルーサー・キング牧師の言葉は、「私には夢がある（I have a dream）」である。夢とは理想であり、抱き続けるものであり、路標である。この本はわれわれのたどった道、平凡質朴なわれわれの人生行路を述べたものである。

私は陳柔縉とその仕事にとても感謝している。彼女の知的な努力により、本書を完成することができた。編集に意を用いた天下文化出版社の許耀雲、周思芸、盧宜穂各氏にも感謝したい。

羅福全

二〇一三（平成二十五）年七月一日

I　台湾に生まれ、日本留学直後に開戦

1935－45

三歳で結婚を主催する

三歳のある日、私はまるで小さな大人のような格好をさせられていた。それは一九三八（昭和十三）年当時の言葉で言えば、「小少爺（お坊ちゃん）」と言う感じだった。フォーマルな三つ揃えの背広上下を総身に着込み、ベストには二列の金ボタンが輝いていた。ボタンの一つからは金鎖が下がり、その先はベストのポケットに入れた懐中時計に繋がっていた。

その日は「表姐」*、つまり父方の従姉である許秀鑾の結婚式の日だった。彼女は父方の四番目の叔母の長女である。叔母の夫は医者だった。許秀鑾はその許家から嫁ぐ筈だったが、叔母の夫が早逝し、叔母が我が羅家に戻り、二〇年間もやもめ暮らしを続けていたので、最も近しい親族は私の父だった。実家に戻って暮らしていたために、秀鑾姉さんもわが羅家から嫁ぐことになったわけである。

* 漢人社会において、父の兄弟の子供（同姓で同一氏族に所属する）のみを「堂兄（姐・妹・弟）」と呼び、それ以外の父の姉妹の子供、母の兄弟の子供、母の姉妹の子供（いずれも異姓で、同一氏族に所属しない）は「表兄（姐・妹・弟）」と呼ぶ。

一九三〇年代の台湾では、まだ結婚は家柄がとても重要であり、秀鑾姉さんは当時東京で医学を学んでいたために、その相手も並の人物でないのは当然のことだった。新郎は頼巽章と言って、東京の中央大学法学部を卒業した優秀な人物だった。彼の実家の父親である頼雨若も嘉義市では名望家だった。彼は嘉義市で初めての弁護士であり、嘉義では特殊な能力を持つ名士と言えた。

頼雨若は資産家の出であり、その父親の頼世観も科挙を受験した「秀才」（科挙の一次試験合格者）であった。頼雨若は一八九五（明治二十八）年に日本が台湾統治を開始した時にすでに十七、八歳となっており、もちろん学んでいたのは旧時代の儒学だった。教養は漢詩でなければ書経、という具合であり、自宅で地代の受け取りを受け持たされていた坊ちゃんであったのが、全く異なる人生を歩むことになったのである。

現代の学年では大学生の年頃に、頼雨若は日本人が設けた「国語伝習所」に入学し、新たな言語を学んで日本語に通じるようになった。そして卒業後はすぐに台湾総督府法院の通訳となった。

官庁に入って首尾よく地位を得れば、普通の人は現状に甘んじて勉強しなくなるものである。だが頼雨若は大望が止みがたかった。一九〇五（明治三十八）年、台湾人にも総督府文官試験受験の途が開かれると、頼雨若はすぐに出願した。合格後も彼はそのまま法院で書記を務めていたが、仕事をするうちに、更に一層を上って弁護士となり、法廷で同胞のために弁護したくなり、きっぱりと辞職して日本に渡り、大学の法科で学んだ。三年後に卒業し、二度も試験を受けたが不幸にして合格しなかった。それでも諦めることなく、一九二三（大正十二）年に三度目の挑戦をした。その結果、日本全国で四二人が弁護士に合格したが、台湾籍で合格した三人の中の一人となった。その中には頼雨若のほか蔡式穀*がおり、彼らは台湾人で最も早く弁護士となった世代である。

＊新竹国語伝習所を卒業後、新竹公学校の教諭となり、辞職して日本内地に留学。明治大学専門部で法律を学び、大正十二年に台湾人で初めて弁護士となる。日本統治下での台湾人の地位向上を求めて台湾議会設置運動にも参加、「治警事件」では一審無罪、上告審で罰金百円に処せられる。昭和十年に台湾人も立候補が認められた地方選挙では最高得票で台北市議会議員となった。

頼雨若は弁護士となる夢に一六年を費やし、四十五歳でようやく実現した。艱難辛苦の末にようやくやり遂げたことにより、嘉義では人の尊敬を受けるようになった。一九三八（昭和十三）年に秀鑾姉さんが日本から台湾に戻り結婚したころには、嘉義では頼雨若の徳望がさらに高まり、台南州の州協議会会員も務めていた。州協議会会員は戦後の台湾の省議員に似ているが、民選でなく官選で地位も高かった。

頼雨若が息子に花嫁を迎えるということは、嘉義では重大事だった。結婚の当日、式の最後に一同は記念撮影をした。後の数列は嘉義一円の名紳貴商が並び立ち、一列目には新郎新婦の家族が並んで座った。頼雨若は新郎側の結婚主催者として、新郎の左手に座っていた。六十歳の彼は身の丈も高く、威厳があった。新婦側、すなわちわが家の方で、新婦の右側に座った結婚主催者は三歳の小さな私だった。

三歳の私が結婚式で家の代表となるのは、西洋的な見方からすれば奇妙であるに違いない。だが、台湾の伝統的な家族観念から見ると、これはいわば文化の方程式において至極当然な結論だった。

台湾旧社会の男尊女卑的な観念によれば、結婚においては男性の年長者が必ず主催者とならねば

父方の従姉の結婚式の写真で、新郎新婦の両側に結婚媒酌人（主婚人）が座る。地位も背も高い新郎の頼雨若弁護士の隣りに小柄な新婦が座る。羅福全はまだ三歳でおばに手を引かれている。

ならない。新婦の秀鑾姉さんの母では、そのような大役を果たすことはできないのである。新婦の母方の伯父、すなわち私の父が理屈の上ではその重要な役割を果たすべきものであった。だが、私が生後十カ月の時に父は感染症に顔を侵されて、不幸にもわずか五日でこの世を去ってしまった。このため、父の唯一の子であった私が父に代わり、結婚式の主催者となったのである。

台湾の伝統的な家族秩序においては、年齢の上下は全く問題とはならず、「輩份」という父系親族内世代間の長幼の序が整然たる基準となる。一歳の子供が四十歳の大人に大叔父さんと呼ばれたり、二十歳の娘が二歳の女の子を大叔母さんと呼んだりすることは、台湾では少しも奇妙ではなく、むしろ全く当たり前の原則である。

小さいときから私は年齢を超越した役割を担わされた。三歳で結婚式の主催者となったというだけではない。生後十三カ月で私は家の「戸主」となり、母と姉が私の「戸」に属する、ということになったのである。

叔母が母になり、母が伯母になる

私の「戸口簿*」には、さらに特殊な項目の記載があった。父母の欄では母親は「朱蓮」となっているが、戸口に記されている名前の中の「陳醜」にも「母」と表記されている。このような奇妙な点も、旧時代の家族慣習文化に由来するものである。

＊内地では役所の「戸籍」に相当するものが、台湾では警察の作成する「戸口簿」であった。

私が生まれる二百年前の一七三六年、羅家の祖先は福建省漳州から海峡を渡って台湾にやってきた。マレーシアのペナンにも、創業百年を超える「E&Oホテル」の近くに墓苑が一カ所あり、その墓碑には千七百何年といった年が刻まれていたが、それは私の祖先が台湾に来たのと大体同じ頃である。この時代、中国人は海外への移住を始めており、台湾だけではなくマレーシアやタイにも行っていた。バンコク市民の八割は潮州人の子孫である。

台湾にやって来たわが祖先は嘉義に落ち着いた。当時の嘉義には城郭があり、旧名を「諸羅」といった。羅家は城南の「湖仔内」に居を定めたが、新しい土地への移民同士が相識ることもなく、争いが頻りであったのがその時代の台湾社会の常態だった。羅家に伝わる話によると、村は全てが羅という姓であり、外部との「械闘（武力闘争）」では羅安という人が一族を救おうと身を挺し殺されてしまった。親族は廟を建て、「羅安救萬人、萬人救不得羅安（羅安は万人を救ったが、万人は羅安を救えなかった）」と書いたということである。

わが祖先が新天地で粒粒辛苦を重ねたことで、羅家は十九世紀には諸羅県（現台南市佳里区）でも富裕な家となっていた。わが羅家の祖先は短気だったと言われている。昔の地主というものはみな非常に偉ぶったものだった。ある年の旧暦正月の元旦、民雄（現嘉義県中部）の小作農が天秤棒を担ぎ、次の年も小作を続けて田を耕せるよう頼むため、仕来り通りに礼物を持って現れた。小作農が羅家の正門に来た時、祖父は屋敷の大庁（広間）で椅子に座っていた。祖父は清代の秀才（科挙の一次試験合格者）で、手に持った一冊の本を声に出しながら読んでいた。小作農が天秤棒を上下に揺り動かし、きしんだ音が出たところで祖父は読書に興趣を失い、かっとなって立ち上がり、小作農を蹴り出した。小作農は何とも堪忍しがたく、民雄に帰り檳榔を買って他の小作農に配って回り、一同で小作料支払いを拒否しようと呼びかけたため、羅家の四〇甲（ヘクタール）の田は耕す者がなくなって荒廃した。お爺さんが短気で「ひと蹴りで四〇甲を失った」という話がわが家には伝わっている。昔の嘉南平原の村では一〇から二〇甲もの土地があれば豊かな家と言うことができ、四〇甲ともなれば非常に豊かであった。この話は、毎年一度は必ず聞かされたものである。毎年の祖父の命日になると、祭祀の品も非常に沢山供えられたが、母は短気な悪い素質が遺伝することを心配して、私にはちっとも食べさせようとしなかった。お供えを食べると、お腹に短気の気質が入って来ると思ったのである。

私の父の世代は清末に生まれ、日本時代に成長することとなった。日本政府の統治は権力を行使した積極的なものであり、成年した父の見た台湾社会はすでに治安が安定していた。父は城内で最も賑やかな地域に引っ越して行った。

父の羅程（族譜上の名前は羅章程）は三人兄弟の末子であるが子供がなく、一方で二番目の兄の羅雅は子供も多く、最初の妻を亡くした後も後妻を貰い、全部で男子四人女子二人を儲けていた。その六人の子供の一番末っ子が私である。私が生まれた当時、実の父親の羅雅は四十八歳、叔父の羅程は四十四歳だったが、子供がないのは悩みの種だった。

　台湾に伝承された中国由来の家族文化では、家族の生命が連綿と続くことが大事である。また、兄弟の誰かに男児があればそれで大丈夫とはならない。どの兄弟も独立した一家であり、それは「房」と呼ばれた。どの「房」も必ずその男児が継承者としてこれを継ぎ、無形の姓名を続かせて行かなければならない。リレー競争でバトンを落とすわけには行かないのと同じであり、もしバトンを落としてしまったら、それは「倒房」という非常に重大な事態となる。このため、古代中国の祖先は「承祧」という方法を考え出している。「祧」という字は祭祀を意味するが、その発音は「挑」（担うの意）という字と同じティヤオであり、承祧とは祖先の祭祀を行って行く責任を意味している。現代の台湾人は「倒房」とは何かを知らないが、私の父の世代の人にとっては、とにかく養子を迎え

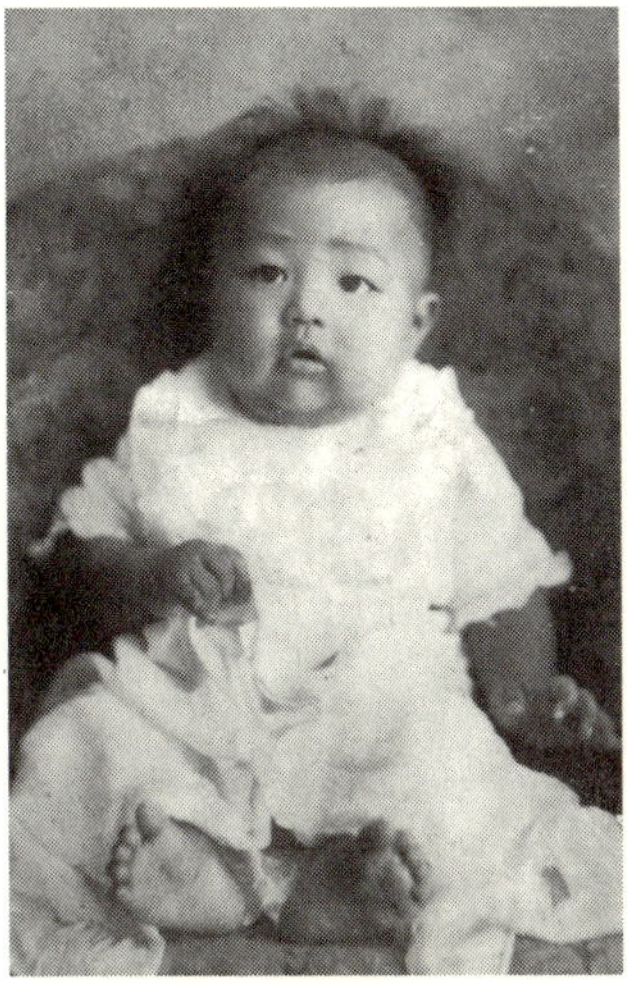
1歳前に叔父の養子となる。

てでも家を継がせるものだった。

私の叔母は一九一九（大正八）年に叔父の羅程に嫁いだが、一〇年が過ぎてもまだ子供がなく、もう諦めていた。叔母は私の母のお腹が大きかったころ、「この子がもし査埔仔《ツアーボーエ》（台湾語で男の子の意）だったら、うちにくれないか」と母に懇願した。当時の社会通念では、生みの母親がこの求めを拒むことは難しく、こうして叔母は私が生後七カ月の新暦元旦の日に、私を抱いて家に帰ることとなった。

このようにまだおむつをした何も知らない赤子のころに、私の人生は静かに大きく変転することとなった。実の父親が伯父となり、叔父は父となり、母が伯母となり、叔母は母となったのである。今の若い人がこの話を聞いたら、このような人生はドラマのストーリーのようであり、好ましからざる話だと思うかもしれない。あるいは私が実父や生母と離れ、苦労したものと考えるかも知れないが、私の人生がこれで辛い境遇となったということは全然なく、それどころか私は大いに可愛がられたのである。

生母にはすでに二男二女があったので、私が養子となった時、養父の羅程は「男の子をくれるのだから、どうせなら一対で貰えないか」と言い、それで私より二歳上の姉、昭容も私と一緒に叔母の家に来ることとなった。私たちは実父を「二伯（二番目のおじさん）」、生母を「二姆仔（二番目のおばさん）」と言い始め、生母の元には福慧兄さんと昭儀姉さんだけが残ることになった。

だが意外なことに、私の生母には残酷な運命が続けて見舞ったのである。

私より七歳上の福慧兄さんは非常に頭が良く、小学校五年生で暗室を作って自分で写真を現像し

羅福全は叔父に育てられたが、生母もすぐ近くに住んでおり、幼い頃は生母（左端）に可愛がられた。

ていた。彼は小学校を卒業してすぐに台北高等学校尋常科に合格した。台北高等学校は台湾唯一の高等学校で、その校舎は現在、和平東路にある台湾師範大学になっている。当時の学制では、台北高校に合格するということは、日本とその植民地にある九カ所の帝国大学に入学が許可されるということを意味しており、その学生は将来のエリートとなるべき若き一団であった。李登輝総統も台北高校の卒業生である。尋常科は四年で台北高校に進学することができる。つまり尋常科に合格するということは、帝大の前売入場券を手にするのと同じことであり、このため入試の競争は尋常でない厳しさだった。福慧が受験したその年、全台湾の合格者は四〇名しかなく、そのうち日本人が三四人を占めており、台湾人は六人だけだった。

入学を控えた福慧は喜び勇んで台北に向かったが、不幸にも突然に胆嚢疾患となって台北帝国大学医学部附属病院に緊急入院した。当時、二番目の伯父の次子の福嶽がちょうど杜聡明博士の助教をしていたために、すぐに駆けつけて面倒を見てくれた。二日目、嘉義にいた二番目の伯父が家で本を読みページを捲っていると、「父哭子（父が子を亡くして哭く）」という字に行き当たった。心中に焦慮と胸騒ぎを感じ、神明の知らせではないかと内心で恐れていたところに、次の日に実際に福慧が急逝したとの知らせが嘉義に届いた。

福慧は台北帝大病院で火葬されたが、なぜ普通のやり方の土葬とされなかったのか、私は知らない。私が覚えているのは、病院に連れて行かれて箸で遺骨を拾ったことだけである。私はまだ五歳だった。

二番目の伯母の心の傷は極めて深く、福慧が世を去ってからは、家人は福慧の名を口にすることすら憚られるようになった。数十年間も「福慧」の二字は煙と消えたかのように全く耳にすることはなかった。

二番目の伯母は自分の元に残っていた唯一の男子を失ったのであった。彼女にとって、私は多少なりとも思いを寄せる対象になったのではないかと思う。つまり私は福慧の身代わりとなり、二人の母を持つ子供となったのである。

母は職業婦人の先達

幼い時を回想すると、私はいつもませた子供のようで、遊び方も年に似合わないものだった。六歳のとき、私は当時、極めて珍しい子供の留学生として日本へ行ったのである。

その年の末、日本は真珠湾を奇襲して日米間に戦争が始まったが、日本はそれまでにすでに何年も中国と戦っていた。台湾社会は戦争状態にあったが、母が私を連れて日本に行き勉強させたのは、戦争を避けるためではなかった。日本本土も台湾より平静ということは全然なかった。ただ母は教育を重要視しており、私により良い就学環境を与えようとしたのである。

母は同年代の女性と比較すると開放的で、世間の色々な場面を見てきていた。母は決して名家の出ではなく、母方の祖父は山産（山地産の動植物、工芸等）の売買をしたり、荷物の運搬を手伝ったりしていた。清末の台湾には まだ「土匪」が非常に多くいて、貨物の運送は強盗に遭う危険が多かったために、祖父のような者が旗を立て、刀を持って護送する必要があったのである。小学校五年生のころ、七十何歳かだった祖父の肩を揉んでいると、祖父はこれで飯を食ったんだという相棒、つまり刀二本を取り出して見せてくれた。また腕にあるくぼんだ痕を指し、これは土匪に銃で撃たれた弾の痕だ、と教えてくれた。母もこのような家に育ったので、一種の豪気な所があったように思う。

母は小学教育を受けて、一番で卒業した。日本語も話せたが、残念ながら生まれた時代が早く、上級の学校に行く途がなかった。女子教育はまだ発達しておらず、嘉義高等女学校が創立される以前の時代である。母が卒業したその頃は、台湾がちょうど清代の農村社会から現代社会へと移り変わろうとする波濤の時代だった。母は社会に出て、台湾の職業婦人の第一世代となったのである。

母が生まれたのは一九〇〇(明治三十三)年で、それは台湾では民間で初の電話線が引かれた年だった。母が十五歳の時、教師が学校で成績優秀だった母に勧めて、嘉義郵便局の電話交換手の採用試験を受けさせた。母はためらうこともなく喜んで仕事に就いた。

当時の婦女の絶対多数は、家で農業を手伝うものであった。富裕な家庭の娘は働く必要はないが、外出して顔を露出することもなかった。いわゆる職業婦人というものは、北部の茶摘女と極少数の女教師位のものだった。一九一〇年代には、まだタイピストも車掌も、販売店員も紡績工場の女工もいなかった。母がなった電話交換手は現代の職業婦人の先達とも言えるだろう。

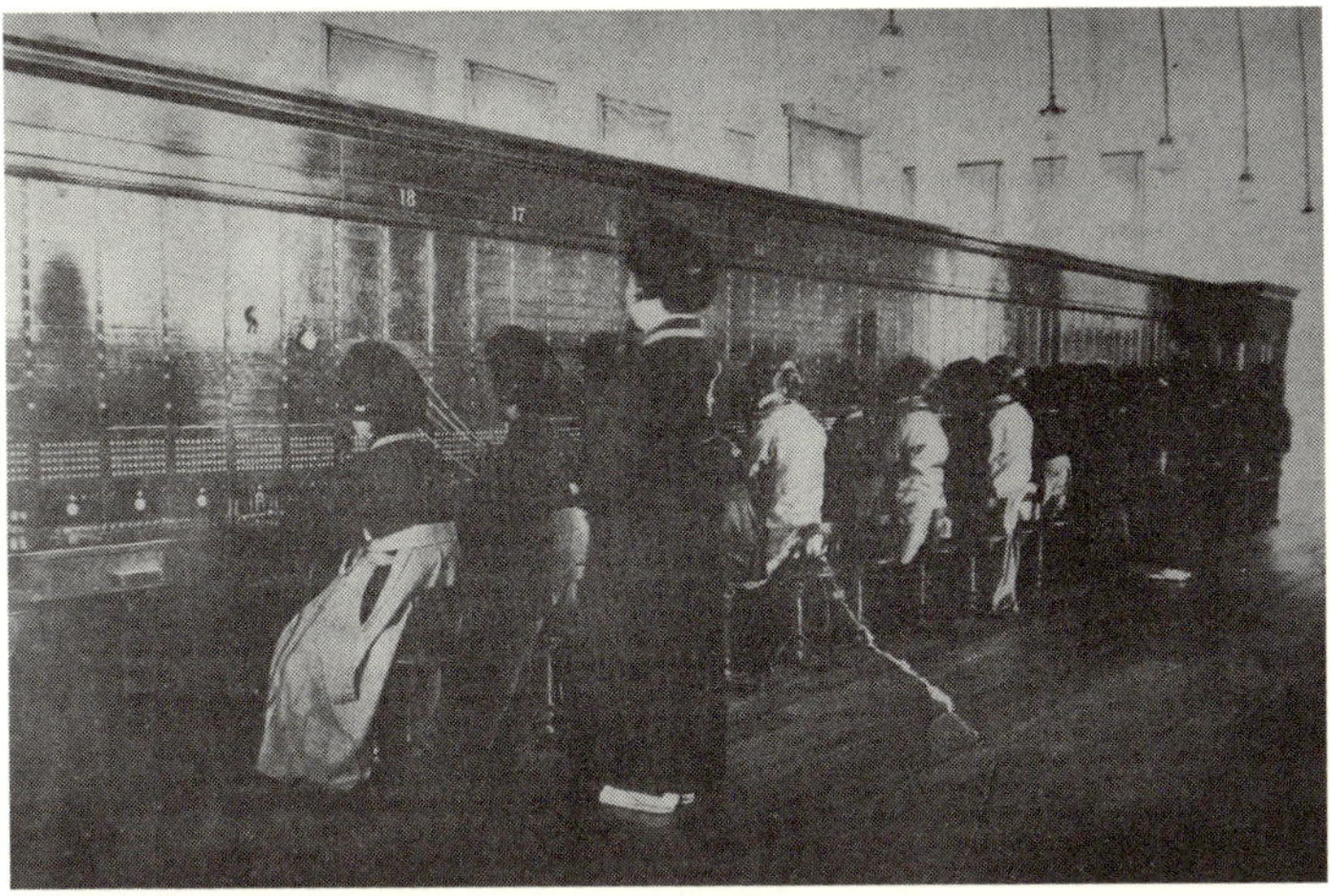

百年前の電話は自動ダイヤルでなく「交換手」がつないだ。左側が日本人女性交換手、右側３人が台湾人女性交換手。

電話とは近代的で西洋由来のものだから、母も白いシャツの制服を着て勤務したかと思われるかもしれないが、さにあらず。一九一〇年代中期のことで、母もその他の全ての女性と同様に、まだ明清以来の漢人の婦人の服を着ていた。上衣は腰までを長く覆い、スカートも長く踝まで隠していた。スカートの下から見えたのはやはり布製の刺繍の靴だった。

母は非常に有能な女性であり、私の生母とはかなり違っていた。二人は小学校の同級生だったが、一人が成績一番、一人が二番であった。二人の仲もとても良かったのが、そのまま同じ兄弟の妻同士となったのである。普段二人が一緒にいるような時には、生母はよくうつむいて刺繍や手芸をし、母は家事はせずに帳簿を付けたり、他所の人と話していることが多かった。だが母も結局は一人の母親であり、子供を大事に考えていて、人生で自分の事業を持ったり、自分の名で成功することを望んだりはせず、財富を追求したいとは思っていなかった。

子供の頃、私は腹痛を起こすことが多く、医者が母に私には寒い地方の食物を食べさせたらいいと言った。母はこの話を何時までも心にとめて忘れなかった。秀鑾姉さんが東京で医学を学んでいたこともあって、私と姉が日本に行ってさらに良い教育を受け、より広い道がひらけることを望んだ。

一九四一（昭和十六）年五月、われわれは船で出発した。四十一歳の母は一人で左手に六歳の私、右手に八歳の姉の手を引いていた。母子三人で船に乗って海を渡り、見知らぬ国に居を定めたのである。

日本統治時代に台湾から日本への留学の流れは途切れなく続いていた。私が生まれるより一〇年も前に、すでに八百人以上の台湾人が日本で学んでおり、私の生まれた一九三五（昭和十）年には、その数は二千人を超えていた。国語日報の洪炎秋・前社長の父親は反日的だったので、彼は父の銀行預金をこっそりと引き出し、命がけで「東京に逃げる」という感じで新しい学問を求めた。声楽家の呂泉生も子供の頃、夏目漱石の「三四郎」を読んで、小説の主人公のように東京に行って人生を飛躍させることを夢見ていた。一九四〇年代に李登輝は台北高校を卒業してから京都帝大への留学を選択している。この大きな潮流の中にあって、六歳の子供の私は母に手を牽かれ、波濤の高まる中に繰り出して行ったのである。今でも私はこれは母の壮挙であり、また母は一代の不可思議な

母（左）が羅家に嫁いだ明治43（1910）年、台湾の女性はまだ長衫、長裙を着ていた。

女性であったと思っている。

父は台湾でいち早くバス会社を経営

子弟が留学できたのは、背後に富裕な家庭があったからであった。私もその例外ではなかった。父の羅程は成功した、豊かな商人だったと言えよう。私は父の学歴を聞いたことがないが、小梅(現・梅山)の公学校で教員をしていたことがある、とは知っている。日本時代、総督府国語学校か高等女学校の教育を受けないと正式な教員にはなれなかった。私の推測では、祖父の羅豫典と祖父の弟が何れも「秀才」であり、また羅家の数代前のどの世代にも科挙を受けた人がいたので、おそらく父にも漢学の基礎的な素養があって、それで公学校の漢文教師になれたのだと思う。

一九一〇年代の嘉義は、さながら永い間くすぶっていた花火がはじけたかのような有り様だった。元々は人口二万人超程度の小さな都市で、一九一九(大正八)年春には嘉義農林学校(現在の国立嘉義大学の前身の一つ)が開校した。その翌年には嘉南大圳の起工があり、一〇年にも及ぶ大建設が始まった。それらの事務所や宿舎はみな嘉義に設けられ、これが嘉義の大発展の起爆剤となったのである。一時の嘉義はまさに輝いていた。大量の人口が吸引され集中し、一〇年も経たずに嘉義の人口は倍増して台北、高雄、台南に次ぐ台湾第四の都市へと躍り出た。日本統治の末期に至るまで、嘉義は基隆、台中、新竹よりもなお繁栄していたのである。

嘉義は年一〇%の人口増加率で急速に発展していった。成功の機会をもたらす都市となり、多くの人々が嘉義に出てきて、その眼差しからは希望の光が放たれていた。一九二二(大正十一)年、近郊の朴子から「林抱」という人がやって来た。母の話によると、林抱は学歴は何もないが利口な人物で、法院の競売公告を見た彼は父の所に来てその話をした。そして二人で共同して競売の不動産を売買し、土地を買い入れ、さらに戯院(劇場)も入札で買ったのだという。

それから父は斬新で時流に乗った事業を幾つも手がけるようになった。例えば一九二四(大正十三)年、父は十数台の靴下編機を人に先んじて日本から購入した。その当時は外に出て働く女性が日増しに増え、女性の服装が変化し始めた時代だった。漢人の裙子(スカート)はさらに短くなり、露出する足のために新しいスタイルの靴下が必要となった。女学生も長いスカートを膝までの短いスカートに履き替えたので、やはり新しい靴下を必要とした。父の事業は順調だったらしく、当時の新聞によると、嘉義には父の後に二年もしないうちに靴下工場が六社もでき、一日に一二〇ダース、ほぼ一五〇〇足分を織り上げており、さらに「多くの婦人用靴下を製造」して台湾南部で販売していた。

一九二五(大正十四)年、嘉義や西螺の一帯で、「期米」がにわかに大流行した。現在の先物売買と同じで、将来の米価を予想して先物の米を買い入れる一種の投資である。父の創立した「嘉義商会」でも、その引き受け業務を行って手数料収入を得たほか、自己勘定での投資も行った。期米は利益と損失の浮き沈みが極端であり、朴子にあった七、八社の期米業者は、二年後には倒れて二社のみとなっていた。父が経営する朴子の支店は生き残った二社の一つだったので、経営状況は悪くなかったのだろう。

一九三四（昭和九）年には台中の大甲で期米業者が破産して、自宅の梁で首を吊るという事件があった。新聞では期米のことを、「財をなす者もいるが、もっと多いのは破産」だと書いていた。だが、父は幸いにも前者であったようだ。ある日、母は夢を見たが、その中で火花が雨のように落下したので驚いたという。その次の日、父はわずかの間に七万円もの金を稼いだ。当時の警察官や銀行員の月給が二〇円程、年俸でようやく二百円程度で、一〇年働いた総収入でも二千円を超えるくらいであり、七万円がいかに巨額かが分かるだろう。

父は機敏な決断をして、好調なうちに事業を手仕舞った。一九二七（昭和二）年ごろに期米の事業を止め、今度は旅客運送会社の設立という全く別な事業に乗り出して行った。

旅客用バスと言えば、今日では飛行機や地下鉄、新幹線と比べて古くさい事業と思われるが、一九一二（大正元）年に台北で日本人の旅館経営者が外車を購入して、初めて台湾で自動車が見られるようになったのである。続いて台北の劇場の某経営者が自動車を輸入して客を載せ、一九一四（大正三）年には嘉義にまでその事業を拡大した。車両二台を使い、嘉義と新港の間を往復しただけで、その距離は一五キロにも満たないが、これが嘉義の人間が自動車というものに接触した最初だった。だが、当時一体どれほどの人がこの巨大な怪物に乗るためにお金を払っただろうか、あるいはお金を払うだけの余裕をもっていただろうか。十数キロの距離ならば昔の人はまず歩いたものである。

羅福全のおばさんの陳好（ハンドルを握っている）は嘉義で初めて自動車免許を取得した格好の良い女性だった。

旅客自動車は瞬く間に姿を消した。

その後、自動車は長い時間をかけて緩慢な発展を遂げ、二〇年を経て現在の雲林、嘉義、台南の各県市を含む全台南州に拡がったが、それでも四〇台しかなく、もちろん旅客バスだった。一九二七(昭和二)年末、父は台南で一台のバスを購入し、嘉義まで北に走らせた。今で言えば、まるでUFOを買って帰るような新奇なものだったろう。母の話によると、車が台南から嘉義との境にある八掌渓を行き過ぎる時には、冬の寒い時期で乾季に当たり、川の水が枯れていたので、砂州や野草の生えた河原を走ってきたそうである。嘉義の郊外に着くと、ポンポンと音のするバスを見たことがなかった子供たちは驚いて、田んぼの用水に跳び込んで逃れた。わが社のバスが急ブレーキをかけると、母親が子供を車のそばに引っ張ってきて、「収驚」(子供の気を静めるまじない)をやっていた。バスが神様とされたのか、悪鬼と見なされたのかは分からない。

自動車があれば官庁は道路上の営業を許可したが、当時の法令の定めでは、業者は自分で道路を作る義務があった。当時、嘉義にあった業者は父と林抱の共同出資による「嘉義自動車会社」だけだった。当初の営業路線は北港までを計画した。ここには媽祖宮があり、お参りの信者が絶えなかったからである。この路線は嘉義を出て牛稠渓という川に至るため、父は自分で金を出して七十数メートルの木橋を作った。北港の手前ではさらに北港渓に行き当たり、ここでも父は橋を建設した。一九二八(昭和三)年元旦、二〇キロの路線が全面開通し、最初のバスが走り出した。

年配者の話によると、八十数年前のバスで一番怖かったのは、雨が降ることだったという。増水

羅福全（前列で母に抱かれている）の父が創立した嘉義自動車株式会社。戦前の嘉義地域では最大のバス会社だった。後2列は帽子をかぶった運転手。

して川の水位が増すと、橋が沈水して壊れる危険があったのである。橋が流されるのを防ぐために、父は雨が降ってくるのを見ては作業員を橋の撤去に向かわせ、木材を安全に保管させた。雨が上がれば再び橋を架けるのである。外したり架けたりとまるで巨大なレゴ遊びのようだが、その当時にはまるで千一夜物語のような独特の光景が見られたのである。

父の事業パートナー、林抱の思い出

父の旅客事業は順調に進展し、バスは西北方向の北港、東北方向の竹崎まで走るようになった。二番目の伯父は以前、自転車店「台嘉商会」を経営していたが、一九三〇（昭和五）年には「大同自動車会社」を設立、西南方向の新営と西の「蒜頭」（現在の嘉義・六脚）まで車を走らせた。兄弟二人のバス会社はそのまま住居でもあり、どちらも嘉義駅前の栄町五丁目、現在の中山路に面した場所にあった。嘉義駅から歩いてすぐの場所で地の利を占めていた。伯父の家は三一番地にあり、父は二一番地に住んでおり、両家は中山路を隔てて向かい合っていた。私が伯父の家で生まれて父の家に養子に来たのも、道路を越えて来ただけのことである。

父は起業家精神のある人だったが、日本の官庁方面とは付き合いたがらず、旅客運送会社の「嘉義自動車」も林抱を名義上の社長とし、父はその陰で車の選定や購入を差配していた。

ある年、自動車販売業者が父を日本視察に招待し、父は初めて東京に行き、初めて帝国ホテルで高級西洋料理を食べた。現在の台北の円山飯店と同様に、東京の帝国ホテルは政府首脳が国家の玄関口たるホテルを作ろうとしたものである。一八九〇(明治二十三)年の創建当時は明治時代で、日本が西洋化を鋭意進めていた時代だった。井上馨外務大臣は「わが国を欧州式の帝国にしよう！　わが国民も欧州式の国民にしよう！」と言っていた。井上馨は皇室や富豪とともに、後に現在の日比谷公園の向かいに洒落た西洋風の帝国ホテルを建てた。世界的名士が東京に投宿する際、第一に選ぶホテルといえば、大戦直後まで変わることなく帝国ホテルだった。一九三〇年代にも米国のホームラン王ベーブ・ルースや盲聾者の教育家ヘレン・ケラーら、誰もが帝国ホテルに泊まっていた。五〇年代にマリリン・モンローが日本にハネムーン旅行にやってきた時、宿泊先に選んだのも帝国ホテルだった。群れ集まる記者に「夜には何を着て寝るのか」と問われた彼女は「シャネルの五番よ」と巧みに答えたが、これはシャネルの有名な香水のことである。彼女の良く知られるエピソードの一つだが、それは帝国ホテルでの受け答えが元となっている。

このように西洋人であれば西洋式ホテルに泊まっても堂々と振る舞えるが、父にそんな余裕はなかった。父は帝国ホテルで初めて正式な西洋式の食事を経験したのである。卓上では皿の周りに大小各種のナイフがたくさん並んでいて、大の男がそれを見て一時は呆然自失となった。だが父はさすがに商人であり、如才なく臨機応変に対処する能力がある。戻ってから父が得意気に話していたのは、自分はその場ではキョロキョロとせず、ただおもむろに向い側にいる人を眺め、向こうがどれかナイフを取り上げれば、自分も真似してそのナイフを取り上げたということだった。

父の活躍した年代には、新奇な物事が四方から台湾にやってきた。これは台湾人全体に言えたことだが、誰もが田舎から都会に出てきて新しい物を眺めるような状態だったので、そこから生まれた笑い話が沢山ある。父の事業のパートナーの林抱にも色々とおかしな話があり、それがあちこちに広まっていて、私が台北で大学に行っている時にも同級生がみな知っていた。

日本時代には誰もが当然ながら日本人を手本としたため、受話器を取り上げれば「もしもし」と言っていた。中国語の「ウェイ、ウェイ」と同じだが、林抱のやり方は独自だった。彼の名前「林抱」は、日本語と北京語の発音が大体同じだが、林抱は電話を取り、非常にへりくだった調子で、「モロシモロシ、セシャ林抱シ」と言うのである。言葉の前は変であり、後ろは韻を踏んでいるようで、聞いていて実に滑稽だった。「セシャ林抱シ」は、日本語の「拙者林抱氏」であり、「林抱でございます」位の意味だが、実にふざけているように聞こえた。

林抱の噂のうち嘉義で最も広まっていたのは、彼が会社の代表で日本に「視察」に行くというのが、発音が悪いため日本に「自殺」しに行く、と言っているように聞こえたとか、台湾に戻り会社を「組織」するという話が、台湾に帰って会社の「葬式」をすると言っているみたいだった、とかいう話である。

これらの話が真実なのかどうかは不明だが、林抱は一人で朴子郷から出てきて、小学校しか卒業していないながらも後に著名人となり、市会議員にまでなったという伝説的な男だったから、あるいは妬みから出た作り話の可能性もないではない。だが私も林抱式の変な話は随分と見聞きした。

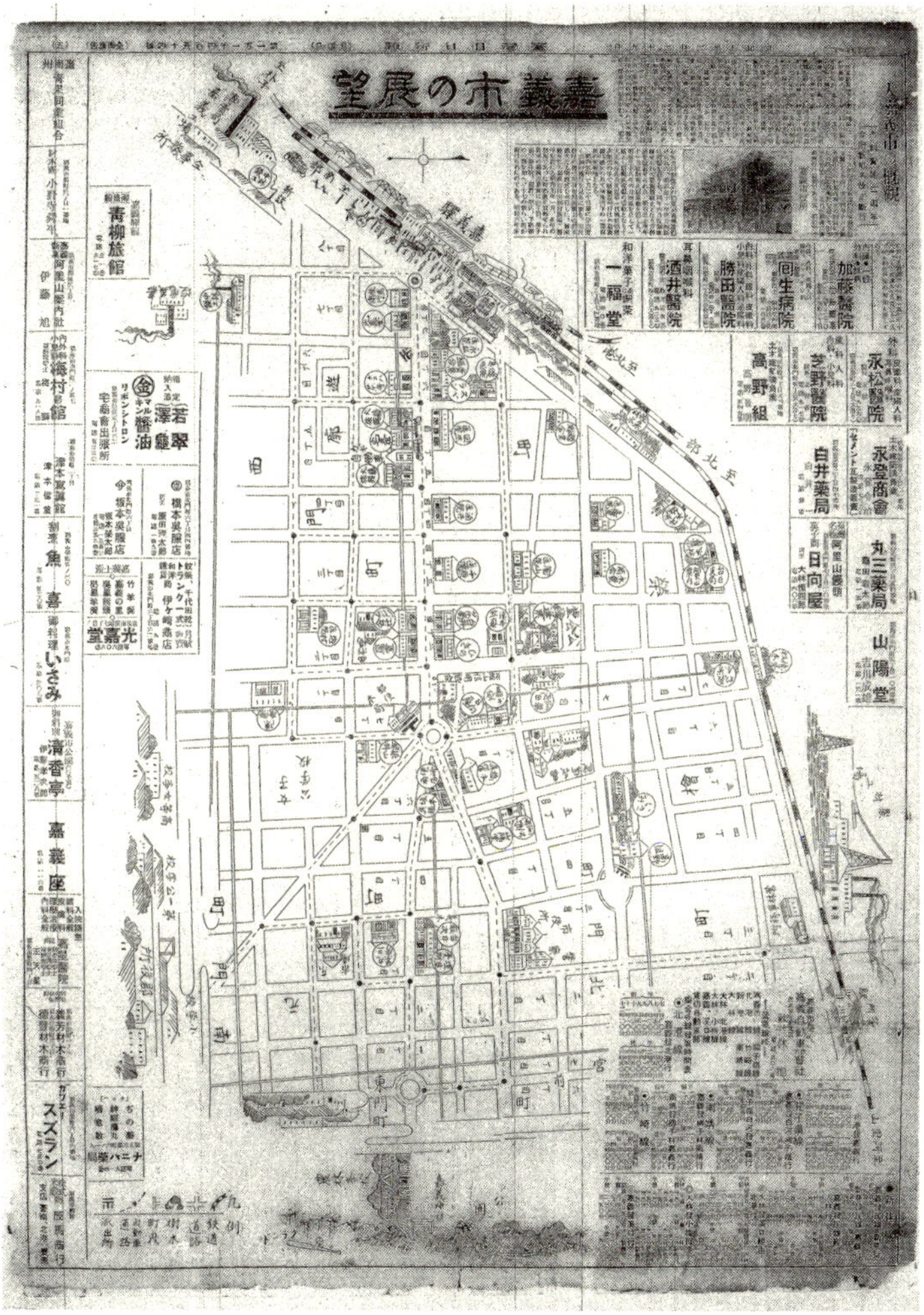

1932（昭和 7）年の新聞全面広告。右下隅に載っているのが嘉義自動車の詳しい時刻表。地図上の点線と黒丸がバス路線。嘉義駅から円環（ロータリー）までの大通りの中央に車 2 台が描かれている場所が嘉義自動車株式会社。

戦後初期、私はまだ十一、二歳だったが、亡父の子供として林抱はとても気を遣ってくれた。旅客運送会社で乗車証を発行してくれ、乗車は無料であり、友人を連れていってもやはり全然お金は要らなかった。ある日、私と友人がバスに乗っていると、途中でエンジンが故障を起こしてからなくなり、運転手が眉にしわを寄せていた。中国から来た阿兵哥（兵隊のお兄さん）達は急いでいる様子だったが、運転手は台湾語しか話さず、言葉は通じなかった。その頃の一般人はみな「兵隊のお兄さん」を怒らせることを恐れており、誰かが慌てて林抱を呼んできた。事情を聞いた彼はすぐに小声で、「エンジンがかからないって、何で言えないんだよ」と呟いた。私には彼には何か目算があるらしく見えた。彼は兵隊の兄さん達の方に歩いて行って、「ボンボンボン、眠る！」とわざと片言で言った。林抱はこのような機転の利く人物だった。

林抱にはもう一つ思い出がある。六歳で日本に留学する前、母は私と姉を連れて嘉義駅の右側、西門町七丁目に引っ越したが、林抱はその隣に住んでおり、一匹の大きなシェパードを飼っていた。この種の犬を昔は「軍用犬」と言っていた。当時私はまだ小さく、犬は何を憚ることもなく私を追い回した。必死で走って逃げたが、恐怖の余りに慌てて煉瓦塀に激突し、頭にコブができた。これは僅かな幼年時の記憶の中でもとりわけ鮮明なものの一つで、印象深かったために後々まで記憶に残っている。

丁稚から「経営の神様」になった王永慶の逸話

私が住んでいた西門町にはもう一人の有名人が住んでいた。後に台湾プラスチックグループの董事長となった王永慶である。「経営の神様」と呼ばれた彼の事業は世界中をその販売先としたが、その第一歩は嘉義から始まったのである。

王永慶は嘉義人ではなく、台北・新店の出身だった。当時の普通の少年がみなそうだったように、自宅で農業を手伝うのでなければ、外で仕事を捜さなければならなかった。年がまだ若いので、商店や会社の小社員となることが多かった。これを日本語では「小使」、「小僧」、台湾語では「団仔工《ギンナーカン》」といっていた。王永慶は一九三一（昭和六）年前後に小学校を卒業し、叔父の紹介で林抱と同じように南部のこの新興の都市にやってきて、日本人の米屋で「団仔工」となったのである。

仕事を始めて二年目、十六歳となった王永慶は大胆にも自分の米屋を創業している。『王永慶談話集』によると、ある晩の深夜二時、近所の小旅館の料理人が門をたたき、米を一斗届けてくれと注文したので、王永慶はお客様が第一とばかりに急いで届けたという。だが外は雨で、雨具を持たない王永慶は全身ずぶ濡れとなった。その夜彼はなかなか眠れず、一斗の米で一銭にしかならないのでは、この仕事はこの先長くは続けられないな、と考えていた。利益が一銭とはあまりに少ない。資生堂の石鹸を買っても数十銭、歯磨きでも一五銭だ。三年目になると、王永慶は機械を買い入れ

日本時代に王永慶の親戚、王振波（中）は羅福全（右から2人目）の家のバス会社で運転手をしていた。

て脱穀と精米の仕事も始めた。

精米業の仕事場は日々粉が一杯で、全身が灰を浴びたように真っ白になる。隣にある日本人の始めた風呂屋に行き、湯で流すのに三銭かかるので、王永慶は毎日、自宅の水道水で体を洗うことで米三斗分の金を節約したらしい。このような勤倹力行の末、彼は一九四〇年代に雲林の大埤で一二甲（ヘクタール）の土地を他人との共同出資で買い入れるだけの余力を持つようになった。自分は自分の努力で地主になった、と王永慶は言っている。

嘉義市文化局の調査によると、王永慶の開いた米屋「文益」があったのは西門町七丁目三一番地、現在の広寧街と光彩街が交わる付近だ。わが家は六一番地で、そのすぐ近くだった。わが家の旅客運送会社には王振波という運転手がおり、彼は王永慶の親戚だった。わが家の土地で獲れた米の一部を売却したり、一部を自家用として必要な時に届けて貰うことは、みな王永慶の店に任せていたが、それは恐らくこの関係のためだろう。王永慶は帳簿の付け方がしっかりしていた、と以前、母は言っていた。

私は小さい時に王永慶の届けた米を食べていたが、「文益」米店の米を食べているとは知っていても、その主人のことは知らなかった。一九五四年、私は台湾大学に合格し、母と一緒に台北に入学手続に行った。三輪車（輪タク）に乗って南京西路の円環まで行くと、偶然にも自転車に乗った王永慶が母を見つけて、ごく親しい様子で母に挨拶してきた。「程さん（夫の羅章程）の奥さん、どこに行くんですか？」。私はここで初めて彼の名前を知った。

父と伯父が愛したわが羅家所有の湖

父の事業は絶頂期にあった。わが家はかつて湖まで持っていた。

祖先がまだ台湾に来る以前、中国・福建省漳州出身の陳夢林という秀才がいて、台湾で小役に就いていたが、彼は官命により「諸羅縣志」を編纂し、そのために嘉義を歩き回っていた。彼は嘉義の城壁の北部で三、四畝（一八四二―二四五六平方メートル）の湖を発見した。誰が開鑿したものか陳夢林には分からず、「乾坤以来便（すなは）ち此の湖あり」と推測した。彼はまた湖上に蓮を発見し、「何れの時に始まりたるかを知らず」とし、湖に北香湖と命名した。その後、文人雅士が諸羅の風光を讃美吟詠して六景を選んだ際にも北香湖はその選に漏れず、諸羅八景が選ばれた時にも「北香秋荷」

1930年代、嘉義の行楽地だった北香湖は、ボートも漕げる情趣ある場所だった。戦後は干上がり荒廃したが、嘉義市により最近、昔の様子が復元されている（写真は国立台湾図書館蔵書より）

の風景が取り入れられている。

わが家に伝わるところによると、清代に羅家が湖を所有していたことがあったが、後に失ってしまったという。父と伯父は成功してから鋭意これを買い戻し、湖の堤に草花や樹木を植え、湖上には木橋を造り、湖の岸には東屋を設けた。これらが整うと湖にボートを入れ、別の人に賃貸させた。一九三〇年代の北香湖には人がボートを漕ぎ、舟が浮かぶ飄逸とした風情があった。私の妻の父は京都大学に学んだ人だが、彼は夏休みに帰省してはいつも妻の母と北香湖でデートをしていたという。

母が教えてくれたが、父は北香湖を非常に愛していて、よく私を抱いては湖畔で悠然と半日も過ごし、夕方になると運転手がやって来て載せて帰ったという。

父と林抱は多くの土地や田を共有していたが、

北香湖もその一つで、ボートの経営はみな林抱がやっていた。一九三九（昭和十四）年、嘉義市役所が湖を七万円で強制的に収用したので、羅家は再び北香湖を失った。だが母はこの巨額の資金、そして広大な農地から得た小作料、さらに市内四十数カ所の借家の家賃があったため、それで安心して遠い東京に留学することができたわけである。

六歳で日本に留学する

東京での小留学生としての生活は、閑静な田園調布で始まった。

私達の借家は久ヶ原駅、つまり現在の田園調布の中心の「鵜ノ木町」にあり、秀鑾姉さんの家からは二、三キロ程度で、電車も通じていた。田園調布は現在でも東京の高級住宅地だが、戦前からすでにそのような様子で、とても素敵な場所だった。小川がありエビがいて、台北の天母にも似ていた。

私達の借家には庭があり、日本式と和洋折衷式の建物が各一棟あった。今回もまた隣には大家が住んでおり、森永ミルクキャラメルの社長の家も垣根のすぐ隣にあった。

家の庭には大きな梅の木が一本あり、その両側には柿の木が一本ずつ植わっていた。夏になると梅の花が開き、花が終わると梅の実が取れる。秋には黄色の柿の実が両側の木に一杯にぶら下がり、竹竿で実を取る季節がやってくる。戦争が次第に迫ってはいたが、それは隔離された静かな庭の外の話だった。私の日本での子供時代は戦時のはずだったが、辛かったという記憶は残っていない。私は五月に日本に着いて、まず「鵜ノ木幼稚園」に入園し、全く新しい「福本盛夫」という名前を持った。羅家では代々、「排輩」の序列に従い名前を付けられており、父親は「章」の字輩、私が「福」の字輩で、私の子は「澤」の字輩となる。そこで「福本」を姓としたが、これは「本は福」という意味であった。

後に私が駐日代表となったとき、唐飛行政院長（首相）から指示があり、王金平立法院長（国会議長）が立法委員（国会議員）たちを率いて某日、北海道を訪れることとなったので、私が唐飛の代わりに諸氏のために現地で宴席を設けた。座に入って私は王金平の右に着席し、羅福助立法委員が王金平の左隣の隣に座った。王金平が急に前に身をかがめ、左に福助を見ては右に私を見つめ、何かに気付いたかのように、ひどく真剣な様子で「君たちはすごく似てるんだねえ！」と言った。

これは聞き捨てならない言葉である。われわれは確かに体つきが大きく顔かたちも似ており、名前も一字違いではあるが、羅福助は立法院随一の「武闘派」だ。蒋経国時代、警政署（警察庁）が「一清専案（暴力団一掃特別計画）」を発動してゴロツキを一掃した時には、牢屋に入ったこともある。

私はすぐ福助に、「あなたはどちらのご出身？」と尋ねた。彼は彰化と答えた。私は誣告に遭った被告が無罪をかち得たような気がして、安心してすぐに言った。「それなら違いますよ、私は嘉義人だから。羅家は福建から嘉義に来て、もう二百年以上経ってるんですよ」。だが羅福助は答えて言った。「うちの家は嘉義から引っ越して来たんです」。実に逃れがたい暗雲に覆われたような感

（上）田園調布は、戦前から東京郊外の高級住宅地だった。
（下）戦前の東京の繁栄と進歩に魅かれて、台湾の若者の留学の流れは、相当に大きかった。

じがして、私は「おお、じゃあDNA検査をしましょう」と言うばかりだった。

後に私の家族が土地を売却し、六十数人の個人の判を捺したときに、意外にも「羅福助」という名前が本当にその中にあるのを発見した。だが幸いなことに、この親族の羅福助は間違いなく嘉義在住であり、台北の立法委員の羅福助ではなかった。

「蒋介石と宋美齢が山に逃げた」と高らかに唄う

三カ月後、日本が真珠湾を奇襲し、第二次大戦が勃発した。その一年後、米軍の初空襲があったとき、私はちょうど家にいた。家族全員が恐怖よりもその場での好奇心が勝り、大人も子供も誰もが外へと飛び出して騒ぎの成り行きを眺めていた。私は「敵機襲来、敵機襲来」と叫んでいた。

学校では歌の授業があり、米国や中国をさげすむような歌も教えていた。例えばある歌の歌詞はこんな感じだった。

蒋介石　宋美齢　山奥逃げて
ルーズベルト　ルーズベルト
お前の子分のチャーチルが
われ等に追われてペッチャンコ

小学生低学年は記憶力が良く、私は唄を歌うのが好きだったので、戦時下の軍歌を大体百以上そらで歌える。小学校で最初にならった歌は二行だけを覚えている。

みんなで勉強うれしいな
国民学校一年生
みんなで体操うれしいな
国民学校一年生

私は、日本は童謡が最も多い国ではないかと思う。明治時代に新制度の学校ができてから、多くの英国民謡の上に日本語の歌詞をのせて童謡としたものを学校で唄わせたことは、日本の近代教育における非常に重要な一環であったと思う。例えば中国語名の「夏日最後的玫瑰（夏の最後のバラ）」はアイルランドの歌であり、日本で「庭の千草」に作り直されたものだ。

田園調布のわが家は、周辺にある一般の日本人の家よりも大きく、料理や家事は嘉義から連れてきた台湾人のお手伝いの「森仔《サムア》」がやっていて、生活は一般の日本の家庭よりは恵まれていた。その頃には従兄弟の陳天燦兄さんもいた。彼は母の弟の息子で、彼がお母さんを亡くしてからは母が東京に連れてきて高等学校に進学させ、その頃には大学に進学する準備をしていた。ある日、陳天燦兄さんが私を銀座に遊びに連れて行ってくれた。私は学生帽をかぶり、大股で歩き、上機嫌だった。その頃は写真が流行っていて、路上を歩いていると、カメラを持った人がわれわれに向けてシャッターを切るのである。それからこちらにやってきては写真を売るのであった。買うか買わないかは自由だが、わが家は経済的には恵まれている方だったので、その写真を購入した。母も街を歩いていて写真を撮られたことがある。

だが、日常の衣服や食べ物の水準は一般と大差はなかった。食糧は政府が統一的に配給していたからである。それに戦時下の学生はいつも制服を着ていた。

私の印象では、日本では日米開戦の一年後から物資の欠乏が現れたと思う。そうなると、台湾の家族はわが家に砂糖を送ってよこした。砂糖を産する台湾では砂糖は格別貴重なものではないが、日本では非常に人気のある品であった。母は砂糖を持っては田舎に行き、卵や野菜、果物と交換してきた。だが貴重なものは欲心を誘うもので、まもなく砂糖は輸送の途上で針で穴をあけられて中身を全部流し出されるようになり、郵便配達から小包を受け取った時にはただの空袋に成り果てていた。だが台湾人は賢い。再び盗まれないために、砂糖を一つ一つが丸い葡萄と同じ位の小袋に入れた。こうすれば泥棒が穴を開けて盗もうとしてもなかなか簡単ではなくなる。

生活は次第に窮迫の度を加えるようになり、ご飯もおからや麦が混ざってだんだんと不味くなった。ただ意外にも豚のレバーが手に入り、わが家では大助かりで安心した。台湾人は豚肉より豚レバーが体に良いと考えているが、日本人は豚肉は食べるが内蔵を食べる習慣がなかったからである。

母親の保護を受けていた羅福全。戦争経験はあるが、戦時中が苦しかった記憶は残っていない。

私はまだ七、八歳の子供であり、自分の小さな生活も注意深く保護されていて、さながら花の温室にいるようなものだった。温度も不変、湿度も正常で、たまさかの変化はあってもせいぜい食物の味が変わるくらいだった。その食べ物の味の変化は実は外部の世界に繋がっていて、外ではすでに天地を覆すような大変化が起きていたことを、私はまったく知らなかった。

静岡の温泉旅館へ疎開する

日本の学制では四月に学校が始まる。一九四二（昭和十七）年四月、私は小学校一年生となった。これ以前の数カ月間に日本は香港、シンガポール、ビルマ（ミャンマー）、マラヤ（マレー半島およびシンガポール島）、フィリピン等の国々を占領し、破竹の勢いで東南アジアを侵略していた。だが私が三年生の一九四四（昭和十九）年七月には米国の日本への反攻ですでに城下に迫る勢いとなり、西太平洋のサイパンを九日間で攻略占領し、日本への本土爆撃が開始、七月二十二日には軍人首相の東条英機が相次ぐ負け戦のために辞任した。それまで戦争の局外にあった小学生にも、その影響が及び始めた。

日本は国家の未来の苗木を保護するため、大規模な移動を行った。都市児童を田舎に避難させたのである。一九四九年に中共に追われた国民党が台湾にやってきた時にも、逃亡して来たことが明白であるのに台湾へ「播遷」したという見苦しい文飾をしたものだが、日本も避難行動に対して「疎開」という中立的な表現を用いていた。一九四四（昭和十九）年八月四日、東京の児童の第一波の四

戦争末期に羅福全が全校で疎開した、静岡県の伊豆半島にある温泉旅館「船原」。

八〇〇人が、四百キロ離れた農業県の富山に移動した。八、九月の二カ月間には、三年生から六年生の都市児童の総計三五万人もが、距離は遠近様々な農村に疎開して行った。私自身もこの巨大な隊伍の中にいた。時代の波に押し流されつつ、姉もまたこの異様な集団に編入され、疎開して行った。五年生だった姉は静岡県の浜名湖近くにある大きな寺へ疎開して行った。私も同じ静岡県だったが、幸いにも行く先は伊豆半島にある温泉旅館だった。

学童疎開とは、学校が先生と一緒に丸ごと一時移転するのと同じことであり、家庭や父母とは別れねばならない。これは恐ろしいことだった。私たち三年生はそんなこととは全く知らず、皆喜んで出発したし、リュックサックには家人が準備した食べ物などが沢山詰まっていた。目的地に着くと、意外にも修善寺温泉の高級温泉旅館「船原」

が新しい学校であって、現地の愛国婦人会の女性たち数人が旅館の「仲居」のようにわれわれを出迎えてくれた。いわゆる疎開とは、まるで遠足のようなものだった。

船原は和式旅館であり、初日のわれわれは観光客のように畳の大広間で晩御飯を食べた。畳の上には机が長く並べられ、男女が二列に分かれて座った。皆が遠足の楽しい気分で一杯だった。だが先生がわれわれに話を始め、「家には帰れない」と聞いた時、女子生徒はみな一斉に泣き始めた。平生は活発でいたずらな男子生徒も、この時は考え込む様にみな胸の前で腕を組み、向き合った女子生徒を黙って見ていた。私は泣かなかったし、男子で泣こうとする者は誰もいなかった。涙でも見せようものなら、笑われる恐れがある。

子供とは悲しさも嬉しさも底の浅いものである。時間が経つにつれて、家を離れた悲しさは日増しに薄れて行き、一方で山間の生活の面白さが日増しに感じられてきた。

当時の日程は毎朝起きると背中を乾布摩擦し、明治天皇の書かれた日本の和歌を拝誦してから朝食を食べる。午前中には授業があり、午後には列を作って山の上に行ってサツマイモを植えた。植えてから数カ月程度で収穫できるほどに育った。われわれは招かれざる客がやって来ては収穫を荒らすのを目撃した。その一群の招かれざる客とは、人ではなくイノシシだった。

修善寺の周辺にはミカンが沢山植えられており、時には一日に幾つもミカンを食べることができた。一週間に一度は卵が配給になった。

「清水」という先生の自室の入り口には夜な夜なわれわれ男子生徒の何人かが集まり、先生が何をしているのかのぞき見た。見ない方が良かったが、先生は時にはサツマイモを焼き、時には現地の名産のシイタケを焼いていて、われわれは唾を呑みこんだ。山中では一日が長く、暇な時間も少なくなかった。われわれもその真似をすることにして、一緒に裏山へ行ってはこっそりマツタケを取り、焼く方法も醤油もかけるなど工夫して美味しくした。

その年の年末になると、文部省はまもなくお正月であることや、子供が親元を離れて辛い思いをしていることを考慮して、子供にビスケットを配るという慰問方法を案出してくれた。日本ではビスケットは一九二〇年代にすでに一般的なものとなっており、子供も普通に食べていた。だが戦局が困難な一九四四（昭和十九）年にはビスケット工場はみな軍用乾パンを製造していて、ビスケットは全く不足していた。

方針が決まり、年の明けた一、二月になると、各疎開地の臨時の学校へビスケットが送られてきて、畏くも皇后陛下の御名により下賜された。私の読んだ歴史の記録によると、生徒一人にビスケット一袋が配られたらしいが、自分の記憶ではココナッツのビスケットが三つだった。

皇后陛下の御下賜の品であるからには、先生がわれわれに簡単に配ってすぐに一口で食べてしまうわけには行かない。恩賜のビスケットを頂くためには厳粛な儀式を要したのである。一人一人が座る前の卓上に丸形ビスケット三個が置かれた。皆は手を太腿につけ、まず国歌「君が代」を斉唱する。私は歌いながらも目が泳ぐように動き、ビスケットを見つめたことを覚えている。斉唱が終わると、ようやく頂くことになる。わあ！　本物のビスケットを食べるのは、私は生まれて初めてだった。そして食べてみると本当に甘く、香ばしかった。

美味しかった恩賜のビスケットを食べてしまうと、時局はますます悪化して行った。三月十日の夜明けごろ、米軍機が眠っている東京に焼夷弾を猛烈に投下した。木造家屋が多く火の海と化して一〇万人が死亡する大惨事となった。この頃、日本はすでに戦局の大勢を失っており、この後に引き続き米軍が日本本土に上陸して来る恐れがあった。伊豆半島も上陸可能地の一つであったため、われわれはさらに北方の青森への移転に迫られることになった。

三月十日の東京大空襲の主要目標は東京東部だが、わが家のある田園調布は西部の郊外にあるため、幸いにも家族はみな無事だった。母はかえって私の安否を心配し、私が学校に随って青森に行くのを黙って見ていられず、慌てて学校にやって来て私を引き取って帰った。帰りの列車が横浜を過ぎて東京に入るころには半焼した家屋の一棟一棟が目に入った。未だ熄《や》まぬ黒煙が渦を巻いて立ち上り、音もなくゆっくりと天空に棚引いていた。

戦争は人にはどうにもならないものだが、母はそれに負けない強さと有能さを発揮してこれに立ち向かった。母はこのような時なのに、東京北方の埼玉県「北本宿」（現・北本市）に引っ越すことにした。部屋は一六畳半と広さ約八坪しかなく、大家とわが家が同居することになった。両家はそれぞれ左右の六畳間に入り、その間にある四畳半を共用空間とすることにした。生きてゆくために、母はよく衣類の袋を担いで長い道を歩き、田舎の農家に交換に行ってはサツマイモの袋を担いで帰ってきた。母は日本人がするようにサツマイモを薄く切り、茹でてから屋根の上で干した。食べ

羅福全が小学校4年生の5月にはまだ遠足に行っていた。8月15日、昭和天皇が降伏を宣言している。

る時には、日本式の火鉢の上で少々焙れば食べられるようになる。

母が介入したために、私は学校について青森には行かず、埼玉県の小学校四年生に転入することになった。だがわずか四、五カ月間ほどで日本が降服し、わが家は再び引っ越すことになった。

「もう日本人じゃない。もうお辞儀をしなくていいんだ」

一九四五（昭和二十）年八月十五日、どの家にも天皇陛下の御放送のあることが通知された。わが家と大家の両家は皆が四畳半の畳の上に正座し、ラジオから流れる「玉音」を待っていた。天皇陛下が降伏を告げられると、すぐに私の姉が涙を流し始めた。その一方で、脇にいた天燦兄さんが低い声で私に言った。「俺たちはもう日本人じゃない！　もうここではこんな風にお辞儀をすることはないんだ！」。兄さんは当時早稲田大学工学部の一年生で、台湾や中国、日本の間の歴史上の複雑な問題を理解していたのは確かだった。

その日から突然、私の世界は別のページがめくられ、新たな一章が始まろうとしているかのようだった。

戦争が終わったが、復員は緩慢であった。家屋は至る所、空襲で破壊しつくされ、多くの人々が布で小屋を造り、穴を掘って煮炊きをしていた。食糧は実際非常に欠乏していたが、わが家は台湾人として一定量の配給にあずかることができた。母は私に、お隣さんは以前うちにとても良くしてくれたんだから、今の苦しい時はうちが分けて上げなければいけない、と言っていた。

子供は何時も現実から遠く、困苦の中にあっても何か楽しいことを見つけ出すものである。私と友達は家が焼けて水道管の一部が露出しているのを見つけ、それはみな鉛管だったので、皆で掘り出しては溶かして鉛玉を作った。その頃は小鳥を撃ち、皆で焼いて食べたものである。

空には小鳥だけでなく、常に米軍の大型機が低空で航過していて、反抗の有る無しを偵察監視しているようだった。確かにわずか一、二カ月前まで日本人は老若を分かたず、竹を斬って作った竹槍で最後の一兵まで米軍と戦う、と誓っていたのである。

早くもある日、私は北本宿に米軍が来るのを目撃した。周囲から驚く声が上がり、皆が「アメリカ兵だ」、「アメリカ兵だ」と叫んでいた。それは兵隊数人がジープに乗っていただけで、白人も黒人もいてカーキ色の軍服を着ていた。その印象は非常に鮮やかで、東洋人とはまるで違っていた。私は自分の目で白人や黒人を見るのは初めてで、非常に新奇な印象を受けた。昔読んだ日本の漫画では、日本が占領した南洋の現地人は目は黒、歯は真っ白の黒人に描かれていたので、漫画で黒人を見たことはあった。だが、漫画の黒人はみな髪の毛がない点が実際の黒人とは違っていた。

この驚いて外人を見つめた経験から程なくしてわが家は田園調布の家に戻った。幸いなことに家具や日用品は何ひとつ焼けていなかった。だが台湾とわが家とはすでに一年も音信不通で、援助を受けることもできなかったので、このままでは無一物で街頭に放浪することになるかも知れなかった。

幸運なことに天燦兄さんは米軍の翻訳の仕事を始めることができた。そのおかげで私はアメリカのガムやチョコレート、さらには三インチ（約七・六二センチメートル）位のアメリカの小さなハーモニカなど、滅多に手に入らないようなものを貰った。私はハーモニカをおもちゃにして、毎日吹いて遊んでいた。ある日、兄さんが二、三人の米兵を遊びに連れて来たので、私はまたも驚くようなことを目にすることになった。大柄な米兵は自分でニワトリを持参してきて、一人で一羽の半分も食べてしまった。私は唖然として見守るばかりで、アメリカ人とは自分達と全く違う人種だなと思った。

帰る時に米兵はジープに飛び乗り、後部座席の数人がアメを取り出しては宙にばら撒いた。日本人の子供が集まり、車が走り出すとついて歩きながらアメを拾い集めていた。敗北の中で出会った甘味、といった所である。

その時分、私は日本人の内心の一面を見る機会があった。戦後、私が再び鵜木第三国民小学校の四年生になったとき、書道の展覧会で東京都の小学生の第三位となったことがあった。この時の課題は参加者の自由で、先生は「道路を汚すな国の恥」と私に書かせた。当時の日本人にとって、国は敗れたものの、日本の尊厳を保たねばならないこと、日本人として清潔を重んじ秩序を守る態度を失ってはならないことを、先生は私に伝えたかったのだと思う。

戦後最初の首相の吉田茂も同じように、「日本は戦争に負けたとはいえ、国家の気品を保って人に侮られないようにしなければならない」と言っている。正にこのような日本精神こそが日本の復興をもたらし、経済が高度成長した昭和時代に向わせたのである。

II

恐怖政治下で過ごした台湾の学生時代

1945－60

引揚げる前に日本で中国語の初歩を習う

日本人は国を再建しようとしていたが、その一方で私も台湾に戻り、台湾人となるべく準備をしていた。日本での幼年時代には全く日本的な生活をしていて、名前も日本名を使っていた。クラスで一番となり級長となったこともあるが、仲間外れにされたと感じたことはなかった。家で母との会話でも日本語を使い、台湾語は話さなかった。現在の台湾の小留学生の多くが中国語を話せないのと同じである。だがここで奇妙な状況となった。私は嘉義の出身だが、台湾に帰ったら新しい環境に合わせなければならない。意外なことだが、私は台湾語より先に北京語を学んだのである。

戦争が終わると、東京の台湾人は相互扶助のために「台湾同郷会」を作った。わが家は同郷会に行って国連の救援物資を受け取っていたが、同郷会は両国で多くのクラスを開いていたので、私は北京語の勉強にも行った。このため一九四六年春に台湾に帰った時には、普通の子はまだボポモフォ（中国語のＡＢＣに相当する）が分からなかったのに、私はもう学んでいたのである。

両国の同郷会のクラスに出席する際にも、台湾人は戦勝国民と見なされ無料の通行証が貰えたので、毎日の交通費が要らなかった。わが家で観光地の日光にも行ったが、その日も切符代が全く要らなかった。当時は奇妙な時代で、日本在住の台湾人は前日まで日本国民だったのに、戦争が終わると相手側に呼ばれ、戦勝国の席に座らされたのである。

戦後、羅福全（後列右から４番目）が台湾に戻り入学した嘉義の垂楊国民小学校。門を入ると国民党の青天白日章が目立って見えた。

一九四六年二月二日、わが家はとうとう帰国の途に就き、東京から台湾に向かう最初の引揚船「氷川丸」に乗船した。この日はたまたま旧暦の正月元旦で、日本では旧暦は使わないが、台湾人の新年はこの日から始まるので、何だかわが家の生活が台湾式になることを暗示しているようだった。

海上を三泊四日航行してまだ明けやらぬ早朝、ついに台湾が見えた。帰心矢の如しで、みなが甲板に上って基隆の埠頭を眺めていた。バナナは日本にはなく珍しいものであり、十二歳の姉は、「バナナを売ってる！」と興奮して声を上げたが、続いて「中国兵だ！」と叫んだ。これもまた日本では見慣れないものだった。われわれが以前に読んでいた日本の漫画では、中国兵はゲートルがゆるゆるのところが常に強調されていたが、今自分の目で見てみると、確かに日本人のきっちりしたゲートルとは相当に違うものだった。

上陸してから晩になって、ようやく南下する列車に乗ることができた。ホームには電灯がついておらず、どこも真っ暗で、しかも非常に混んでいる。皆は先を争って列車に乗り込んだが、中には窓から入り込む者もいた。私は異様な印象を受けて、「なるほどこれが台湾だ」と内心で呟いた。

嘉義へ帰ると、二番目の伯父が私を非常に気遣ってくれて、私が日本語しか話せず台湾語を全然話せないのを見てからは、母の漢文の先生に頼んで家庭教師をして貰った。先生はまず三字経から教え始めた。「人之初、性本善、性相近、習相遠」の一句を先生が福佬語（台湾語の一方言）で読み、私がそれに続いて一句ずつを読んだ。だがそもそも三字経は五、六歳の子供の学ぶ本であり、それを私は十一歳になって勉強したのだ。私の学習歴は幼稚園で日本に留学し、十歳で中国語を注音（ボポモフォ）から始めたので、中国語は随分独特なものとなっている。

私の台湾語はまだ滑らかでなかったが、私の外見も他の台湾の子とはかなり異なっていた。例えば他の子はみんな裸足なのに、私は革靴をはいていた。それだけでなく、同級生でランドセルを背負っている者など誰もおらず、みな日本時代と同様に布で本を包み、背中に斜めに背負い、胸の前で結んでいた。そこに私は「草地保正」（田舎の村長）みたいな風体で、医者用の大きなカバンを手に提げて学校に通っていた。このカバンはどこから来たものか、私は知らなかった。二番目の兄は医者だったが、これは兄のカバンではなかった。他の子供の目には私は上から下まで嫌な奴で、思い知らせる必要があったに違いない。実際にいじめられたこともある。子供たちはある子をそそのかして私を殴らせたのである。

台湾の反政府暴動二・二八事件の傷痕

何もかもがあまりうまく行っていないかのような感じだったが台湾に戻って一年後、今度は二・二八事件が発生した。元から民衆の怒りが鬱積していたところに、闇煙草を売っていた女性が取締係に殴打された事件が騒動となり、台湾全土に波及して到るところで怒りの反政府行動が起きるようになった。

三月初め、彰化と台中の若い学生が嘉義市にやってきて、鉄道駅と中央噴水の間で街頭演説を行い、民衆に反抗を呼び掛けた。嘉義の民心は激昂し、民兵が市政府を襲撃して占領した。外省人の市長と軍隊は南方にある水上飛行場と東側の山子頂、紅毛埤に逃れた。その後双方で交戦となり、民衆と軍人の双方で三百人以上が死傷し、さらにあちこちで多数が殺害された。双方が対峙していた七、八日の間、幾人もの名望ある人々が休戦を求めて双方を往復し、交渉した。最後には軍隊が増援されて嘉義市内に威力で進駐し、当局側は強硬で報復的な姿勢に転じ、逮捕と虐殺を開始した。

この間中、最初から嘉義市街では銃声が止むことがなく、母は私と姉を連れて避難することを決めた。まずは南方の水上郷にあるおばの夫の家に避難した。思いも寄らずその水上飛行場が銃を手にした民衆に包囲されることになったが、撃退された民兵が三々五々と村落を通ってゆくのを私は目の当たりにした。全身泥まみれで銃を杖替わりにしていて、まるで南北戦争のアメリカ映画と同じだった。

母は水上も危ないと考えて、東方のさらに田舎の山奥を目指して逃れ、梅山郷にある母の姉の夫の家に移った。だが神ならぬ身には大局を読み切れるものではなく、ある晩にまたもや銃声が起こり、母は翌日に私たちを連れて徒歩で北方の竹崎郷に向かい、さらにぐるりと回って嘉義に戻った。

その時には、まるで恐怖から逃れることが不可能であるかのように、嘉義の上空には暗雲が圧し続けて去らなかった。二番目の伯母の兄の朱栄貴は戦後に嘉義市議会議長を務めたことがあり、二・二八事件の当時はすでに辞職していたが、なお地方の要人であった。二番目の伯母は私の生母だから、私も朱栄貴を「おじさん」と呼んでいた。二・二八事件の発生後、理由は不明だが、おじさんも逮捕された。朱家では誰もがみな大騒ぎとなった。軍の司令官が嘉義に来ることを知った伯母は兄を助けようと、長衫（ややゆるめの旧式の旗袍）を着て嘉義県政府の前で一人で跪き、陳情書を頭の上に両手で捧げ持ち、無力でか弱い女性の姿でおじさんの釈放を軍に懇願したのである。

伯母さんは本当におじさんを救い出した。一週間後、朱家のおじさんは釈放されて出てきた。だがおじさんの親しい友人だった潘木枝医師は、このような幸運には恵まれなかった。

戦後まだ早い時期には、各地のオピニオンリーダーといえば医師や弁護士等のインテリの名望家ばかりであり、議会も今とは全く違って社会的名士が主導するものだった。国民党政府は反対者の声を圧殺するため、これらの地方紳士から手を下したのである。国民党は非常に野蛮で非文明的な、不法であり不当な方法で見せしめの虐殺を行った。朝に軍人がこれらの人々を後ろ手に縛り上げ、名前を書いた木牌を背中に挿してトラックの荷台に放り上げ、わざわざ市街地の主な道路を走り回り、最後に嘉義駅前で停車した。トラックからとび降りた犠牲者たちは、両足が弱り、体が捻じ曲がっていた。軍隊は死を前にした人間の尊厳にも何ら配慮せず、直ちに彼らを銃殺した。遺体は故意に現場に残され、夕暮れ時まで家族の引き取りを許さなかった。

三月下旬の十八日から二十五日までの八日間に嘉義でも三回、このように残酷な公開の引き廻しや処刑、遺体を晒しものにすることが行われた。私は一回目の引き廻しと銃殺の場面は見なかったが、後で駅前に遺体が横たわっているのを見に行った。当時は知らなかったが、それは二・二八処理委員会の主任委員、陳復志だった。彼は衝突を抑えようと調停に乗りだしたことで、逆に首謀者とされた人物だった。二回目には一一人が銃殺されたが、私はそのことを全く知らなかった。三回目は四人の嘉義市議会議員で、その中には画家の陳澄波や潘木枝医師がいた。

その日、私と伯父は仁愛路の家の二階ベランダに立っていた。駅からは二百メートル超で非常に近かったため、銃殺の現場も目撃した。トラックがわが家の前を通り過ぎた時、車の上に潘医師が縛られているのが見えたのを私ははっきり記憶している。伯父が悲痛な様子で、「あれは木枝仙仔(木枝先生)だ」と言った。

嘉義で潘医師を「仙仔」と呼んでいた者は伯父一人ではなかった。彼は医術に優れて尊敬されており、二・二八事件前に推薦されて市議会の副議長になっていた。二〇一二年、潘医師の記念展が台北で開かれたが、四男の潘英仁は嘉義中学(日本時代の台南州立嘉義中学校、戦後は台湾省立嘉義中学、一九七〇年に台湾省立嘉義高級中学。高級中学は日本の高校に相当)での私の同級生なので、私も招かれて行き、開幕の挨拶をした。その日は蕭万長前副総統もやってきた。彼が言うには、自分は子供の頃体が弱くいつも潘医師に診てもらったが、とても良いお医者さんだったという。潘医師が殺された日、彼の母は蕭万長を遺体の前に行かせ、線香を上げさせたという。当時彼は八歳だった。

そうしたのは八歳の蕭万長だけでなかった。殺された潘医師の遺体がまだ駅頭にある間に、誰かがすぐにその傍らに香炉と数十袋の線香を置いて、親族が線香を上げられるようにしていた。潘家の人は遺体を担架で運んで潘医師の家にまで連れ帰った。途中の路上にも線香が立てられ、無言のまま尊敬されていた医師の冥福が祈られていた。

私はその年には十二歳で、まだ政治のことは分からなかったが、年長者の会話を聞いていて、嘉義の人々が精神に甚大な衝撃を受けたという印象を受けた。誰の目にも好人物だった人物が言われもなく銃殺されたことで、皆が堪え難い思いをしていたのである。

初等中学二年生で憲兵に逮捕される

二・二八事件で残酷な虐殺が行われていた当時、私はまだ子供時代を脱しておらず、外界の恐怖の雰囲気も分かったような分からないような気がするばかりだった。だが二年も経たずして、それは突然具体的な形となって迫ってきた。私はまだ中学二年生で十四歳だったが、憲兵に銃を突きつけられて連行され、憲兵隊で一夜を過ごしたのである。

母が何時も言っていたのは、私はよく勉強をして朝はちゃんと早起きし、駄々をこねたりしない子供だということだ。母が手をひいて学校へ行くときには、大人しくついて行ったものである。小学校の成績は良くて、いつも一番だった。

私が小学校を卒業したのは一九四〇年代だが、上の学校は当時は初等中学と言っており、国民中学とは言わなかった。現在五十五歳から六十歳の年代の台湾人ならば、誰もがみな「初中聯考」（初等中学の共通入学試験）を受験している。一九六八年に義務教育が九年となり、初中聯考は廃止された。私は初等中学に進学したのは一九四八年で、まだ初中聯考もなかった。当時は初等中学を受験するには一校ごとに願書を出して受験しなければならなかった。

伯父の家の二番目の兄、福嶽は私が非常に尊敬して何でも手本にしていた人である。彼は私よりも二十数歳も上だが、日本時代の嘉義中学の第二期生で、成績が良く台北医専（現在の台湾大学医学部）に進学し、一九四二（昭和十七）年には台北帝国大学で医学博士号を取得したという羅家の誉れだった。私はまだ小さい時、「よし、自分も必ず嘉義中学に合格するぞ！」と心中ひそかに誓っていた。

私は初等中学では嘉義中学のみを受験して、合格することができた。校門を入った初日は二列に並んだ雄大な椰子が目に入り、まるで兵士の隊列に迎えられたかのようで、「おお！　自分はここに来たんだ！」との思いが胸中に込み上げた。

昔の日本時代の中学生は誰もが風呂敷で本を包み、手に提げたり腰の脇に結び付けるやり方をしていた。私が嘉義中学に入学したのは戦後三年目で、戦時中の軍の被服や物資が民間に大量に流出しており、街頭には専門の店までできていた。初めのころは、空挺部隊のパラシュートに使うような緑色の帆布のカバンを背負って通学する人も見られた。私は嘉義中学では現在と同じような角型のバッグを背負っていたが、学校にもはっきりした規則はなかったものと記憶している。

小学校で真面目に勉強して実力があったため、一年目はまだ成績も良かった。二年目には成績が下がり始めたが、これは毎日「道路掃除」に行くようになってしまったからだ。私はテニスが大好きでテニス友達も沢山できて、テニスが終わるとテニス関係の会合と称して、大体は屋台物を食べに行った。食べ終わるとバッグを背負ったままで遊び歩く。こういうのを台湾語では「道路を掃除する」という。

中学校二、三年生の同級生や友人たちは精力を持て余しており、よく喧嘩をしていた。学校間やグループ同士の喧嘩がほとんどである。若者というものは傲慢で、往々にして気に入らないことがあるものだ。嘉義中学は嘉義農林学校を見下していたが、それは昔の農業では人糞を肥料に使うからで、そのために彼らを「肥かつぎ」とあざけった。両校はお互いに対立し、わざわざ嘉義女子中学の前まで行っては女生徒に威勢のいい所を見せたりした。

同級生が集団で喧嘩に行っても、私は体格が小さくはない方だが、そういう度胸や根性はなく、どちらかといえば文学の方が趣味に合っていた。皆の方でも義侠心厚く私を護ってくれるのが常で、お前も一緒に来いとは言わなかった。これらの友人は台北の大学に行ってからもなお兄弟同様に私を理解し、気を遣ってくれた。彼らが一緒に酒を飲みに行く時にも、私には無理強いをしなかった。私がそういう場所が好きではないのを知っていたからだ。

初等中学二年生の時、クラスの十数名が担任の先生に引率されて台中に旅行に行ったことがある。出発当日、何が起こったのか分からないが、先生は時間になっても姿を現さなかった。携帯もない昔であり、すぐに連絡を取ることもできない。若者は人数を頼むと気が大きくなるものだ。われわれはためらいもせず、すぐに自分たちだけで行くことに決めた。

まもなく一同は列車に乗って台中に着き、旅館に入った。まだ一九四九年当時であり、国民党は公共の場所を極めて危険と見ていた。共産党や反対分子の旅館潜伏を防ぐために身分証を登録する必要があり、また軍や警察が随時旅館を臨検し、身分証をあらためていた。

私と仲が良かった同級生に蔡順利というのがいた。われわれは大胆にも身分証を携帯していないままこっそりと遊びに出かけたのだが、それが憲兵に出くわすとは思いも寄らなかった。外省人の訛りのある憲兵がわれわれに銃を突き付けて戸外に連れ出し、まるで犯人を連行するように後方を歩いた。私は恐ろしさのあまり、どの道や建物を過ぎたかすら分からなかった。台中憲兵隊に着くと、憲兵が最初は優しいような態度で、「お前たち二人は生徒だから、ピンポン台の上で寝させてやる」と言った。だがすぐに威迫的な様子となり、「二四時間以内に保証人が引き取りに来なければ、お前たちを火焼島に送致する」と言った。十四歳の私が火焼島とは何か、知るはずもない。その晩は非常に恐ろしかったが、まだ真の恐怖とは何かを知りもしないので、うつらうつらとピンポン台の上で一夜を明かした。翌日、驚愕した母と伯母が飛んで来て、私を家に連れ帰った。

今の時代と比べて見ると、現在の国民中学の生徒はかなり守られており、学校の先生も先生としての分を守り、生徒に政治的な意見や政党支持の傾向を注入しようとはしないものだ。だが少なくとも私が学んだ六十数年前の嘉義中学では、政治の魔手が学校に伸びようとする時には、まるで校門が自動的に開け放たれ、ただの一声で壁も倒れて遮るものもなく、まるで無人の土地に侵入して来るようなものだった。ある時、一台の赤いジープが嘉義中学に入ってきてから、中学三年生の全員が校庭に整列させられ、皆が並び終わるとすぐに一人の学生が引っ張り出されて連行されたことがあった。彼が朴子でビラをまいたためだと聞いた。

このようなことは正常な民主社会では有り得ないことである。だが実際のところ、われわれも現場でこれらをそれほど目にした訳ではない。学校には機に乗じて騒動を起こそうとする者はなく、壁新聞や抗議集会もなかった。だが騒動が何もなくとも、個人の内心にはやはり見えない空気があり、政治に関してはみなが非常に敏感になっていた。例えば、嘉義中学に謝東閔（台湾出身だが戦前の日本統治を嫌い上海に学び、戦後戻ってきたいわゆる「半山」。一九七八年に副総統）が来て講演し、中国の文化はいかに偉大で、台湾人は光栄に思うべきだ、等の話をしたことがあったが、これは政治的宣伝だ、という意識が私にもはっきりとあった。自分でも憲兵に連行され、一晩泊められた経験をしただけでなく、二・二八事件の後の時代的雰囲気もあり、「統治階層はわれわれを中国人と見なしてはいない」という不平等な感じは年少の私も心中に抱いていた。

昔の嘉義中学は、自校は中学、つまり卒業後、すぐに就職するのが普通の農業、商業、工業学校等よりも格上であり、自らを卒業後は大学に進学する学校だと位置づけていた。意外なことに六〇年後に嘉義農林はこれを追い越して国立嘉義大学へ昇格した一方、嘉義中学は今も中学のままである。

嘉義中学は市域の外側、東の方の斜面上にあった。教室は高台の上にあり、運動場はそれより下の方にある。新竹中学と似ていて、嘉義の全市街を一望できた。駅は市街の西側にあり、わが家もその近くにある。学校からはかなり遠いので、「道路掃除」の時間は長くなった。

母は私の成績が下がって行くのを見ても、何も小言は言わなかった。だが、「あなたは頭が悪いのではないから、勉強していないのね」と私に一言言ったことがある。その頃の母は旅館の経営に忙しく、私を構っていられる時間は実際なかった。

戦争中、私たちと嘉義の親戚や友人は音信が杜絶していた。終戦後に日本から嘉義に戻った日、われわれが駅を出ると、母は元のわが家と四十数カ所の貸家のことが心配になり、まず見に行こうと言い出した。門前に着くと、全然知らない新しい建物が建っていて、「開張大吉」という紅聯（吉祥の字句を書いた赤い紙の一対）が貼られており、「福大旅社」という看板が掲げられていた。私たちが周囲を見回していると、一人で出てきた女性が、「ああ！　帰ってきたのね！」と声をかけてきたが、それは伯父の妻であった。戦争末期、米軍が台湾の各都市を空襲し、嘉義も被害を免れずに元のわが家も爆撃されたことがここで初めて分かった。戦後、伯父の息子の福祉がその場所に旅館を建てていたのである。

福祉兄さんの旅館はその後の経営が思わしくなく、母が乗り込んで行って自ら女主人となった。日本の伝統的な旅館では女性が「女将」として運営に当たることが多いが、母は日本の教育を受けており、日本で何年も過ごしたので、こういう仕事は得意で当たり前のことだったのかも知れない。

嘉義駅前には旅館が何軒かあり、造りのやや小さいものを「桟間」と嘉義では言っていたが、わが家はそれより大きい「旅社」だった。戦後初期には各方面で事業の復興が見られ、様々な業者が互いにしのぎを削り、商機をうかがっていた。私の印象では、福大旅社の主な客層は観光客ではなく、色々な業種の商用客だった。男一人で薬を売り歩く人やセールスマンなどが入れ替わりで来て

1961年元旦。福大旅社の前で生母（座っている左から3番目）と養母（同右から3番目）も並ぶ記念写真。

いた。

その当時、一般大衆の絶対多数は民間の飛行機に乗る機会はなく、せいぜい大規模な業者が商談で海外に渡航するだけだった。高速道路もまだ開通しておらず、自家用車を持つ人も極少数であって、台湾島内の往来には、鉄道か一般の道路を利用したものである。わが旅社は有利な場所にあったのでいつも部屋の回転が早く、ツアー旅行御一行の予約が入れば、バスから四、五〇人が降りて来て、旅館全体がすぐに人の声で賑やかになった。

福大旅社では職住一致で、わが家も旅館の一部に居住しており、一家三人に叔母さんとその子供二人、計六人が二部屋を使っていた。賑やかな旅館の中で、私には自分用の机があったかどうかは覚えていない。机に向って熱心に勉強した記憶もない。ただ、初等中学二年生からテスト勉強を真面目にやらなくなり、英語のテストの前にも単語の暗記をしなくなってしまい、成績は芳しくなかった。初等中学の卒業前になると、怠けてはいかんと自分で反省して、また環境を変えてみたいと思うようになった。

この頃にまた私の前に現れたのが、一緒に憲兵隊に捕まった同級生の蔡順利だった。彼は遊び過ぎて初等中学を卒業できなかったが、卒業と同等の資格で高等中学を受験したいと考えていた。ある日彼は、「俺は台南の長栄中学（私立長栄高級中学）を受験するんだけど、ついでに台南に行って遊ばないか」と私に言った。彼はさらに、「台南には台南一中（台南第一高級中学）というのがある。お前行って受けてみろよ」と提案した。その結果はまるでドラマのようだが、主人公の彼は長栄中学に落ちたのに、脇役の私が台南一中に受かることになったのである。

だが、それよりもなお予想外だったのは、私がここで永く嘉儀を離れることになる、ということだった。私は嘉義を離れてから地球を半周し、世界のあちこちに住むようになり、約三〇年間も戻ることができなくなったのである。それは十五歳の時の蔡順利との会話や、その当時の自分の考えが元となっていた。

後に有名人となった台南一中の同級生たち

私は一九五二年に台南一中に合格した。この時の合格者は二百人で、甲乙丙丁の四クラスに分けられたが、羅という姓は画数が多いために入学してから丁組となった。三年生の時には理科が三クラスで、文科は人数が少なく全員が丁組となった。イェール大学法学博士の陳隆志は丙組から丁組に移ってきた。

国際法の権威、陳隆志は長くテレビ局「民視」で放送講義をしているが、彼は若い頃からずっと首席で通したことで知られている人物である。台南一中を首席で卒業、台湾大学法学系に進み、ここも首席で卒業した。台大の四年間でも二年生の時に普通行政高考（公務員高等試験の行政職）を受け、これも首位であった。大学三年生では司法官高考（司法試験）を受験して、ここでも彼がトップだった。彼は試験にはまったらしく、四年生では外交官試験にも合格している。

陳隆志はまさに台南一中の誇りだが、台南一中は確かに勉強する雰囲気のある学校だった。厳格だったことも雰囲気が良好だった理由の一つだ。現在の高等中学では留年する者はほとんどいないが、私たちの学年二百人中卒業したのは百七十数人で、二十数人が落第している。台南一中では留年した生徒の成績がほんとうに悪かったというよりも、先生の評点が非常に厳しかったのである。われわれの学年では、台南一中から台大に七人の推薦枠があったが、求められる成績は平均八五点以上で、基準を満たす者は一人しかいなかった。だから留年してもその後の進路に影響することはなく、その後に台大に進学して米国で学位を取った者もいれば、国民党の幹部になった者もいる。

有名な同級生には、元交通部長の郭南宏もいる。彼は成績が良く、米国留学で博士号を取得後、台湾に戻り国民党政府に重用された。

元台北市長の黄大洲、元大法官の蘇俊雄、元台南市長の張燦鍙なども同じ学年の同級生だ。

二〇一二年、われわれは台北の喫茶店で同窓会を開いた。私はちょっと遅く着いたが、テーブルは四角に並べられており、お互い良く知っている昔の同級生なので名札も置いていなかった。三〇人ほどが思うままに座ってほぼ満席だったので、私は空いた席に座った。

張燦鍙がすぐに奇妙なことに気付き、立って言った。「何でこうなったのかな、こっちが緑（民進党支持）で、そっちが青（国民党支持）だぞ」。彼に言われるまで気付かなかったが、陳隆志と張燦鍙が同じ側に座っていた。二人とも台湾独立連盟のメンバーで、米国に住み反国民党の民主活動に加わっていた。台南一中卒業の際には一番、二番を分け合っていた。陳隆志と張燦鍙の脇に座ってい

羅福全の台南一中の同級生には、イェール大学法学博士の陳隆志、前台南市長で台独連盟主席の張燦鍙、前交通部長の郭南宏、ドイツ留学の博士で前大法官の蘇俊雄、東京大学の医学博士で高雄医学院院長の蔡瑞熊、北米台湾人教授協会会長の黄東昇博士、前駐スイス代表の劉寛平など、著名人が少なくない。

る元駐スイス代表の劉寛平も一九六〇年代に台独連盟の副首席だった。私も台独連盟の人間だが、着くのが遅れなかったらそちら側に座っていたかもしれない。反対側には黄大洲、郭南宏と国民党考核紀律委員会の主任委員である李宗仁が座っている。彼らはみな国民党の幹部だった。三つめの側に座っているのは多くが医者で、「站高山看馬相踢」（局外から状況を眺める）という様子だった。

われわれは皆すでに七十七歳で白髪の老人となっているが、若い頃に縁があった。その後は互いに異なる道を歩み、政治的主張や立場は全く相反するものとなった。学校を出て数十年間でこのように大きな相異が生じた所は、正に台湾政治の縮図と言えるだろう。

十七、八歳ごろの高級中学の生活を思い起こすと、皆が揃って自慢にしていたのは帽子の徽章だった。国民党が台湾に退却して来てからまだ何年も経っておらず、高等中学の教育でも軍事的な色彩が濃厚だった。みな全身カーキ色の上下という同じ制服を着て、頭には今の警察官のような制帽を被っていた。どの学校でもみな同じであり、唯一の違いは銅製の帽子の徽章だった。われわれはプライドを込めてこの小さな徽章を一生懸命に磨いて光らせた。遠くからでもはっきり見分けられるようにするためである。お洒落な学生は帽子の一部をひねり、尖るように少し変形させて上を向かせたり、歪ませたりしたのを被り、自転車に乗って街を走った。それを女性は恥じらいつつもこっそりと見ていた。一九五〇年代の青春が情熱を傾けた遊びとはこうしたものだった。

台湾美術界の巨匠、席徳進が美術の先生だった

私の初等・高等中学時代はちょうど二つの統治政権が入れ替わった直後で、中国からやって来た外省人はいまだ特殊なエスニックグループだった。私よりも一、二世代上の台湾人は外省人に悪い感情や態度を持っていた。人によっては恨み骨髄に徹していたり、言葉が通じないので敬遠したり、外省人には娘を嫁にやらないと言っていたりした。だがわれわれ学校にいる学生は、外省人教師の教育を通じて彼らの持ち込んだ新種の文化に触れ始めた。

嘉義中学の物理の先生は台湾の客家人で、日本の良い大学で物理を学んだ人だったが、北京語(中国語)を話すことができず、「拋物線」という言葉が分からないので「一直線に投げる」と表現していた。新しい時代はこのようなエリートにも、少なからぬ言葉の上での苦労をもたらした。だが私は戦後の中国語教育を受けた第一世代である。国民党政府がやってきた時には、まだ小学校だったが、すでに注音符号も習っていて、十分な水準ではないにせよ中国語は上手い方だった。

当時の台南一中の教師の「省籍」(出身の省)を見ると、台湾人の先生はみな物理や数学で、国文、地理、歴史といった人文系の科目は外省人の先生が多数を占めていた。外省人の先生は私になかなか良い影響を与えたと思う。ある時、私は壁新聞の編集を担当していて、自分で書いた中国語の文章を貼り出した。故郷を離れて学び、中秋にも実家に帰れない所へ月餅をくれた人があり、それを

食べつつ音楽を聴き、月の光を眺める、等々の内容だった。文章に何がしかの寂しさがあり、それが歴史の女教師である薛蘊玉先生の心に故郷を離れた漂泊の哀感を呼び起こしたのかもしれないが、彼女は非常に褒めてくれた。彼女は私が英語を習った董世祁先生と北京大学の同級生で、董先生に文章の作者が誰かを尋ねたのである。先生が皆の前で激賞してくれて私は非常に嬉しくなり、ますます中国語が好きになった。国文の教科書に載っている古い漢詩を私は暗記するまで熱心に読み続け、今でもしっかりと覚えている。当時、中国語の発音で覚えたので、今も口をついて出る漢詩は全部中国語である。

大学一年生の時には葉という国文の先生が楊貴妃の死について語った。彼は白居易の七言古詩「長恨歌」から説き起こした。安禄山の反乱で楊貴妃と唐の玄宗が都の長安から倉皇へと脱出して四川省へ落ち延びようとしたが、都を去ること数十里、護衛の軍勢が楊貴妃を処刑せよ、さもなくば前進しないと迫った。玄宗皇帝はただ顔を覆い、抵抗する楊貴妃を軍隊が連れ去り、金玉の宝飾品がばら撒かれるのに任せるしかなかった。楊貴妃は遂に首を吊られてしまった。先生がこのように説明するのを聴きながら、私は詩の相当部分である「六軍不発無奈何、宛転蛾眉馬前死。花鈿委地無人収、翠翹金雀玉搔頭。君王掩面救不得、回看血涙相和流（軍は進まず如何ともしがたく、優美な眉の美女は天子の馬前で死した。花の簪、カワセミや金雀、宝玉の髪飾りは地に落ち拾う者もない。王は顔を覆い救うことができず、顧みては血涙が流れた）」を頭の中で暗唱することができた。

外省人の先生たちには色々な面があり、皆が国民党支持という訳では必ずしもなかった。高校一

羅福全は子供の頃から絵が得意で、各国を歩き回る間も時折スケッチをしている。フィリピン南部ミンダナオ島のイスラム教徒の絵。

年の時の国文の先生はとても大胆で、黒板に毛沢東の詩「沁園春」を書いたことがある。私の記憶では彼はあまり多くを語らず、ただ「これは毛沢東の作ったものだ」「とても良く書けている」と二言だけだった。

嘉義中学にも外省人の先生がいた。後に有名な画家となった席徳進である。この学年には美術の先生が二人おり、本省人と外省人各一名がそれぞれ二クラスを担当した。嘉義市出身の林玉山先生は日本時代に日本画で名高く、われわれのクラスは当時まだ三十歳にならない席徳進先生だった。

私は当時非常に絵が上手く、いつもクラスで一番だった。あるとき席徳進先生がクラスの絵画コンテストをしたが、優勝したのは私ではなかった。一位を取った生徒の描いた絵は教科書を風呂敷で背負い田園を登校する風景を描いたもので、私の絵は高雄駅の風景を絵葉書から写したものだった。

駅の傍らには緑の大樹が立っている絵で、画面や構図がとてもきれいだった。二位とはなったが私はやや不満だった。席徳進先生は私を指さして、「君は高雄に行ったのかい？」と聞いた。私が首を振ると、席徳進先生は、「君は行ったことがないのに、どうやって高雄駅の絵を描くの？　それは芸術じゃないよ」と言った。私がその当時理解した所では、席徳進先生が言わんとしたのは、芸術とは人と描かれる対象との間に生まれる何らかの感情でなければならない、ということだったと思う。

席徳進はその頃はまだ若く、眉が濃くて目の彫りが深く、皮膚がガラスのようにつやつやして白磁のようだった。その頃の頭髪は普通の人と変わらなかったが、後にニューヨークに行き台湾に帰国してからは、司会者の豬哥亮みたいなマッシュルームカットになった。彼にはいつも右手の指数本でおでこを無意識に撫でたり、髪の毛を払う癖があったのを私は覚えている。

席徳進は当時まだ有名ではなかったが、嘉義を去って台北に行き、さらにニューヨークとパリに行き、数年後に台湾に戻ってから良く知られるようになった。彼は「泥土に根差した」中国芸術を追究しており、盲目的に西洋芸術を崇めることはしなかった。彼は台湾の古い寺廟や古民家を研究し、『台湾民間芸術』を著した。台北の林安泰の古民家も彼が保存に努力したおかげで今に残っている。

台湾大学で「経」世「済」民の学を志す

一九五四年に私は高級中学を卒業したが、眼前の大学の門は七、八〇年代に言われた「狭き門」どころか、まるで「隙間」に過ぎなかった。台湾には今、大学が百以上もあるが、五十数年前に「大学」と称されるものは国立台湾大学一つだけだった。その他の上級学校は、公立学校では台湾省立師範学院（現・台湾師範大学）、台南の省立工学院（現・成功大学）、台中の省立農学院（現・中興大学）しかなかった。われわれの受験したこの年には、四校共通入試の第一回目が実施されたが、定員は台大が一〇五二人、その他三校がいずれも三百人超であり、合計二一〇〇人超に過ぎなかった。大学新入生が年間一〇万人に達する現在とは天地の差があった。当時、唯一の私立学校である「淡江英専」、現在の淡江大学だけがこれとは別に学生を募集しており、不合格者が大卒インテリとなる最後の機会を提供していた。

当時、われわれのような高級中学の文系の生徒が志望するのはまず法律系で、将来は弁護士になるというのが最も順当で人気のあるコースだった。一九五四年の台湾で法律系があるのは台大だけだった。私も法律系に進みたいとは思っていたが、羅家の堂兄（父方の年長のいとこ）がかつて自分の父親を訴えたことがあり、私は法律が子供に父親を訴えることを許すなど、全く馬鹿げていると思っていたので、法律系という選択肢は排除した。

本当の所は、私は歴史に非常に興味があった。壁新聞が歴史の先生にとても褒められたこともあって、先生を失望させまいと歴史だけは学年で一番の成績を取っていたのだ。だが歴史に進むと仕事を捜すのは難しいと考え、これも諦めた。

経済系については、その当時は簡単に思えた。「経」世「済」民と言えば、堂々として志のある男子が思う所を実現し、国家の富強を図ることができるような気がしたので、経済系を受験することに決めた。同級生の中には、中国は弱い国だが鉱業の発展は非常に期待できると考え、礦冶系（鉱業冶金学科）を選んだ者もいた。進学先の選択には多少なりとも愛国の赤誠が関わっていたのである。われわれ若い世代は、すでに中国のあらゆるスローガンや情報などに囲まれていた。私も本を読むのが好きなため、中学時代には民国初期についての本を沢山読んでいた。子供の頃には将来もしも店を開くならば「全記」という名にしよう、と思っていたが、これも非常に中国風な名前である。

そのころは経済系とは何なのか全く分からない人がほとんどで、四年後に私が大学を卒業するまで、親戚には「全ちゃん、大学を卒業したら医学院に行くんでしょう？」と聞く人が多かった。大学に行けば、最後は医者か弁護士になるものだと皆が思っていたのだ。

台湾以外の大世界にはすでに新しい時代が来ていることは、なおさら理解していなかった。

私の大学進学の年は世界が第二次大戦から抜け出して九年が経っていた。鉄製ヘルメットやライフルは脇に置かれ、戦勝国も戦敗国もみな腕まくりをして、ともに復興に邁進していない国などなかった。経済系は非常に人気だったのである。台大経済系も卒業時には百六十数人と台大で最大の

羅福全が進学した経済系(経済学部)は当時、台湾大学最大の学部だった。

系だった。当時は社会系がまだ独立しておらず、関連の学問領域も経済系に含められていた。
台大の卒業記念アルバムには経済系とは何かが簡単に書いてある。世の人は経済系への進学は金を儲けるためと誤解している。金儲けは全然悪いことではないが、経済系で学ぶ目的とは、「国家全体が儲け、世界全体が儲ける」ことを図ることである。

卒業記念アルバムには経済を学ぶ意義が麗々しく述べられており、また本系の教授二十数名も「何れも博学の士」だと学校が標榜していた。だが、私自身の経験からしても全然そんなことはなかった。米国留学から帰国した教授は施建生だけで、ハーバード大学の威光があったが、それでも修士号だけだった。台湾には経済の専門書を書ける人が一人もおらず、われわれは皆輸入した洋書で勉強した。先生の授業も「唸冊歌《タッツェグァー》（台湾語で本を一字一句読み上げること）」のようで、先生が一言言ったことをわれわれもそのまま繰り返すのである。先生はテストの採点でも、答案を扇風機の前で飛ばして、遠くに行ったものほど高得点にするのだ、と同級生は言っていた。

まずまずの先生も二、三人しかいなかった。張漢裕は日本の東京大学の博士で、資本主義の起源や歴史を教えていた。日本人の指導教授、大塚久雄とともに経済史の本を翻訳したこともあり、英国の学界にも認められるなど学問的にしっかりしていた。また邢慕寰は経済理論が専門で、彼の書いた本は数年後に私が米国に行った時にもまだ十分有効だった。三人目は統計学の張果為で、ドイツ留学後に福建省財政庁長となったが、その後任の庁長になったのが厳家淦元総統だった。私は彼の授業はみな選択した。大学卒業後、張教授は私を助教にしようとしたが、その時は学問をするつもりがなくお断りした。そこで彼は私より一学年下の学生を助教としたが、この後輩が八、九〇年代の国民党の大番頭で中華開発公司の劉泰英元董事長である。

劉泰英は李登輝元総統の学生だったが、私もそうだった。台大で私が出席した中で真に有用な授業だったのは李登輝教授のものだった。彼は農業経済系に所属し、アイオワ州から戻ってきたばかりで、線型計画法という新理論を紹介していた。

社会科学の各部門の中では、やはり経済学が一番良い学問だと私は感じたし、ノーベル賞に経済学賞しか設けられていないのも道理だと思った。だがそれは私が米国に行き、深く勉強した後になってから感じたことである。

戦後の台湾はアメリカ文化の影響を大きく受けた

戦後の台湾は米国の軍事・経済的な援助を受けており、米国の存在感には巨大なものがあった。大学のキャンパス内の流行も米国を一方的に崇拝するばかりで、逆らい難い感じだった。誰もが米国の映画に夢中になり、米国の流行歌にも夢中になった。最も歌われていたのは「セブン・ロンリー・デイズ」、一九五三年のジョージア・ギブスの歌で、後に中国語の歌「給我一個吻（キスして頂戴）」に訳された。

大学時代に米国の流行歌のレコードを沢山売り始めたのは、台北の西門町辺りだったと思う。誰もが米国の洋楽を聴くのが当たり前になり、台湾語の歌はやや俗な感じになった。

大学時代には、ハンバーガーを食べに行くことにもとても高級な感じがあった。私は西門町成都路の「起士林」で食べたことがあるが、記憶が正しければ目玉焼きが一枚挟まっていただけだった。本物の米国のハンバーガーにこんな物は入っていない。当時、台北でハンバーガーが食べられる店は起士林の向かいの「沙利文」、そして中山北路の「美而廉」があって、世間では美而廉が起士林より高級だと見られていた。

妻の清芬が大学生の時、ルース・ローアという名のカナダ人女性記者が家に下宿していて、米軍のクラブからか顧問団のレストランかは分からないが、ハンバーガー一個を持ち帰ったことがある。アメリカのハンバーガーとはどんなものか、まるで貴重な珍味のように思って幾つにも切り分け、皆で味見をしたという。

当時すでに米国式のホットドッグもあったが、やはり非常に珍しいもので、今のように近所のスーパーで売っていて何時でも買えるようなものではなかった。

大学キャンパスでも、万事米国式を模倣していた。当時の学生生活で最も重要なものは舞踏会で、「パイトゥイ（派対＝パーティー）」が流行語になっていた。ダンスパーティーで最も人気のあった曲はテネシー・ワルツで、「私と彼がテネシー・ワルツに合わせて踊っていたら友達が来て、彼女を彼に紹介したの。二人は一緒に踊っていたら、彼女は彼を取って行ってしまった。その晩のテネシー・ワルツを思うと、失ったものがいかに大きいか。そう、その晩二人がテネシー・ワルツを踊っている時、私は彼を失ったの……」という悲しい歌である。だが、誰も歌詞の意味など気にしていなかったと思う。異国の歌の雰囲気に浸ることで、皆で流行の雰囲気を味わっていたのだ。

ダンスパーティーでは男子学生同士が一緒に行動するのでお互いの気心も知れるし、またこの機会に彼女を捜したり近づいたりできるわけだ。当時の女子学生は米国の流行を追っかけ、ノースリーブに膝までのチュチュを着て、非常に溌剌としていた。その当時には米国の支援で華僑が台湾に来ており、マレーシア、シンガポール、フィリピン出身者が特に多く、中にはオーストラリアから戻った華僑二世もいた。これらの女性は台湾人より開放的で着る物も大胆だったために、男性は大いにダンスをしたがった。だがキャンパスではダンスパーティーは禁止で、必ず学外へ出る必要があった。

台北市には米軍将兵向けのダンスホールが幾つもあって、例えば現在の大安公園のある信義路と新生南路の角の辺りには「アイ・ハウス」、中国語で「国際学舎」という場所があった。国際学舎といえば、民国四、五十年代(一九五〇~六〇年代)生まれの人にとっては書籍見本市の開催地に過ぎないが、私のような七十歳の元大学生には外国から台湾にやって来た人々との文化学術的な交流の場であり、華僑が時々ダンスパーティーを開いたりするとてもハイカラで国際性のある場所だった。

清芬は私より五歳下だが、学校には一年早く上がったので、学年は三年下の台大歴史系の学生だった。彼女によれば、嘉義の空軍クラブでも時々軍人のおしゃれなダンスパーティーがあって、学生も参加可能だったが登録が必要だったという。

ダンスパーティーで一番私の記憶に残っているのは、卒業の直前の大学四年生の時だった。経済系では法学院の二階で恒例の先生の謝恩会を開催した。だが当日は誰も先生のことなど頭にありはしない。興奮した雰囲気が満ちあふれ、謝恩会が終われば早々に先生を送り出して門を閉じ、その場でダンスパーティーが始まった。だが大いに楽しんだ後、わがクラスの級長が評点に「大過」を二つも付けられてしまったのは意外だった。

実は私はこの謝恩会にかこつけて行われたダンスパーティーには参加せず、全く踊っていない。私は大学四年生だったが、ダンスパーティーは現実味のないほどきらびやかで華やかな世界であり、私のように地味で現実的な人間には全然縁がないものに見えた。

子供の頃から家には母と姉しかおらず、どちらかと言えば一人でいることが多かったので、私はあまり団体生活に溶け込めなかった。集団に属して交際し、高らかに談笑するのは私の好きなことではない。友人は良いが、それはいずれも一人一人と個別に深く付き合い、知り合った仲である。私は内向的な大学生であり、パーティーには一度も参加しなかった。

大学時代の私は非常に内向的だったが、その理由の一つは寮に住まわなかったことだろう。大学一年生から三年生まで、私は外に部屋を借りて住んでいた。寮に入った友人は学部や学年を問わず朝夕同じ場所で食事や入浴、自習と行動を共にすることが多い。何かあれば友人に誘われて参加する可能性も大きくなるわけだ。

後の妻とイングリッド・バーグマンのブロマイドを取り合う

私が大学四年生の時、母は台北にやってきて、街頭で毛さんという昔の知り合いの奥さんに偶然に出逢った。毛夫人が非常に熱心に勧めるので、私は中山北路二条通にある彼女の日本式の平屋を借りて一年間住むことになったのである。

二条通りというのは日本時代の言い方が残ったもので、中山北路一段東側の南京東路以南であり、大きな住宅があって、昔は大正町という高級住宅地だった。ここは南から一条通、二条通と九条通まで続いていた。台湾初の医学博士である杜聡明や、華南銀行の創業者の林熊徴もここに住んでいた。だが台湾人の住民は少数で、大多数の住民は日本人だった。日本の敗戦後に日本の官民が送還されると、住宅は全て国民党政府の財産となり、国民党の高官が移り住んできた。当時は蒋経国総統が国軍退除役官兵輔導委員会の主任委員で、その官舎が四条通、今の長安東路一段の華南銀行長安支店の所にあって、毛さんの奥さんの二条通の家と背中合わせになっていた。私は今でも蒋経国の家の門前に衛兵が立つ光景を記憶している。

蒋経国の母親も毛という姓だったが、毛夫人は彼らとは全く無関係である。夫の毛昭江さんは全くの台湾人であり、毛家は台南六甲では非常に名望ある家だった。毛昭江さんの妹二人の夫はそれぞれ台南の名医だった。呉新栄医師は文学家でもあり、王金河医師は台湾の風土病である烏脚病（慢性ヒ素中毒）の父と言われる人物である。毛さんの父、毛敬堂はレンガ製造の「赤山煉瓦製造株式会社」を興し、台南州協議会会員でもあった。一九二〇年代の烏山頭ダム建設では、毛家の土地が大規模に収用されている。

日本が台湾を統治した五〇年間、台湾は地理的条件が良く、また日本最初の植民地でもあったため、日本はダムを建設し、品種改良で蓬莱米を作り、ハワイからサトウキビの品種を導入して栽培方法を改良したので、米や砂糖の生産は何れも増加し、民間所得は増加し続けた。日本の韓国統治は異なっており、一つの国家を滅亡させただけでなく、統治の三五年間に王宮前に朝鮮総督府を建て、奴隷的な鉱山労働者を無理に日本に来させたほか、経済状態も良くなかった。このため日本人は台湾統治は「黒字」、すなわち収益が上がったが、朝鮮統治は「赤字」、すなわち持ち出しだったと言うのである。

台湾の昔の富裕層は多くが地主であり、生産が増加し収入も増加して経済力を持つようになり、余裕をもって子弟を日本留学に送り出せるようになった。毛昭江さんもかつて京都大学に行き、法科で学んだ。戦後はまず曽文初等中学の校長をして、後に台北に来て台湾省に所属する合作金庫銀行の経理となり、二条通に住んでいたのである。

毛さんは非常に謹厳な人で、子供にも非常に厳しく、子供は六、七時ごろに起きてラジオで趙麗蓮博士の英語講座を聴かなければならなかった。だが毛さんにもロマンチックな面はあり、奥さんと付き合っていた時にも非常に熱を上げていて、台南・後壁の下茄苳にある毛夫人の家に良く来て

羅福全が大学時代に下宿した毛昭江夫妻（前列両脇）。
毛家の次女毛清芬（後列左から三番目）は後の羅福全夫人。

は、暗くなってからようやく六甲へ戻って行った。だが夜になると、後壁から六甲までは十数キロもあるので、一人で夜道を帰るのは良くないと考えた毛さんは、道の半ばにある鴨を飼っている家の小屋で寝たという。結婚後、毛夫人は口げんかになると、鴨の小屋で寝てまで私を無理に追って来なければ、初めから結婚しなかったのに、などと言っていた。

毛家の娘はとても美人で、長女の毛燦英は私と同じ台大の四年生だった。彼女は外文系（外国語学部）で英語がうまく、級長になり、スピーチコンテストでも優勝して、台湾の学生代表として韓国のアジア青年会議に参加したりしていた。台大では中文系の林文月と外文系の毛燦英がキャンパスの花とされていて、わざわざ文学院まで見にやってくる男子学生が後を絶たなかった。

私は朴念仁で、この種のロマンとは全く縁がなかった。同級生は私が毛家に住んでいて「近水楼台」（眺めの良い東屋、美人を近くで眺められる意）だなと羨ましがった。だが毛家に一年住んではいたが、私はただの門番みたいなものだとは誰も知らなかった。毛燦英に会おうという男子学生が呼び鈴を鳴らして私が出てゆくと、自分の知った顔に出くわして、「ああ、君か！」と言うだけであった。

毛さんの次女の清芬は私よりも五歳若かったが、二年早く学校に上がったので、彼女は私が大学四年の時に台大歴史系に合格した。ある日、私が家から出ようとしたところで、ちょうど門から入ってきた彼女とぶつかった。彼女は元々高校生のような簡単な髪型だったが、大学に入るというのでその日はパーマをかけたところで、恥ずかしくて人に見られたくない表情だった。その時は一瞬ドキッとしたが、私は鈍いので、その後何も発展はなかった。数年後、清芬は私の妻となったが、それはまた別の話である。

この他にも清芬は、当時彼女の家に住んでいた私の頭が本当に単純だった、と言う一件をよく覚えている。私と同時期に毛家に間借りしていた嘉義医院の張医師の息子で、張君という人がいた。張君は台大法律系の学生で、映画を熱愛し、学問的態度で分析研究していた。張医師は米国研修から戻った際、子供のために映画スターの写真を沢山持ち帰った。当時は外国のスターが台湾に来ることはなく、追っかけは不可能で、スターのＤＶＤも買えなかった。スターの写真は業者が印刷したものを販売しており、ファンはこれを買い集めるのが普通だった。張君は私たちにも何枚かを分けてくれたが、なぜか清芬も私も女優のイングリッド・バーグマンの写真が欲しくなった。二人でジャンケンをしたら私が勝ったため、私は遠慮なく写真を持ち去った。大の男が何で若い娘に写真を譲らないのか、清芬は長い間不思議でならなかったという。

留学前に学んだテーブルマナーは役に立たなかった

一九五八年、大学を卒業した私はまず第一に兵役に就かねばならないはずだった。だがその夏、私は先に「留学試験」を受けていた。

五〇年代には、お金があれば学校に手続をして、すぐに出国留学できるというわけではなかった。戦後初期の台湾はまだ経済状況が悪く外貨準備もなかった。政府は留学生が多額の米ドルを持ち出すことを懸念して、十分な外貨を自力で用意できない者には出国を認めなかった。その後申請者が次第に増加し、その人数を把握する必要もあったので、一九五三年から留学生試験を実施したのである。最初の数年間は年により人数も一定しない二百人から四百人程が合格しただけだった。

振り返ると留学生試験とはずいぶん奇妙なものだった。当時の台湾には博士課程がなく、修士課程もほとんどなく、それも文科と法科の大学院だけだった。当局は高等教育を受けた人材を確保するために留学を奨励するようなことは全くしていなかった。当時の政治制度は独裁的・非民主的な異常さを見せており、台湾島を手に入れた鳥籠のように扱って、自由な出国や観光を許さず、雑誌や新聞の自由もなく、何もかも統制下に置いていた。若者が外国に学ぼうとすることにも敷居を設けて、出国者の数を制限していた。

実はその当時の留学者には、遠くに高飛びし、永遠に台湾から脱出して米国に移住することを目論む者が多かった。「台大に行こう、米国に行こう」という流行りのフレーズは私たちの時代にはまだなかったが、台大卒業生が米国に留学しなければ、地方の「田舎者」として一等劣るような気がしたのである。とりあえず留学生試験を受けないと、「娶無某（結婚できない奴）」と笑われる恐れがあった。結婚できないと陰口を言われるのは怖いことだ。私は必ず出国したいと思っていたわけではなく、学者になろうとも思っていなかったが、それでも試験を受けに行った。

留学生試験の一科目目は留学先の国の言葉だった。私は子供の頃に日本に住んでいたので、機会があってまた行けたらとてもいいなと思い、日本語で受験した。真面目に準備もしなかったが、問題文を一見しただけで、私の先生である邢慕寰の出題だと見当がつき、気軽にどんどん答案を書くことができた。日本語の力はあったので試験はうまく通っただけでなく、各分野を通して合格者の一一番だった。

留学生試験に合格後、教育部から一週間の講習への参加を求められた。留学生は稀少な存在で重視されており、陳誠副総統が特別に出席して訓話を行った。講習会は徐州路の台大法学院講堂で行われた。法学院には何の警備施設もなかったので、陳誠が来ると随所に衛兵が立ち、人の出入りを許さなかった。

講習会は一週間だったが、こんなこともあった。留学生が国外で恥をさらすことを懸念した政府は西洋式食事マナーのクラスまで開き、ナイフを使ったビフテキの食べ方、フォーマルな装いでパーティーに出る方法などを教えたが、実際に国外に出てからは一度も役立つことはなかった。貧乏学生を正式のレストランに招待する人などあろうはずがない。それに米国に着いて分かったことは、米国社会はどちらかと言えば気楽であり、予想したよりもシンプルで決まりごとがなく、決してフォーマルではなかった。私の見たところ、米国人は全然欧州人式のやり方をしておらず、ナイフで先に細かく切ってからナイフを置き、フォークで食べるのが常だった。

妻が出国する時も同様で、妻の母が着る物に非常に気を遣い、清芬が米国に着いたら必ずパーティーに参加するものと思いこんで、とても良い旗袍の礼服を何着も作り、バッグも合わせて準備したが、結果は同様にお蔵入りとなった。米国に着いてから清芬は皿洗いのバイトに忙しく、ダンスパーティーに出る暇など全然なかった。母親が入念に準備したものではあるが、着用したのは一度きりである。外国人留学生の世話をする米国人のジェシー夫人が、清芬をフィラデルフィア管弦楽団の演奏会に連れて行ってくれたので、彼女はようやく一度は盛装する機会があったのである。

人生の岐路で早稲田大学への留学を選ぶ

大学を卒業すると一年半の兵役の義務があり、人生の多くの分かれ道に直面することになる。私は当初は自分で選択をしていたが、次第に外部の変化に強いられ、思いもよらぬ道に入って行くことになった。

私にしてみれば、もともと専門の学者になろうという夢は持ったことがなかった。多少の論文を発表して学術上の地位や評価を得てはいたが、実際に仕事に就くことが何よりも大事であった。だが私は社会のどこでも「紅包」(賄賂)が必要なことで、実社会には嫌気がさしていた。例えば私が除隊証明を申請した際には、一週間ずっと待っても交付されなかった。人から「香腸(ソーセージ)」の包みを買って兵役科に贈るんだと教えられ、そうすると直ちに効果が現れた。母が日本に行って買ってきた品が税関で没収された時にも、賄賂がなければ返して貰えないと聞いた。

経済系を卒業して税関に就職した同級生もいたが、私はもともと関心がなかった。銀行に入って座って札を勘定し始めた者もいたが、私はお金を触るのはあまり好きではなかった。自分で会社を興しても、当時の社会習慣では酒席を避けては通れないので、ビジネスの途は避けたい気がした。その頃の私は二十四、五歳で、心中ではこの台湾の社会で何事かを成してみたい、という熱意が燃え上っていた。

私の三番目の叔母の夫は林木根という嘉義の名士だった。日本時代は林業試験所にいて、嘉義の水源地の辺りに七千坪以上の別荘を持ち、そこには台湾伝統の三合院や日本式家屋も一棟あり、果樹が何種類も植えられ、築山や池もあって、一番後ろは高い断崖に面していた。彼はそこに東屋を作っていて、そこからは遠景を観望することができた。霧峰林家（台湾五大家族の一で台中の富豪一族）の莱園のような豪壮な規模とはいかないが、庭園全体に古代の文人の風格があり、叔父は叔母の名から「暮庵」と風雅な名を付けていた。

叔父は私が大学生の時、病気で台大病院に入院しており、見舞いに行った私は彼が暮庵を処分したがっていることを知った。私は卒業した後には意義のある事業をしたいと考え、台大で一年上の先輩の洪登坤を誘い、半分ずつ出資して計二十数万元で購入することとした。愛国宝くじの賞金が二〇万元で、台北で家一軒が一〇万元に届かない頃である。

近くの林業試験所は外来品種のマホガニーを殖やしているところだった。欧州の家具用の高級木材であり、私は待ち切れないような思いで五十数株の苗を購入し、帰宅して植えた。マホガニーが聳え立つ大樹となるには数十年もかかるが、私の思いは早くも時空を超えて、三、四〇年後に娘を嫁に出す時には一本伐って持参金にしよう、と冗談で洪登坤に言っていた。

その頃私は、四、五世紀の中国の詩人の陶淵明が非常に好きで、「菊を取る東籬の下、悠然として南山を見る」といった静謐で安逸な境涯に憧れ、心中で「南山中学」という学校名を決めていた。当時、嘉義中学時代の友人七、八人がまだ三十になっていなかった。私が一緒に学校をやろうと呼び掛けると、皆は非常に興奮して話し出した。頭は青年らしい夢と情熱で一杯となり、将来は学校をやろう、先生は学生と一緒に学校に住もう、とまで一決した。

設立申請を始めると、教育部の承認は得られたものの、嘉義県政府教育課に行った所で資金を要することが判明して面倒にぶつかった。ある日、同課の職員が私と現地を視察することになった。彼はスーツを着て県政府前で待っていた。おそらく私が黒塗りの車を用意して乗って行くと思ったのだろうが、私はなにも面倒な配慮はせず、自転車に乗って行っただけだった。学校予定地に着くと、彼は巻尺を出して何かしている風にあちこち測りだしたが、おざなりなやり方だった。巻尺だけで数千坪の土地が測れるはずもない。最後になって文書は出されたが、教育課では不許可と明言していないものの、なお調査を要するとしていた。私は一目見て、これは無理だと理解した。

学校の夢は成らなかったが、私に別の道を示してくれる人がいた。

台大経済系の先輩に巫欽亮という非常に明敏活発な人物がいた。戦後すぐに豊原にベニヤ工場を建てて廖家に認められ、廖了以元総統府秘書長の姉と結婚した。結婚後はブラジルに移民して事業が盛大に成功し、子供が州会議員に当選したこともある。

巫欽亮は私より六、七年上の年長者で、わが家とも付き合いがあった。父親の巫禎祥は私の父の

1960年、羅福全（中央）は同級生の黄東昇（左から2番目）、陳隆志（右から2番目）と同じ飛行機で台湾を離れ早稲田大学に留学した。黄、陳の2人はそのまま米国留学へ。

友人で、公学校では私の母の先生であり、二人の結婚式の仲人でもあった。巫欽亮とその兄が小さい時に日本に留学した時には、わが家が経済的に援助したこともある。二代にわたる付き合いがあったので、彼は私をブラジルでの仕事に誘ったのである。

今日のブラジルの平均国民所得は一万一千米ドル超であるのに対し台湾は二万ドルだが、五十数年前の台湾経済は一六〇ドルそこそこであったのに、ブラジルはすでに二千ドルに達していた。五、六〇年代には台湾人の多くが台湾を離れることを望んでおり、留学ルートで米国か日本に行けないならば、ブラジルも良い外国の一つだった。世界でも移民を歓迎していたのはブラジルだけで、ブラジル移民は一つの潮流だった。

ブラジル移民で一番早かったのは日本人で、人数も多い。二十世紀初期の日本のブラジル、ハワイ移民はいずれも組織的かつ大規模であり、みな農村に移住して開墾し新世界を築くものだった。これに比して中国人は利口に動き、鍬や鋤を手にしようとはせず、多くは都市でレストランや小店を開いていた。

当時は福建人が東南アジアや台湾に移住する時には「三本の刃物を持って行く」と言われていた。彼らは市街地に集住し、鋏で仕立て屋を開いては客に服を作り、包丁でレストランを開いては美食を料理し、剃刀で理髪店を開いては客の顔をサッパリと剃り上げる。三本の刃物で資金を作ると高利で貸し始める。集住し団結して生活を助け合い、華人のみが住む地区を守り、同郷者が集結する唐人街や中国城を作り上げる。日本の移民は市街地にいわゆる日本街というものを作ることはない。

私にとってブラジルはあまりに遠く、事業を興して金を儲けることへの情熱も不足している。よく考えて見ると、すでに留学試験には通っているのだ。ではまず日本に行こうじゃないか！

早稲田大学政経研究所への入学手続が首尾よく整い、一九六〇年八月に私は日本へと赴いた。出国の当日、台湾の中南部では水害が発生し、農地が海のようになり列車の運行が止まった。軍の輸送機が緊急の代替輸送を行い、このため私の留学の第一歩は軍用機で出発することになった。まず台北に飛び、民間航空に乗り換えてから日本へ行ったのである。

台湾に残った友人が次々と拘束・検挙される

一年後、私は夏休みで台湾に帰った。次の日に一番仲の良かった蔡順利に会いに行くと、彼は久しぶりの再会を喜びもせず、いきなり驚いた表情で、「何でわざわざ戻ってきたんだよ⁉」と聞いてきた。一別以来の一年間、台湾に残った友人はごっそりと捕まり、容赦なく警察に曳かれて行ったということを私は初めて知った。蔡順利は調査局に捕まって半年間拘禁され、拷問を受けて半死半生となり、家族が四〇万元を払ってようやく救い出したのだった。だが、劉家順はもっと不運だった。

劉家順は台中一中の生徒で、精悍な体つきで眼光が鋭く、非常に成績優秀で、台大には推薦で入った。だが思想的に早熟で人気の医科には進もうとせず、政治系への進学を熱意をもって選択した。

米国留学を準備し、飛行機チケットの手配も終えていたが、前の晩に警備総部が彼のパスポートを取消したと耳にした。半信半疑のままそれでも飛行場に向ったが、やはり拒絶された。数日後から悪運が機関銃弾のように次々と降り注いだ。劉家順は調査局の取り調べを受け、法院で八年の刑を宣告されて入獄した。

このような人々の罪名は一体何なのか、誰にも分からなかった。当時、国民党は誰を拘束するにも正当な理由を全然必要とせず、我々には憶測するしかなかった。前年に台南の関仔嶺温泉で連判した四三人のうち、八割がすでに情報・治安部門に検挙されていた。

一九六〇年夏、同級生が次々に除隊し、多くが留学する準備をしていた。現立法委員の蔡同栄は私の初等中学の同級生で、台大法律系の頃にはもう親分肌を見せて学生代表聯合会の主席をしていた。仲間や友人が各々の道を歩み出そうとする所で、蔡同栄は皆の力を分散させずにおき、将来世のために何事かを為すような組織を作りたいと考えた。

実際のところ我々は二十五歳前後の若者で、組織をした所で具体的に何をするという考えは全くなかった。ただ国民党の独裁には不満があり、独裁統治を倒すために知識層の青年が力を貸さずにいる訳には行かない、と考えていたのである。

今日ではフェイスブックで約束すれば大勢が集まり、レストランに行ったり一緒に自転車に乗りに行ったりできるが、当時のわれわれには想像もつかないことだった。当時は戒厳下であり、三人以上が秘密に会合してはならなかった。大勢が集まるためにはまず数人が要となり、それぞれ内密

同級生の蔡順利（右）とはとても仲が良く、
一緒に雨の中を関子嶺に上った。

に学生の友人を捜して傘の骨のようにネットワークを拡げてゆき、そして蔡同栄の留学歓送会を名目に台南の関仔嶺温泉に集まることにしたのだった。

六月十九日の集会当日、ちょうど台風がやってきて風雨が猛烈となったが、うまい隠れ蓑になるので、われわれは風雨を物ともせず、約束通り山に上がって行った。私と蔡順利はバスに乗ったが、仙草埔に着いたところでもう動かなくなり、雨具を着て懐中電灯を持ち、暴風雨の中を三キロの道のりを歩いて関仔嶺の「静楽旅社（旅館）」に着いた。七、八〇人が来るはずだったが、実際に来たのは四三人だけだった。今も台湾之友会の総会長として活躍中の黄崑虎もその中にいた。他の客はおらず、旅社はわれわれの貸し切り状態だった。台風の夜の静楽旅社には三国志のような桃園もなく香も焚かれなかったが、それでもわれわれは畳の上で慷慨と激情により義兄弟の契りを交わしたのである。われわれは義兄弟が結婚するならばできる限り出席すること、毎年旧暦の新年二日に再会すること、等を約した。

関仔嶺での約束には政治的な言辞は全く入っていなかったが、数人の兄弟が捕まり投獄されると、誰もが内心では何時突然現れて拳銃と手錠で人を逮捕するか分からない特務の影に怯えるようになった。黄崑虎は台南・後壁の家から新竹の山奥の山林に身を隠した。蔡順利ももう誰にも会いに行くなと言った。万一逮捕されたら、身や心がどんな痛い目に遭っても、関仔嶺の兄弟を知っていることは否認せねばならない。

恐怖の雰囲気の中で結婚する

この夏は神のいたずらとも思える夏休みだった。一方では捕まるのではないかと恐れて終日家に籠り、表ではジージーというセミの声が響いて不安を一層かき立て、空気には緊張感がみなぎった。他方で私の一生の大事がこの時に定まった。幸運にも生涯の伴侶として清芬を得たのである。

夏休みが始まってから、私は留学生だけを乗せた船で日本から台湾に帰っていたが、母は私を基隆で迎えようと到着前に台北に出てきて、間借り先の知人の毛さん宅に泊まっていた。前日に母が、「清芬清芬、明日うちの全ちゃんが帰ってくるんだけど、一緒に基隆に迎えに行かない？」と尋ねると、清芬は従順なのですぐに承知した。だが夜になると、清芬は考える程におかしな気がしてきた。彼女は小学校に早く上がったので、数えの二十二歳で大学を卒業するところだったが、大学を卒業した若い女性が大人の男性を迎えに行くのは、交際している間柄と誤解されるかもしれない。夜が明けたばかりの五、六時、彼女は母に謝り、一緒に基隆には参りませんと言った。

母の最初の誘いがうまく行かないと、その後は私の親戚や友人の攻勢が熾烈となった。母、叔母さん、母の友人が入れ替わりに毛家を訪ね、清芬を私に嫁がせろと説き続けた。最後には毛夫人も義理の上からも答礼で訪問しない訳には行かなくなり、「行きなさいよ！　行かないと悪いじゃない！　みんな知っているんだから」と清芬に言って、一緒に嘉義まで来させた。嘉義に来てみると、清芬は周囲がみな大騒ぎして加勢し、年配者同士は内々に結婚話を進めているのを知って驚いた。

その日、私も一人で彼女を連れ、暮庵に散歩に出かけて私の夢であるマホガニーの木を見せた。予想外にも清芬が真夏でスカート姿だったため、両足がひどく蚊に喰われてしまった。

だが、蚊などはその日の大した問題ではなかった。清芬が真剣に悩んだのは、自分は大学ではずっと友達の恋愛話ばかり聞いていて、自分自身には恋愛の経験もないところに突然結婚問題に直面したことであり、いささかショックを受けてどうすれば良いか分からなくなっていた。親戚や友人は夏休みが終わって私が日本に帰る前に、早目に決めることを誰もが期待していた。高等教育を受けた清芬は自分はまだ若いと感じており、仕事をしたこともないのになぜすぐ結婚しなければいけないのか、内心ではとても迷っていた。その日に嘉義を発ってから、彼女は台北までずっと涙ぐみ、その後五、六キロも痩せてしまった。六〇年代初頭の結婚は、すでに女性の自由恋愛も見られはしたが、結婚は父母に従順に、父母の決めるものという道徳的な伝統やしきたりがなお強かった。男女とも相手が嫌でなければ、父母の眼鏡に適う対象者を受け入れるのが一般的だった。清芬も年長者が声をそろえる中で承諾したのである。

清芬に十分考える時間も与えないのは致し方ないことだった。私の友人には実家が木材業者の者がおり、軍隊からの除隊者を数千人も使って南投の集集で丹大山を通る道路を建設しており、軍とも関係があった。彼がそれとなく知らせてくれたのは、警備総部の人間が時折やってきては、私が日本で何をしているか探りを入れてくるということだった。もちろん友人は私を売りはしなかったが、彼の報せから何か事が起ころうとする緊迫感を感じ取り、私は急いで夏休みを終え、可能な限り早く危険な台湾から脱出して日本に戻ろうと考えざるを得なかった。

台湾の伝統的な結婚式では、私が清芬の台北の家に行って指に結婚指輪をはめなければならない。五〇年前、電話は緊急の場合にだけかけるものであり、さもなければ郵便を使うのが普通だった。私は台北の友人に手紙で、台北で婚約する予定だと書き送った。台北の友人の返事は嘉義に届いたが、見ると明らかに開封後に再び糊付けがされており、自分が確かに何者かの監視下にあることがはっきりとした。

婚約の数日前、私は列車で一人北上した。程なくして男が一人、私のすぐ隣に座ってきた。頭が丸刈りで、軍人のようだった。私が下車する時、彼は袋から拳銃を取り出して私の背後に突き付け、同行せよ、と低い声で言うのではないか。私は心中で思いに沈んだ。

移動中、隣の男は全く静謐を保っていた。私はかえって千々に思いが乱れた。一体これは私の思うような尾行者なのだろうか？　あるいは旅行者に偽装しているのか？

車窓から外を望むと、緑の野や青い空の一片一片が飛び去っていった。列車は私を乗せつつ、絶え間なく走り続ける。私は内心で歎息が止まなかった。この光景を再び見られるのは一体いつのことだろうか。

車内の時間は一秒がさながら三分にも感じられた。ようやく台湾中部を過ぎて桃園の楊梅駅に到着した。楊梅で兵役に就いていた親友の蔡瑞熊は高雄医学院の第一回卒業生の首席で、後に高雄医学院の校長となっている。私は台南一中にいた時、彼の家に住んだことがあり、この時も彼と会う約束をしていた。列車が楊梅駅に停まると、私は車から跳び下り、後も振り向かずに真っ直ぐに改札口へと向かった。切符を駅員に渡してから素早く頭をめぐらすと、確かに誰も尾行者は視野に入らず、ようやく安堵することができた。

婚約を終えて二、三日後、私はすぐに日本に戻った。

III 日米留学で自由と民主主義に目覚める 1960－73

東京大学で近代経済学・大石泰彦教授に学ぶ

早稲田大学で、私の先生の専門は統計学だった。私は台大での統計学の成績は悪くなかったので、二年目に教授は私に「副手」の仕事をくれた。普通は修士でないと副手にはなれず、博士課程の学生でないと「助手」にはなれない。だが副手というだけで学費一〇万円が免除され、さらには一カ月四五〇〇円の給与が貰えたので、四畳半の部屋を借りて住むことができた。

副手は各クラスの出席を取るのが仕事である。日本の森喜朗元首相は当時、早稲田の学生だった。四〇年後、彼は首相となり、私は台湾の駐日代表だった。二人で早稲田の昔話をした際に、「その頃に私があなたの出席を取ったことがあったかも知れませんね」と話したことがある。

台大経済系の張漢裕主任がたまたま東京に来ていた。彼は東大出身で、私に会うやいなや研究を強く勧め、そして東大に行かなければ駄目だと言った。当時の日本の大学の入学制度はとても柔軟で、東大にも「特別研究生」という制度があり、一年間授業に出れば試験を受けて東大に入れるのである。東大の博士である張漢裕は私にわざわざ推薦状を書いてくれて、私は東大経済学部の大石泰彦教授の学生となった。戦前は東大でも京大でも歴史学派かマルクス主義経済学が研究されており、近代経済学は全くなく、大石先生は東大では唯一の欧米の近代経済学の研究者だった。

日本人は普通とても良く時間を守るが、東大ではそうではなかった。私が一〇時二〇分の授業の

早大に学びながら東大校門前に部屋を借り、東大の特別研究生となった。

ために、一〇分に大石先生の教室に行って待っていると、誰もやって来ない。二〇分には学生がさすがに来ているはずなのに、やはりまだ誰も教室に現れない。以前、台大では一五分間過ぎても先生が来ない場合には休講が掲示され、学生は帰ってもよかった。大石先生の教室で一〇時三五分まで待ち続け、もう一五分も過ぎたのだから休講だろうとは思ったが、不安になりカバンを抱えて研究室を捜した。意外にも大石教授は落ち着いた様子で座っていた。私は眉にしわを寄せて、「一五分も過ぎているのに、教室には誰も来ません」と言った。彼は泰然としたまま、「座りなさい、座りなさい」と言って、私と話を始めた。話すうちに一一時となり、先生はようやく身を起こして私と一緒に出て行った。教室に着くと、意外にも学生はみな来て待っていた。

東大経済学部には根岸隆という有名な若手教授

がいて、東大卒業後に米国スタンフォード大学で高度な研究を行い、米国で数多くの論文を発表した。日本の数理経済学では根岸隆は第一人者と言えたが、われわれ学生はみな彼の英語論文で勉強しなければならず、分かったようで分からぬものを必死で読んだ。米国には数理経済学の泰斗が二人いて、一人はマサチューセッツ工科大学のポール・サミュエルソン、もう一人はスタンフォード大学のケネス・J・アローだった。その頃、スタンフォード大学は米国の数理経済学の研究には最適の場所で、根岸隆は以前ここの副教授だった。祖国に戻り、東大に就職したが、華麗な学問的業績とスタンフォード大学の威光をもってしても既存の理論を打ち破るには足りず、東大の与えた地位は助教に過ぎなかった。私は大石泰彦先生の授業で、大石先生が自分では授業をせず、根岸隆に「君が発表しなさい」と任せ、大石先生はただ権威者として傍らに座っていたのを見ている。

実のところ、大石泰彦は教授ではあったが博士号を有していなかった。以前の日本では博士の学位を得ることは難しかった。課程を修了すれば三年内に博士論文を提出できるというものではなく、業績を挙げ、評価を得てからでなければ審査を受けることすらできなかった。戦前と戦後初期には多くの開業医が論文を提出し、認められれば博士号を得られたが、こちらの方が理に適っていよう。一九六〇年当時の東大経済学部では、特殊な師弟の倫理が非常に尊重されており、大石教授も博士でないのだから、後輩がそれをさし措いて東大で博士号を得るなどありえないことだった。

六、七年後の東大経済学部ではやり方が変わったが、私が東大にいた時分には伝統墨守はなお牢固としていた。私には不可思議でならなかったのは、日本に長く留まったとしても、何年何カ月で

早稲田大在学中の羅福全（左端）。日本の大学生はみなシャツを着て手に革カバンを提げていた。

自分が博士号を得られるのか全く見当がつかなかったことである。「ここに長くいるわけには行かない」、との思いが兆しはじめた。それに東京大学に来てはみたが、皆が読んでいるのは英文の原書であった。私は東大で原書を読むよりも、直接米国に行って学ぶに如くはないと思った。

米国留学を決心してから、私は大石教授に質問した。「今後一〇年間で、経済学で一番先見性があって将来の見込みがあるのはどの領域でしょうか」。先生の答えは、「計量経済学と地域経済学」というものだった。これら二つの新興の学問領域は、いずれも統計学と数理経済学を基礎としていた。私が早稲田の先生の下で学んだのも統計であり、台大での統計学の成績も他の科目より突出して良かった。そこで私はＵＳＩＳ（米国大使館広報文化局）に行って米国の大学情報を捜したが、計量経済学と地域経済学ではペンシルベニア大学が拠点だと分かったので、すぐに米国行きとペンシルベニア大学への留学を決めた。

ペンシルベニア大学に留学し、初めてデモに参加する

すでに六〇年代初めの台湾でも、「アメリカの月は台湾より大きい」と言われていた。一九六三年八月六日、私はついに夢のような土地に足を踏み下ろした。隅々まで見尽くしてやろう。

私は日本からプロペラ機で米国東海岸に向ったが、直行はできずに三度も乗り換える必要があった。最初に降りたのはハワイで、ここで初めて米国の土を踏んだことになる。機上では隣が米国人

の年配の奥さんで、夫は日本駐留の軍人だった。彼女は私に、「日本には美味しい牛肉がなかった」と不満を言っていたが、飛行機を降りて真っ直ぐホテルに向かい、ステーキを注文していた。私がホテルのレストランに入った時、彼女はもうそこにいた。

私はメニューを取り上げ、ハンバーグ・ステーキを注文した。一ドル少々だったと記憶している。米国に入って最初の食事だったが、美味しかったかどうかはあまり思い出せない。むしろチップの与え方を間違えたのは私の異文化の初体験で、はっきり記憶に残っている。

日本の教授は米国に来る前に、アメリカはチップの国だから、どこに行ってもチップが必要だよ、と親切丁寧に教えてくれた。だが私は一知半解に過ぎず、席を立ち勘定をしようとカウンターの女性の所に行き、手を伸ばして彼女にチップを渡した。彼女はびっくりして何の金なのか分からない表情だった。チップは卓上に残しておけば良いのであり、ホテルで退室前に枕の上に置くのと同じである。

今の若い人が米国に行こうとする場合は留学であれ旅行であれ、ともすれば国家間を移動すると感じるだけで、土地や風俗人情に少し新奇な感覚を覚える程度かもしれない。われわれの世代が米国に留学した時にはいわば骨に徹するショックを受け、全人格が換骨奪胎されるような感じだった。ショックの中でも最たるものは、民主主義が叫ばれるのをわが目で目の当たりにしたことだった。

早稲田大学で学んでいた時にも、学生が米帝国主義反対のスローガンを創立者大隈重信の銅像に掛けるのを見て視界が広がる思いをしたが、米国の民主主義は精神を一層大きく揺さぶるものだった。

私が米国に着いて半年後の一九六四年二月二十八日、台湾の留学生がワシントンで二・二八事件に抗議するデモ行進を行った。私は台湾では抗議デモとは何のことかも知らなかったが、その日は米国で初めて街頭に繰り出した。当時の留学生は街頭では新人みたいなものであり、米国人がデモに軽々と足を運び、意見の表明は天賦の権利で何人も侵害し得ないことを確信しているのと同じ具合には行かなかった。われわれの方は身は米国にあっても、心はなお「台湾製」だったのである。われわれは大きなプラカードを掲げ、その数枚には「台湾独立万歳」や「台湾人は自決権を有する」、「Down with Chiang Kai-shek（蔣介石打倒）」と書いてあった。激越な言葉のようだが、実際には三十数人が公園やその傍らのワシントン広場にきっちりと沿って粛々と歩き回っただけであり、表情も固くていささかぎこちない感じだった。

国民党の特務がカメラを持ってわれわれに近づき、まるで極悪犯人を捕まえるかのようにわれわれの顔を凝視しながら、一人ひとりの顔を撮影して回った。カメラがまるで顔の三〇センチ前にあるかのように感じられた。前駐カナダ代表の陳東璧も当時はペンシルベニア大学に在学中だった。身元が割れて台湾の親族友人に累が及ぶのを恐れ、彼は出発前に私と清芬に白い枕カバーをくれと言い、穴を二つ開けてかぶり目を出していた。まるでＫＫＫと瓜二つであり、彼の周囲ではシャッター音が鳴り止まなかった。

カメラのレンズの傍若無人さに比べると、われわれは無辜な児童のごとく何でも黙々と受けいれ、怒鳴ったり大声で言い返したりはせず、拳をふるって反撃などはもちろんしなかった。この時の米国の警察は正に人民の保護者だった。警察はわれわれが街頭でデモをする両側を巡回したが、われわれの面前で棍棒をふるって叫ぶのではなく、われわれに背を向けて立ち、交通整理をしてデモ参加者の安全を守ってくれていた。私は実に目を見張らされた。以前に台湾や日本で見た警察は統治者の第一線に立ち、常に高所から民衆に威圧感を感じさせていた。

数年後、再び米国の警察の民主的性質の高さを納得する機会があった。

一九六八年三月二十六日の午後、日本在住で台湾独立運動をしていた柳文卿が入国管理局に出頭したところ、そのまま収容され、次の日には空港へ送られ、九時の飛行機で台湾に送還されてしまった。辜寛敏は前の晩に情報を聞きつけ、一〇人を集めて車三台を走らせ、日本のパトカーにぶつけて交通事故にみせかけることで時間を稼ぎ、送還を遅らせようと考えた。それは前年、東京の裁判所が類似の事件の裁判で「強制送還は違法」とする判決を出していたためだ。だが、日本の入国管理局が判例を尊重しないとは予想できなかった。皆が救援活動に加わろうとした。許世楷・元駐日代表もその一人だった。彼は一番危険な運転手を引き受け、「もし自分が死んだら再婚しろ」と妻に言い置いた。その後色々と情勢が変化したために自動車衝突は実行に移されず、皆で駐機場に乱入して柳文卿の身柄をさらう、ということになった。一頻りのもみ合いの末、柳文卿はついに日本の警察の手で台湾へ送還され、黄昭堂や許世楷等の一〇人は三日二晩拘留された。

柳文卿の送還事件に対し、台湾独立連盟米国本部は米国東部時間四月七日に抗議デモを実施した。

われわれの目標はワシントンの日本大使館だった。その前日は人権派の指導者であるマーチン・ルーサー・キング牧師が暗殺された日であった。黒人が街頭で暴動を起こして火炎瓶を投げたり車に放火しており、ワシントンDC全体が硝煙さめやらぬ雰囲気となっていた。天空には黒煙が漂う一方、地上には桃色の桜の花が何も知らぬ様に、人々の間で盛大に咲き誇っていた。

ワシントンDCの規則では、抗議活動は大使館から五百メートル以上離れて行わねばならない。私は台湾独立連盟米国本部の陳以徳とともに旗を持って歩き続けたが、誰もわれわれを構いはしなかった。警官はみな黒人暴動の対応で出払っていたのだ。知らぬ間にわれわれはソ連大使館に接近していた。突然、一人の警官が現れてわれわれの行く手を遮った。「君たちは何をしてるんだ?」。日本大使館に抗議に行く、とわれわれが答えると、警官は、ここはソ連大使館だ、君たちは日本大使館がどこにあるか知らないのか、と尋ねた。われわれがかぶりを振ると、彼はパトカーに乗せてくれた。その結果、われわれは随分と楽をすることになった。米国の警察官は抗議禁止区域五百メートルの規定は全く忘れたようで、われわれを乗せて直接日本大使館の門前に乗り付けた。私と陳以徳はとうとう大使館の中まで入り込み、座り込んで抗議書を手渡し、われわれの意見を伝えることができた。

本物の民主主義とは、平等と個人の尊重と知る

米国に来て一、二年ほど経ったある日、私がペンシルベニア大学の食堂で食事をしていると、友人が眼光鋭く近くにいる掃除夫を見つめ、私に振り返らせて、「あいつはここのアルバイトだけど、イギリスのウィルソン首相の息子だよ」と低い声で言った。私はびっくりして、そんなことがあるのかと思った。ウィルソンはまさしく現職の首相であり、その息子のロビン・ウィルソンはペンシルベニア大学数学科の博士課程に在籍していた。だがそれにアルバイトをさせるなどとは、台湾での私の経験からは全く思いもよらないことである。台湾では権門の子弟は特権的待遇を受けるものであり、それはすでに社会の隠れた規範になっている。五〇年代の行政院長は陳誠だったが、権勢が蒋介石に集中する中で、陳誠の子の陳履安が高等中学を卒業する時を見計らい、高等中学卒業生の留学が突然解禁された。私の台南一中の同級生も、数人が陳履安の留学の機に乗じて出国している。

台湾での自分の経験とは余りにも異なっているので、私はこの英国首相の息子に非常に関心を持った。某日、私がまた学生食堂に入って行くと、掃除婦が一人で沢山の皿を下げていたが、重すぎてぐらつき、不幸にも転んでしまい、皿が割れて床に散乱した。この時、ウィルソン首相の息子が真っ先にほうきを取って走って行った。私はその時、自分は米国に来て良かった、民主主義とは何なのかを学んだ（I've learned something about democracy.）と思った。首相の子も一般人の子供であり、

普通の国民なのであって、特別な地位にあるわけではない。彼がモップを手に掃除をしていても、それは日常的で何もおかしなことではない。彼の真面目な仕事ぶりや貴賤の違いのなさを見ていると、他人が同様に床掃除をしていても彼はそれを尊重するに違いない、と思わされた。これこそ本物の民主主義というものだ。

清芬と私はこれより以前、すでに結婚して日本にいたので、最初の渡米時には私が一人で先に行った。毎日朝八時に図書館に入り、夜一二時に帰宅するという非常に真面目な生活をしていた。一九六三年十一月二十二日午後三、四時ごろ、学校の職員が急にやって来て、図書館は早めに閉館すると伝えた。図書館から一歩出ると人々が集まっており、そこでようやく皆が「ケネディ大統領が暗殺された」とのニュースを口々に話し合っていることに気付いた。私は顔を上げて空を仰ぎ、リンカーン大統領も人種平等の理想のために白人に撃たれた、ということを思い起こした。

この後三日三晩、ABCとCBSの両局は二四時間放送を続け、コマーシャルを全く流さなかった。全米が恐慌と悲哀のない交ぜとなった状態に陥っていた。

テレビ画面に強力で集団的な吸引力があると、目を離せなくなる。私もテレビの前からずっと離れられなかった。関連報道は詳細かつ膨大なもので、二日後には暗殺者が護送される所が実況中継された。私が画面を見つめていると、突然またしても全く予想外の事態が発生した。今度は大統領の暗殺犯が暗殺されたのである。視聴者はみな私と同様に、眼前で犯人が射殺される生々しい光景を目の当たりにしたのだ。

ケネディ大統領の暗殺後、ジョンソン副大統領が急遽飛行機に乗ってワシントンに戻る準備をした。飛行機の中で、彼は大統領就任の宣誓を行った。飛行機がワシントンに到着する前にジョンソンの地位は変わり、彼が機を下りると、新大統領の周囲に人々は蝟集した。ケネディの未亡人、ジャクリーンには誰も注意を向けなかった。私が見つめているテレビ画面の上で、彼女は一人で車のドアを開けようとしていたが、しばらくはドアが開かなかった。

三日三晩の特別報道を見続けてから、私は米国民がインタビューに対して極めて誠実、率直な態度で自分の意見を述べていることに気付いた。一人で考える能力を持ちながら一方で他人を尊重し、その言い分に耳を傾けるのは、高度に成熟した市民社会であればこそである。

日本の名建築家、安藤忠雄は私より六歳年下だが、彼が以前言っていたのは、ケネディ大統領、キング牧師、ケネディ大統領の弟のロバートは人種差別撤廃のためにベトナム撤兵等の理想を主張し、相次いで凶弾に斃れたが、その後各地で自由を求める潮流が起きている。当時二十数歳の若者にとり、彼らは「英雄の化身」であり、これらの英雄的人物は聖書を思い起こさせる、ということだった。安藤は、自分はその時代の雰囲気を直接敏感に感じ取ることができて幸運だったとも話している。私も同感する所が大きいが、その時に私は米国にいたのだから、私は安藤よりもなお幸運だったと思っている。

ロバート・ケネディに向かって台湾独立を叫ぶ

ケネディ大統領が暗殺されてから、その弟ロバート・ケネディ司法長官が大統領選に名乗りを上げようとして民主党予備選挙に出馬し、ペンシルベニア大学に講演にやってきた。私は人混みをかき分けて前の方に進み、彼に向って「台湾が中国から分離するのを支持して下さい！（Please support Taiwan separate from China!）」と大声を上げた。その場で私と一緒に叫んだもう一人が今も台湾大学数学系で教授をしている楊維哲で、彼はプリンストン大学に留学していた。

ピッツバーグで数年続いた米国の黒人公民権運動は大規模に拡大しつつあったが、私も台湾が独裁統治下にあって民衆に自由がないことを思い、自分が有効で有意義だと考える宣伝活動を積極的にやっていたのである。

当時の国際社会は自由・共産主義両陣営に分裂し、それぞれが離れて対峙していた。米国は台湾を自由陣営に引き入れて「自由中国」と称し、さらには「中共の国連加盟に反対する百万人委員会」というものまでが作られ、共産中国への反対と自由中国支持が盛んに唱えられていた。

だがわれわれの考え方は異なっていた。「自由中国」とは自由でもなければ中国でもない。私と数人の同志友人は、台湾人による異なる意見の声を上げようと考えた。検討したところ、米政府の中国・台湾政策に最も影響力を持つのはハーバード大学の三人の米国人教授だということがわかった。彼らはそれぞれ費正清（ダグラス・フェアバンク）、頼孝和（エドウィン・O・ライシャワー）、孔栄傑（ジェローム・コーエン）という中国語の名前も持っていた。コーエンは清代の法の研究者で台湾とは数十年間にわたる深い関係があり、学生にも台湾人留学生が多かった。馬英九現総統や呂秀蓮前副総統もそうであり、彼の最初の台湾人学生は民進党政権当時の張富美僑務委員長だった。

ライシャワーの学生にも台湾人の陳顕庭がおり、助教をしていた。陳顕庭は台南一中の私より三年上で、われわれは彼の紹介でライシャワーに面会した。一同は陳顕庭の家で会うことになった。ライシャワーは、「今日は私は話すことはない。皆さんの言わんとする所を聞きましょう」と第一声から大先生という様子で言った。当時まだ若かった私はこれに勇気付けられて、滔々と述べ続けた。サンフランシスコ講和条約以後も台湾の地位は未定であり、蒋介石は台湾を占領中なのだということ、マッカーサーが彼に管理を委託したのだということ。これらはライシャワーもみな知っていた。私が述べた主な趣旨は、台湾人は蒋介石と大陸反攻などしたくはない、台湾人は自己の将来を決定する権利を有する、ということだった。最後にライシャワーは、台湾人が台湾の問題を話すのをこれほど詳細に聞くのは初めてだと言った。この日は当初一時間の予定だったのが、結局三時間経って散会となった。

同日正午には陳顕庭の弟、陳恒昭の結婚が予定されていた。陳兄弟は何れもハーバードの学生で、結婚式場もハーバードの小講堂が使われた。われわれも招かれたが、ハーバード大の教授や学生が百人ほど式場に来ていた。われわれはハーバードの人間ではないため、もちろんながら会場の隅に引っこんでいた。だがライシャワーが台に上がり、立会人として挨拶した時に、意外にも彼は、「この人たちは台湾独立派ですよ」とわれわれを紹介して前に来させ、シャンパンの杯を高く上げ、「台湾共和国のために（For Republic of Taiwan）」と言った。これは私の一生で最も感激した一瞬間だった。さながら一人でとぼとぼと歩き続けるだけで、なぜこの道を行くのか、理解する者は誰もいないという感じだったものが、ついに知音の人に出逢い、理解者を見出したかのようであった。

台湾独立派として中国派とも交流する

私は元々内向的で恥かしがり屋の方だが、米国に来ると風土も異なるので、まるで樹に生る青い果物が民主主義や自由の風に吹かれて熟したかのように、自己をさらけ出すことを恐れなくなった。一九六三年八月、私はまだフィラデルフィアに来たばかりで、ペンシルベニア大学の学期も始まっていなかった。ある日私が学校の図書館で日本語の本を見ていると、挨拶をしてくる人がいた。私が英語であなたは中国人ですか、と聞くと違うと言う。日本人ですかと聞くと違うと言う。それじゃああなたは一体どこの人ですか、と尋ねると、何のことはない、台湾・高雄の岡山出身の蘇金春だった。彼は台大電気系卒業で、当時はペンシルベニア大学の博士課程にいた。同じくペンシルベニア大学で博士課程にいる台湾独立連盟の陳以徳主席がまもなく噂を聞きつけ、車でやってきて私を台湾独立連盟の組織に加入させた。

ペンシルベニア大学の授業が始まると、フィラデルフィア台湾同郷会の同級生らが私を見て、すぐに私を会長に選出した。なぜ私が適当だと思ったのかはわからないが、私の身体つきが大きいためか、あるいは皆は理系でいつも実験室に籠るが、私は文系で比較的忙しくなかったためだろう。要するに私の性格は外向的になり始めた。

私は小さい頃から歌を歌うのが好きなので、お互いの気心が知れるようにしようと思い、皆を誘って歌の練習をした。私たちが歌ったのは日本時代の抗日運動の代表的人物、蔡培火の作詞した「咱台湾（われわれの台湾）」という台湾語の歌で、皆歌うにつれて声も暖かくなり、心を開いていった。私は彼らをニューヨークの同郷会に連れて行ってもっと大勢と一緒に歌った。フィラデルフィアの台湾同郷会は上手くやっている、と次第に皆に認められて、程なくして米東部台湾同郷会の副会長に選ばれた。

私は六〇年代に米東部で研究して博士号を取得を目指し、その余暇には同郷会や台独組織の政治活動に参加した。しかしこれらの組織は相互に無関係であり、同郷会の友人が台独の成員であるとは限らない。外省人留学生が「中国同学会」に加入して国民党と関係が密接であったために、台湾人学生はこれとは別に団体を作ったのである。それゆえ国民党の眼には自ずと台湾同郷会は台独の外郭団体だと映り、両者をひとまとめにしたのだ。

実際には台湾同郷会は単純な団体であった。私が博士号を得た後の一九六八年、最初に就職した会社からピッツバーグに出張した際に、故郷を思う留学生団体とピッツバーグだけで台湾同郷会を組織した。その時の私の自宅には庭があり、私にもすでに仕事と固定収入があった。私より若い留学生や、博士号を得たばかりの会員はみな貧乏だったが、貧乏の中でも結婚しようとしていた。清芬と私は彼らを家の庭に招き、最小限の予算で結婚式やパーティーをしてあげた。女性たちが自分で春巻を巻き、八〇ドルでポテトチップ数袋、二〇ドルでケーキ一個を購入、さらにケーキ三個分相当の六〇ドルの費用で牧師を頼み、結婚の証人になってもらった。一生の大事が合計でも二百ドル以内で済んだのである。新婦にはウェディングドレスなどない。故郷を千里も離れ、両親が米国に来て結婚式を主催することもできず、父母が別れの涙を見せる、という光景が欠けていた。

かなり後になって、当時ピッツバーグにいた蕭という留学生の奥さんから、彼女は私の家で結婚式を挙げただけでなく、式の夜はわが家の屋根裏部屋に泊まったと言って感謝されたことがあるが、私も清芬も思い出せなかった。

ピッツバーグに来て二年後、日米が沖縄返還を協議したことで日本が釣魚台（尖閣諸島）を保有することになり、憤激した周辺国家の青年が街頭で集会抗議するという、いわゆる保釣運動を起こした。一部の外省人留学生は中国に生まれ、中国で数年の生活経験もあり、故郷を非常に懐かしんでいた。しかし、国民党の大陸反攻が不可能であることは理解しており、一九六九年に中国が狂気の文化大革命を展開しても彼らにはなすすべもなかった。釣魚台事件が発生するや、蔣介石政権が十分に強い態度に出ないことに怒り、彼らは中共に希望を寄せるようになった。台湾では国民党の統制を受けて世論は単一だったが、台湾という籠から出た留学生は米国という自由の天地で中国の未来に澎湃とした情熱を抱き、立場の異なる夢想や主張を激発させるようになったのである。

香港・台湾留学生は一九七一年の夏休みに全米各地で続々と「国是討論集会」を開催した。最後の一回はミシガン大学で行われ、最大規模の四百人以上が参加した。中国に傾斜している者が多く、その中には国民党の権門の子弟も少なくなかった。九月三日から五日にかけての討論を終えて、共産中国が中国人民を代表する唯一の合法政府であることを承認する、という激越な内容の決議がなされた。保釣運動は当初の対日抗議がここに至って分裂し、それぞれ北京と台北の各政権を指向するようになった。保釣運動史上ではミシガン大学の所在地から、「アン・アーバー国是会議」と言われている。

アン・アーバー国是会議は中国派の集会であり、私は一人で会議に参加したが、会場で唯一の台湾独立派だった。

会議の前に湖北省籍のベテラン立法委員（一九四八年中国で選挙された議員）、胡秋原の息子である胡卜凱が、ミシガンへの招待の手紙を私によこして、台湾独立派の立場を表明するように言ってきたが、それは私の望む所だった。これは私が米国で学んだ態度だが、自分の意見は堂々と表明し、異なる見方にもこだわることなく耳を傾け、十分にマナーをもって異なる立場を尊重すべきなのだ。

だがそうは言っても、この大会は台湾独立派の主催ではなく、双方の主張は尖鋭に対立した。台大の同級生の頼嘉興が勇敢にも私に同行すると言ってきた。頼嘉興は京都大学の博士で一介のインテリに過ぎないが、柔道三段で体つきががっしりしており、私のボディーガード役を買って出てくれたのだ。

実際に会場に行くと、応対した人物はみな十分にマナーと気遣いを持っていた。私は演壇で台湾独立連盟を代表して講演し、将来の台湾という国家は外省人、台湾人、中国人を区別することはない、もしも台湾に住むことを望み台湾が良い国家となることを望むならば、すなわち台湾人なのだ、と述べた。私はまた、「国民党は中国人を代表しない」と簡潔に述べたことも覚えている。

参加学生の大半は、台独の人間を見たこともないので相当に関心を持ち、私が壇を下りると、二、三〇人もの話したいという人に囲まれた。

ミシガンの大会からピッツバーグに戻るとすぐに私は同郷会で講演を行った。とても意外だったのは、歴史学の有名な許倬雲教授が座中にいたことだった。許倬雲は私より五歳年上で、当時はピッツバーグ大学で古代史、先秦史を教える有名な人物だった。彼は私の講演の内容に興味を覚えたらしく、会が終わると台湾同郷会に加われないか、と尋ねてきた。私は「もちろん歓迎します」と答えた。

許倬雲は祖籍が江蘇省であり、普通は彼のような外省人は誰も台湾同郷会に入ってこない。その頃の留学生は台湾省籍であれば台湾、外省籍であれば中国のことを主に考えるのがごく自然なことだった。われわれが中国同郷会には加わらず、彼らがわれわれを台独と見たのも当然のことである。

ほどなくして私と許倬雲は非常に意気投合した。私は民間企業に勤めていたが、ピッツバーグ大学では少しの間非常勤で教えていたことがあるので、われわれは同僚とも言えた。許倬雲の奥さんは台湾省籍の女性で、私と清芬は彼らにご馳走し、彼らもわれわれにご馳走してくれた。私は彼が同郷会に入った動機を疑っても見なかった。彼は凡俗の人物ではなく、密告などしないと思っていた。何にせよ、意見が違ってもなお友人でいられるものである。

ある時、許倬雲が台湾に帰国するので、私が彼を車で空港に送っていった。彼は私に今回蒋経国に会うが、国民党に何かメッセージはないかと尋ねた。私は、台湾内の緊張状態を緩和するには、政治犯を無条件で釈放すべきだと言った。

アン・アーバー国是大会の後に私は更に多くの外省人留学生と知りあうようになったが、今も有名なオピニオンリーダーである李家同・曁南大学学長も、私に原稿を書くと約束したことがある。台湾の知識エリートが米国で発刊しているメディアの中に、張系国が隔週刊で刊行する『野草』があった。彼が米国を離れると、李家同が在米の投稿連絡先となった。一九七二年、李家同は私に手紙を寄越したが、彼は雑誌『野草』は「厳正中立を守るのではなく、正義のために発言する」、「野草は必ず各派の思想を反映する。それがわれわれの理念だ」と強調していた。『野草』はそれまでにも、台北の秘密裁判や中国大陸の林彪事件についての論評を載せていた。李家同は異なる見方をも理解しようと門戸を開いており、私が原稿で台湾独立の理念を語り、彼我の理解を深めることを歓迎した。私は返事で、「意見が異なるほど、意見交換の必要がある」と書いた。われわれの世代の米国留学生は、意見はこのように異なってはいたが、何れも民主主義的素養を備えていた。それぞれが皆理想のために努力しており、彼我の言葉遣いにも理性やマナーがあった。

台湾少年野球チームの遠征試合で国民党の水兵に殴られる

六〇年代から七〇年代にかけて、台湾の少年野球チームが米ウィリアムズポートに遠征して何度も優勝したことは、その世代の台湾人にとっての良い思い出となっている。ウィリアムズポートは私の住んでいたペンシルベニア州にあり、最初の三年間には私も二度観戦に行った。

一九六九年、金龍少年野球チームが台湾代表として試合に出ることを、私は新聞の記事が出てから初めて知った。台湾独立連盟でも、故郷からやって来る子供たちを応援に行こうと留学生に呼びかけた。私も興奮して銅製の賞のカップを作製し中国語と英語を併記する形として英語は「Viva Our Little Brothers」、中国語は「萬歳！　我們的小兄弟」、その下にはさらに「匹茲堡台湾同郷会致贈（ピッツバーグ台湾同郷会寄贈）」と字を刻んだ。

台湾独立連盟でも、試合会場では「Team of Taiwan」、「台湾隊加油（台湾チーム頑張れ）」と書かれた横断幕を持ち、このチームは台湾から来たのだ、ということを観衆に知らせようと決めた。「台湾独立連盟」と言うといかにも会員数一千万人超の大組織のようだが、実際には全米で数百人程度に過ぎなかった。その日、各地の同郷会からは二百人以上がウィリアムズポートに集結したが、そのうち台湾独立連盟は約二〇人のみである。イェール大学の博士の陳隆志がスポークスマンとなり、頼文雄と鄭自才が横断幕を引っ張って持ち、私はその間に立った。鄭自才は後にニューヨークで起きた蒋経国の暗殺未遂で主役の一人となった人物である。

試合が始まった。取り立てて波乱はなかった。この年の金龍少年野球チームの団長は野球協会総幹事の謝国城で、その息子の謝南強は台大経済系で私の同級生でもあったが、彼もその場に来ていた。私を見かけた彼は、子供たちの汚れたユニフォームの洗濯の手伝いでついて来たんだ、と笑顔で言った。私は自然に、子供たちのために用意したカップを彼に手渡した。

試合が終わり、金龍チームが勝利した。これは台湾少年野球チームがウィリアムズポートで上げた最初の勝利で、皆は大喜びだった。程なくして、ボクシングのコーチのような華人五、六人が鄭自才の棒を奪い去り、双方は殴り合いとなった。人数の多い台湾同郷会が優勢となり、まずいと見た彼らは素早く退いていった。

一九七一年の時には、国民党が大規模な動員をすることを台独連盟の張燦鍙主席が事前に聞きつけ、小型機をチャーターして尾部から「台湾独立万歳　GO GO TAIWAN」と書いたバナーを流し、台湾支持の意気を上げようと考えた。台独には空軍があるんだ、と笑う人もいたが、実際には料金二六〇ドルで一飛びして貰っただけのことである。一方、国民党側はこの年に中華民国の小旗を数万本も作り、米国の子供にまで配って旗の海のようにしたが、小型機が空を飛ぶのには敵わなかった。

国民党は機先を制せられたことが許せず、さらに一年後、一九七二年夏のウィリアムズポートに向け戦いの準備を始めた。

ある友人の子供はまだ小学生だったが、可愛らしいアピールの方法を思いついた。ジャガイモを台湾の形の芋判に彫り、紙の上に捺してビラを作り、野球の会場で配るのである。この子供は張怡仁といって、後にウェストポイント陸軍士官学校に入った。米国大統領は毎年、ウェストポイントの成績優秀者六名を引見するのが恒例となっているが、張怡仁は非常に優秀でレーガン大統領にも引見されている。

世間では大学に合格できない者が士官学校に行くと思う人が多いが、米国ではそうではない。米国の学生にとり、士官学校は大きな挑戦であり名誉でもある。多くの若者は敢えてウェストポイントに挑戦して学んでいるのである。ウェストポイントの学生は、成績表はハーバードの学生並みで、加えて体格が優れていなければならない。ウェストポイントは学費が不要で、通常は二、三年ほど義務として服役してから一般のコースに戻ってくる。張怡仁は後にコロンビア大学に進学した。

張怡仁少年が始めた台湾ビラによる平和運動も、現場に満ちた暴力的雰囲気を抑制することはできなかった。試合開始前にわれわれは、国民党側がボストンで訓練を受けている水兵六〇人を送り込むべく用意をしていると知った。六〇人とはあまり多くないようだが、実際には圧倒的多数である。われわれ側の同郷人には敢えて行かぬ者もあり、最終的には一六人だけとなった。私もその一人で、みな頭には鉢巻をし、一戦を辞さない覚悟を示した。

衆寡敵せぬことは言うまでもない。われわれはみな博士であり、ボクシングの真似事など卵が石にぶつかるようなものである。皆が塩の小袋を持って、必要となれば相手の目に塩を浴びせる、と

台湾の金龍少年野球チームがペンシルベニア州ウィリアムズポートでの試合に参加。留学生団体が応援に駆け付け、台独連盟は旗を掲げ、「台湾チーム」を強調した。

いうことを張燦鍙が思いついたが、後で判明したことは、われわれはいわゆる「秀才遇到兵、有理說不清（秀才が無教養な兵隊に出会えば、理があっても話が通じない）」といった感じで、塩など何の役にも立たなかった。

ウィリアムズポート球場の傍らには小さな坂があり、われわれ一六人はその坂の上に立っていた。ゲームが終わるや、六〇人の水兵が扇形の隊形で手に布を巻いた鉄棒を持ってやって来た。中国時報の記者が「自国の人間を殴るなよ！」と叫び、現場では直ちに棒が振り下ろされ、混乱の極みの乱戦場となった。私は手は出さなかったが、手の甲を打ち据えられて負傷し、今も傷痕が残っている。その後に眼鏡も打ち壊され、よく見えなかったため、その後の展開も分からなくなった。

だが清芬には状況が分かっていた。彼女は片腕に六歳の澤行、片腕に二歳半の澤言と子供二人を抱えて別の坂に立っていた。われわれが殴打されるのを遠くに見た彼女は驚き、脇にいる肥った警官がただ傍観しているので、「何してるの、何で何もしないの⁉」と大声を上げた。そう言うや否や、華人三人が突然現れて彼女を突き飛ばし、「お前の旦那は台独じゃないのか？」と叫びながら詰め寄った。清芬が何か答える前に、幸運にも警察のヘリコプターが轟音を上げて降下してきたので、彼らは逃げ去った。

私はその日、手に傷を負って車の運転ができなかった。友人が代わりに二百キロ以上の道を運転してピッツバーグへ送ってくれた。夜になると元台湾大学哲学系教授の陳鼓応が家にやってきて、君は本当に偉いぞ、水兵と戦うなんて、と私に言った。私は誰にでも意見はある、意見の違う者に暴力をふるうなんて、本当にひどいことだと言った。

ウィリアムズポートでの数年間の経験から、われわれは結局のところ知識分子に過ぎない、と私は身に染みて考えた。われわれは海外で自由と民主主義の空気を呼吸しているが、振り返って自分の故郷を望めば正に非民主的な統治の下に置かれており、これを座視することは一片の良心が許さないのだ。誰もが故郷が良い状況にあることを望み、状況を変えようと一臂の力を貸したのである。われわれには武器もなく、せいぜいが書生の叛乱というだけである。国民党はわれわれを共産党のシンパとみなしたが、われわれに共産党のような巨大な革命組織がある筈もない。台独の人物といえば伝説の悪鬼の如き悪人であるかのように国民党は貶めた。

台湾独立連盟の中央事務所はフィラデルフィアの私書箱 P. O. BOX 7914 で、電話代が非常に高いために連絡はみな郵便で行っていた。私が郵便を受け取りに行き始めると、ＦＢＩの人物がやってきた。その最初の一言は、「あなたたちは共産党ではないのですか?」というものだった。その当時の米国は共産党を非常に嫌っており、大方国民党が台独は共産党だと密告したものと思われた。

台湾独立連盟という名称の内部にあるのは知識分子の智恵と情熱だけである。われわれは毎週会合を開き、台湾の民主主義と人権、そして台湾の前途を議論して止まなかった。息子の澤言は分からない様子で、毎週台湾の前途を話し合って疲れないの、と聞いてきた。私はキング牧師が言ったように、「I have a dream, yes, I have a dream.（私には夢がある。そう、私には夢がある）」、だから疲れたりしないよ、と答えた。

台湾人留学生は、財布は軽くとも、志は高い

六〇年代の台湾留学生は、言ってみれば誰もが「貧乏学生」や「苦学生」だった。国民所得もようやく一六〇米ドル程しかなく、政府は留学生に持ち出しを二百ドルしか認めなかった。韓国人の同級生は、「君たちはいいよ。自分たちは一六〇ドルしか持ち出せないんだから」と言っていたが、戦後のアジアの貧困はいずこも同じだったと分かる。私は幸運で家庭環境が許したために、母が闇で両替した二千ドルを持たせてくれた。私の台大経済系の同級生の謝南強は台南の名門の出だが、彼の父親の謝国城は台湾省合作金庫の協理（副社長）や野球協会の総幹事を務め、後に少年野球の

父と呼ばれた人物である。謝南強も私と同様に米国に二千ドルを持ってきた。

二千ドルを持ち出すというのは大変なことだった。当時は一米ドルが高い時で四六台湾元だったから、二千ドルは九万元という家が半分買える額になった。通関時には特に隠す必要もなく、私は袋に入れていた。税関は身体検査などしなかったが、私は米国留学生への礼遇と配慮だと思った。

このような多額の金でも、米国に入ればまるで巨人が小人に変身したようになる。私が米国で初めてビーフステーキを食べた時には九ドルか一〇ドルを支払ったが、台大の一学期の学費である二四〇元よりもさらに高い。ペンシルベニア大学の一学期の学費は五百ドル、一日の食事代は平均約一ドルで、二千ドルでは一年間暮せる程度である。このため米国で勉強するためには、私や謝南強のような富家の子弟でもアルバイトをしなければならなかった。

私が米国に来たばかりで入学前の頃に、ある親切な先輩が私にメニューを見せてくれた。私は意味が分からずにいると、先輩が言うには、「まずメニューを覚えないとウェイターになれないぞ」。当時、米国留学とはまずウェイターとなることを意味しており、留学生の多くはアルバイトでレストランの従業員となって学費を稼いでいた。チップを貰うにはウェイターを担当する必要があるが、メニューにある酒の名前を諳んじていないとお客さんの注文を貰うこともできない。ただ片付けるだけのバスボーイでは僅かな給料しか貰えなかった。

だがやはり私はウェイターにはならなかった。ある日、私は学校の新聞の広告で家の外壁のペンキ塗りのアルバイトを発見した。私とあと二人の同級生が一緒に応募した。一人は日本人、一人は

（左）　友人が羅福全の家を借りて結婚パーティーを開いた。羅福全もグラスを並べるのを手伝う。

（右上）国民所得に大差があり、羅福全夫妻も米国在住当初は小さな家に住んだ。金持ちの子弟でも新聞配達のバイトをする必要があった。

（右下）早期の米国留学者は貧乏学生が多く、結婚式も簡素で両親の参列も稀だった。学友数人が教会に付き添い、牧師に頼み結婚式を挙行することが多かった。

韓国人で、二人とも一番高い所に上ってのペンキ塗りはできなかったが、私は上がって行った。私は幼い時から仕事で苦労をしたことがなく、その日は家に帰ってから妻に大いに自慢せずにはおれなかった。

その後、今度は病院が発行している新聞で働いた。毎日朝六時から八時までの二時間だけで、新聞を二千床のベッドに届ければその日の仕事は終わりで、月に一六〇ドルも貰えてほとんど正規の仕事の収入に近かった。私と清芬の二人分の一カ月の食費は六〇ドルで、家賃は四〇ドル、残りの数十ドルで本を買ったが、一冊が八ドルから一二ドルだった。

普通の留学生の境遇は私よりも苦労が多く、家庭が貧しければ本当に智恵を絞って活路を見出さねばならない。私の友人の蘇金春は台大電機系を卒業後に渡米したが、台湾を離れた第一日目から倹約を開始した。皆が大金を払って飛行機で出かけるなかで、彼は船に乗ってゆっくりと米国の西海岸に到着した。蘇金春の乗ったのは通常の客船ですらない貨物船であり、貨物と一緒に太平洋を渡って米国に辿り着いたのだ。

留学生の中には貨物船に乗っている合間に働く者もいた。蘇金春がアルバイトをしたかどうかは私は知らないが、彼がカラスミとバナナを一籠持って乗船したことは知っている。航海中、天気が良ければ彼はカラスミを甲板で日に干した。船が大揺れになるとカラスミもあちこちに揺れ動くため、蘇金春も様子を見ようと行きつ戻りつした。日本の港に寄港中、カラスミとバナナを高値で売却して金を儲け、コート一着とカメラ一台を購入してさらに東に向かい旅を続けた。

船が米国の西海岸に到着すると蘇金春は下船し、ペンシルベニア大へ入学するために、グレイハウンドのバスに乗って東海岸のフィラデルフィアを目指した。その頃、同バスは九〇ドルで九〇日間乗車することができた。蘇金春は九〇ドルの難儀なバス旅行を続け、大西部を横断してフィラデルフィアに到達した。

六〇年代の留学生活は非常につつましいものだった。私より二歳上の王博文は新しいカバンを買わずに、医者である父の往診用革カバンを持って渡米した。私が米国に来た時、彼はすでに修士号を得て働いており、田舎の農家の部屋に住んでいた。庭には梨の樹があり、農民は普段は果実の落ちるに任せて馬の餌としていた。米国の馬の餌はわれわれには貴重な果物であり、王博文はよく無料の梨の籠を幾つも提げてきて、皆でその味を楽しんだものである。

留学の辛労の話は行く前から聞いていた。だが実際の大変さがどれ位かは現実に行ってみないと分からない。成績優秀者であっても苦労するのは同じだった。

われわれの世代の留学生は、大学生一万人の中から約千人が留学生試験に合格しており、皆が社会のエリートであり、財布は軽くとも志は高かった。故郷の実家の父兄が勤倹節約し借金して出国させてくれたことを思えば、年若く軽佻浮薄な人間でもみな必死で勉強した。誰もが背水の陣を意識して努力を怠らず、一流とされていない大学に行く者はいなかった。多くの者が名門校に在籍し、意気軒昂としていた。

計量経済学でノーベル賞を受賞したローレンス・クラインに師事する

留学生は誰も安穏としてはいられなかった。私もペンシルベニア大学で戦々兢々たる気分で学んでいた。

ペンシルベニア大学の教授は経済学の大家ばかりだったが、特にユダヤ人のローレンス・クラインは二十三歳でマサチューセッツ工科大学から博士号を得た天才で、博士論文の『ケインズ革命』は刊行後三〇年を経てもなお増刷されていた。

クラインはあるいはミシガン大学で教えていた時に、共産党に入党していたかも知れない。五〇年代初期にマッカーシーの赤狩り旋風が吹き荒れた頃、米国では政府から科学、文化各界に至るまで、誰かが共産党だと槍玉に挙げられることがしばしばあり、何年もの間「白色恐怖」の中にあった。クラインは米国を離れざるを得なくなり、日本の関西大学や英国のオックスフォード大学に行き、五〇年代後期に米国に戻ってからまずはミシガン大学、次いでペンシルベニア大学へと移った。一九八〇年、クラインは計量経済学でノーベル経済学賞を受賞した。

六〇年代には計量経済学はまだ新興の学問だったが、その沿革は第二回ノーベル賞の受賞者であるサミュエルソンの数理経済学に遡ることができる。サミュエルソンは経済学の大家であり、一九四一年には早くもハーバード大学に博士論文を提出している。論文を審査したのはいずれも経済学

羅福全はペンシルベニア大学でクライン教授（左から 2 人目）の助手を務めた。
クラインは 1980 年に計量経済学でノーベル賞を受賞している。

で名の通った教授だったが、教授の面々は互いに顔を見合わせ、「この学生は合格かどうか」と切り出すどころか、「われわれは合格するだろうか」と自問せざるを得ず、皆が白旗を掲げる有り様だった。サミュエルソンの論文は「数理経済学」という新しい分野を啓き、経済学の幅を広げるもので、この学問分野が米国では支配的となった。私の先生のクラインもサミュエルソンの学生だった。

クラインは人当たりが柔らかく、授業でも普段のおしゃべりのように話していた。語るのはいつも哲学的な思考で、方程式や公式を示して一歩一歩計算するということはしなかった。彼は非常な尊敬を集めていて、その授業を取る者は多かった。一学期目には私はまだあまり英語が上手でなく、数学もよくできなかったので、授業では特に目立つこともなかった。ただB^+を貰っただけで、弟子の数に入るようなことはなかった。クラスの三十数人中、Aを貰ったのは四、五人で、十数人がB、後がCとDとかなり厳しいものだった。

実際、米国の博士課程は何年かやっておれば学位を貰えるというようなものではなく、名門校では特にそうだった。台積電の張忠謀董事長も米国留学者で、私よりも先に留学していたが、修士号を得た後のマサチューセッツ工科大学の博士号審査では一九五四、五五年と二年連続で通らなかった。米国は実力競争社会であり、学生がボトルネックにはまり研究が続かないとなれば、米国の大学は青春を浪費せず、早く別なことをしろと言ってくる。

日本の大学教育は相当に違っている。例えば東京大学では、学生は教授に会って選ぶことができ、良い教授の下には多くの学生が集まるが、教え方が良くない先生からは学生が自然に遠ざかる。良い教授に入門するのは難しいが、一旦その直系の学生になってしまうと、学生は教授を非常に敬う。一方で教授の方も厳しい態度で教えはするが、また面倒見も非常に良く、成績にも下駄を履かせるので皆の卒業成績は全てＡとなる。私の早稲田大学での成績も全てＡだったが、それを米国に持参したところ、ペンシルベニア大学の先生は、「全部Ａなんてしばらく見ないね」と非常に驚いた。私は笑って、「日本ではＢを取る方が難しいんですよ」と答えた。

米国の大学では学生の目つきも非常に明るく、学問があって人気のある学校や教授を選ぶ。だが師弟関係は日本ほど厳格ではなく、時には教師と学生との関係は隔てがなく、学生が教授の名前をピーターとかデイビッド等と呼んだりする。私が最初にペンシルベニア大学で試験を受けた際、皆が問題に集中して三時間も過ぎたのに誰も答案を提出しなかったが、先生も急かすことはなく、われわれに「何が食べたい？」と聞くなどサポートに回って、最後にはコーヒーとドーナッツを自分で持ってきていた。この教授の経歴は非常に面白く、彼自身も経済学者だが、兄のポール・サミュエルソン、妻の弟であるケネス・アローは何れもノーベル経済学賞の受賞者である。これほど突出して優秀な兄や妻の弟を持つことは必ずしも幸運とは言い難い。この教授は後に姓を変えてロバート・サマーズとなった。「サマーズ」は元の姓の「サミュエルソン」に似て聞こえるが、これで巨人の影を少しは避けられるわけだ。だが彼の息子、ローレンス・サマーズはハーバード大学経済学博士となり、財務長官を務めてからはハーバード大学学長となり、今ではオバマ政権の国家経済会議（ＮＥＣ）委員長であり、父のため失地を回復したかの観がある。

私がペンシルベニア大学に入った最初の年には、清芬の姉の夫が日本の東北大学の教授で、彼がその同僚と一緒にペンシルベニア大の見物にやってきたので、私が迎えて案内した。この日本の教授は来るや否や、私と一緒に授業に出てアメリカの教室の雰囲気を体験したい、と希望を述べた。授業が終わり、教室を一歩出ると彼は驚いた様子で、一体どういうことか、と私をずっと質問責めにした。なるほど確かに先生が壇上で講義する間、学生は下でパイプを吹かしており、やがてしきりに質問をしつつパイプを高く挙げ、先生を指しながら振り回していた。日本の教授は米国の学生が礼儀知らずだと感じていた。確かにそうですが、試験の時には米国の教授は点数が非常に厳格ですよ、と私は彼に言った。教授は毎学期に皆を家に呼んでご馳走したりするが、この親密さは点数とは無関係である。私の経験から言っても、比較すると米国の方が本当に学問をする場所だと思う。

二学期目には私は統計の授業を取った。ギリシャ系のフィーバス・ドライムズ教授が私に九十何点かをくれて、クラスで一番となり、学生として彼の助手に選ばれたところで転機が訪れた。ドライムズ教授はマサチューセッツ工科大学での博士論文が学界の評価を受けた優秀な学者だった。クラインはペンシルベニア大学で『インターナショナル・エコノミック・レビュー』という雑誌を担当しており、その編集主任をフィーバス・ドライムズに依頼した。二人は性格が似ていて、いつも議論をしていた。クラインはこれがきっかけで私に眼をとめるようになった。彼はちょうど巨大な経済モデルの研究をしていて従事する助手も十数人おり、私も加えてくれたので、クラインの弟子入りがかなったわけである。

米国経済のモデルを支える処理能力43Kのコンピューター

私はクライン教授の研究室で統計の助手となった。彼はちょうど千以上の方程式を用いる前例のない経済モデルに取り組んでいるところで、米国経済のモデルとなるものだった。モデルを確立すると多くの計算や予測が可能となる。例えば今日の株価が五％上がれば、これを変数として入力し計算すると、それが米国経済にどのような影響が及ぶかという計算結果が得られるわけだ。

私がしていた作業は計算だが、経済モデルで行う計算とは紙一枚鉛筆一本で加減乗除をすれば済むものではなく、もの凄く大量の数字や千を超える方程式を扱わねばならない。これはコンピューターがあって初めてなし得ることだった。

世界的に認められているコンピューターの第一号はＥＮＩＡＣで、わが母校ペンシルベニア大学のムーアスクール（工学部）が一九四六年に開発したものだった。私がコンピューターとは何かを知ったのは一九六四年だったが、そのころに生まれた子供もじきに五十歳になろうとしている。

五〇年前のコンピューターは、まずデータを厚紙にパンチしなければならなかった。大きさや形式は今日の大学入試願書ぐらいで、英語ではパンチカードと言っていた。表面には数字が何列も並び、データの「ａ」や「ｂ」に従って幾つかの孔を開けるが、規則の通りにやらなければならない。データカードを作成する仕事はパンチャーの女性が担当していた。米国の民間会社では当時すでに人事

1960年代にはパソコンはなく、コンピューターは巨大で、100坪を占めることもあった（ニューヨーク市コロンビア大学アーカイブ）

や会計の作業でコンピューターが普及していた。

クライン教授の経済モデルはデータが膨大となり、一日三〇箱ものデータカードを使用することがよくあった。一箱にはカードが二千枚入るので、私は毎日数千枚ものデータカードを処理しなければならないことがよくあった。その頃の私は買い物族と言った感じで、自分が担当する三〇箱のデータカードをショッピングカートのような小さな車に載せ、ウォートン管理学院のコンピューターセンターまで運んで行った。

当時は一般人がデスクトップやノート型のパソコンを「一台」を持つと言うようなことはありえず、私が触れる機会のあったコンピューターは「一軒」という感じだった。冷蔵庫のようなコンピューターが百坪もあろうかという部屋一杯に並び、一〇台から二〇台が一台ずつ繋がれていた。データカードを入れてフィルムに写し取り、コンピューター計算を行って印刷出力する。私の運び込むデータカードは膨大な量であり、長い距離を歩かねばならなかった。コンピューターセンターではしばしば夜になってもう一度やり直しとなるので、私は夜にデータカードを搬入し、翌日にコンピューターの計算結果を持ち帰るようにした。

記憶が曖昧ながら、当初われわれはＩＢＭ７０９４を使っていたが、後にはウエスチングハウス社の一番大きなコンピューターセンターに行ってデータ処理をするようになり、43Ｋ相当の結果を得ることができた。その当時はすごいと思い、コンピューターにはこのように「大量」の処理が可能なんだ、自分も偉大な仕事に関わっているな、という気がしたものだ。当時は思いも寄らなかったが、今日ではちょっとした写真一枚のデータ量も43Ｋより大きくなっている。

学際的に地域開発を研究する「地域科学」博士を取得

米国に来て六年目の一九六八年五月、私は三カ月少々を費やして博士論文を書き上げた。テーマは「二つの地域の成長モデル」であり、百頁超しかないが、オリジナリティーには富んでいた。普通の博士論文は必ず口頭試問を経なければならないが、私の論文は指導教授のロナルド・ミラーに提出したところ、「皆がＯＫだと言っていたよ」と彼から電話があり、それで合格ということになった。

私の学位は「地域科学博士」というもので、一見経済学博士とは違うように見える。実の所、五、六〇年代は地域開発が流行の言葉で、世界中で地域開発が行われていた。都市計画の専門家や経済学者、地理学者らを集め、ある都市や地域をどのように発展させるか、頭脳を結集した共同作業で検討する分野であった。私のユダヤ系の主任、ウォルター・アイサードには大望があり、幾つかの学問を統合しながらも、この学問領域を「地域開発」と称することを意図的に避けて、特に科学の名つけて「地域科学」としたのである。ペンシルベニア大学が一九六〇年にこの研究科を設立したばかりで、ウォルター・アイサードはこの地域科学の先駆者だった。

その当時の地域科学は空間経済学の新領域で、経済開発のプロセスが都市と農村にもたらす問題を研究し、解決を目指すという分野だった。問題に取り組む手段としては、まず多くの土地、環境、エコロジー、資源、人口、運輸等の統計データを経済モデルに代入して分析を進める。

その当時は全世界の人々が競って米国に学び、知識を得ようとしていて、欧州の英国も南米のブラジルの人々もみな米国に留学していたので、実際上は国連に入って勉強するのと同じだった。私の同級生には英国人、タイ人、インド人がいた。わが学部の最初の博士号はアルゼンチン出身のウィリアム・アロンゾで、彼は後にハーバード大学で教授となった。私はこの学部で一三番目の博士だった。

ペンシルベニア大学から授与された博士号の学位記には七十幾つかの単語が並んでいて、みなアルファベットで書かれてはいるが、私には全然読めず、ただ英語で書いた自分の名前の FU-CHEN LO しか分からなかった。通常、学位記には授与年月日が記してあるが、ペンシルベニア大学の学

ペンシルベニア大学の創立者フランクリンは米独立宣言の起草者の一人。羅福全がペンシルベニア大学で博士号を得た当日、銅像前で記念の一枚。

位記はどの字が授与日に相当するのかも私にも判別がつかず、ただラテン語だとは思った。学位証書に英語を用いない辺りに、ペンシルベニア大学の永い歴史の威光が感じられる。

ペンシルベニア大学は一七四〇年創立で、いわゆるアイビーリーグ七校の一つである。当時の北米植民地の学校は聖職者養成に熱心であったのに対して、創立者のベンジャミン・フランクリンが将来を見越して商業、政府、公共事務等の人材育成を主張したもので、今では同大学はビジネス、人文科学でその名声を博している。台湾セメントや中国信託グループを所有する辜家も子弟を同大ウォートン・スクールにばかり留学させている。

何年か前、淡江大学が私に授業をするよう依頼して来たとき、規則で資格証書を提出しなければならなかった。だが大学側はその場で少々呆気に取られていた。博士号の学位記につきもののエンボスの印章や派手できらびやかな校章や金色の縁取りもなく、一見あまりにも簡素な、薄くて軽い白黒印刷の一枚紙だけで、コピーした偽造証書のように見えたのであろう。教務担当者は思わず、「これは何ですか」とつぶやき、そして「これ一枚だけで、他には何も持っていらっしゃらないんですか」と冗談めかして尋ねてきた。

元学生運動家、生田浩二の死を悼む

ペンシルベニア大学での五年の歳月は、いわば私の人生で最も重要な基盤固めの時期であったが、それは着実で実り豊かなもので、私がその後に為したことの範囲を決定した。全てが非常に愉快だった。だが、私の唯一の親友であった生田浩二が死去したことには歎息を禁じえなかった。

生田はかなり若かったが、すでに日本の現代史上の人物であった。彼は東京大学法学部と経済学部の両方で学び、ずっと一番で通したという一流の頭脳の持ち主だった。米国は戦後日本で戦勝国として七年間の軍事占領を続けた。一九六〇年には日本と安保条約を締結、米軍の日本駐留を恒久的なものとしたため、これは米帝国主義の仕業だとした国会議員、労働者、学生が激しく反発し、六十数万人が国会を包囲して学生が国会に乱入するという戦後最大の規模の紛争が発生した。アイゼンハワー米大統領の訪日日程も取り消された。この過激な紛争において、生田浩二は学生運動の理論家であり、米帝国主義に反対する左派学生の典型的な人物だった。彼はとうとう「共産主義者同盟（ブント）」の事務局長として逮捕され、懲役一年六カ月の判決を受けたが執行猶予となり、服役することはなかった。数年後、共産党に失望した彼は米国に留学し、今度は米資本主義経済の専門家となったわけである。

生田は私より二歳上で、私よりも一年遅れて米国にやってきた。われわれはともに地域科学部に属していた。彼とは東大の大石泰彦教授の推薦で渡米してから知り合った。私は二年後に博士号の試験を受けたが、彼は一年で試験に挑戦し、その結果は私も彼も合格してそれまでの記録を破った。

われわれは言葉が通じるのでいつも日本語で話していたし、妻の清芬と生田の妻の恭子も非常に仲良くなった。恭子の人生の歩みも平坦なものではなく、戦前に父親は海軍の潜水艦に乗っていたが撃沈され、後には彼女と妹の二人が遺された。彼女は渡米前には高校の数学教師をしていた。

われわれはいつも夫婦二組で一緒に行動していた。一九六四年から一九六五年にかけてニューヨークで万国博覧会が開かれ、われわれはフラッシング・メドウズの会場のステンレス製の地球儀を見上げる場所で、一緒に貴重な記念写真を撮った。

一九六六年春、生田夫妻を不幸が襲った。彼らは学校近くのアパートに住んでいたが、階下の住人の煙草の火が引火したらしく、火災が起こって大火となり、炎が二人を呑み込んだ。

日本の留学生は台湾の留学生とは異なっていた。まず日本の留学生は比較的人数が少ない。また彼らは学業が成就したら帰国するつもりなので、米国という異国は渡り鳥がしばし停留する棲息地のようなものであって、日本人学生が同郷会を作り互いに扶助するようなことはなかった。生田夫妻の死後、私はいたたまれずに直ぐに乗り出し、彼らのために葬儀を行い、学校で追悼式を開いた。

生田夫妻は米国には全く縁者もなかった。魂を故郷に返そうと思い、私は悲しみを抑えて筆をとり、紙に「生田浩二」、「生田恭子」と書いてそれぞれの骨壷に貼った。これを日本のニューヨーク領事館に届け、宮澤泰総領事が引き取った。宮澤泰は宮澤喜一元首相の弟で、日本人同胞の葬儀を台湾人が執り行ってくれた恩義に日本人として非常に感激する、と言っていたのを私は覚えている。私は後になって、生田の兄が私の書いた字をそのまま墓碑に刻んだと知った。遺族にしてみれば報恩の意味も幾らかあったのかもしれない。われわれの情誼を永く刻んでくれたことに対し、私は心中で無限の感謝をした。

フィラデルフィア美術館前で明るく笑う生田浩二と妻の恭子。

就職のため米国籍を取得する

学校を卒業して生涯最初の仕事となったのは、ニューヨークにある民間コンサルタント会社「Consad」の研究員だった。創立者は連邦政府を退職した人物で、行政に詳しく、会社は専ら政府からの受託研究を行っていた。

私はこの会社で五年間、全米の都市の空気汚染のコントロールが経済発展にいかに影響を及ぼすかという研究を行い、それなりの評判を得た。

一九七〇年前後の米国にもすでに環境保護意識が存在したが、環境保護庁の設置はまだで、内務省が大気汚染問題を所管していた。米国の大気汚染は各都市ごとにその態様が異なっており、汚染の程度もまた違っていた。大工業都市ピッツバーグでは製鉄所の煙突がことごとく黒煙を吐き出していて、都市全体が黒ずんでいた。ピッツバーグ大学のキャンパスの石塔もよく見ると黒くなっていた。ロサンゼルスでは高速道路の集中度が全米一のために車が多過ぎるというだけでなく、盆地になっており、排気ガスの黒煙がなかなか飛散しないという事情があった。

環境への投資を実施し、大気汚染を規制した場合、米国経済にはどのような影響が及ぶかを米国政府は把握しようとしており、また大気汚染の規制政策の厳しさの度合いにより、経済への影響がどのように変動するかも知りたがっていた。例えば工業都市ピッツバーグでは排気ガスの排出量が大きいが、排出量を抑制すると鉄鋼企業のコストが増大し、それで鉄鋼業の規模は縮小するのか、あるいは鉄鋼価格が上昇するのか。また例えば、自動車の排ガス規制を行った場合、自動車の製造コストが上昇し、自動車価格は高くなり、必ず販売台数が低下すると予想される。そうしてゆけば、自動車産業都市デトロイトの受ける打撃はどの程度のものになるだろうか。大気汚染が規制され、工場がピッツバーグからフロリダに移転すれば、フロリダの人口が増加し歳入も増加するだろう。こういった設問から生じうる変化の可能性につき、私は数理モデルを作り、コンピューターでデータを処理して、大気汚染規制を実施した場合に全米七〇都市でどのような変化が起こるかを分析した。

このレポートは米国の大気汚染と経済発展の関係についての初めての研究であり、非常に注目を集めた。数年後、日本で開かれた環境関係の会議で米国政府代表がこれを取り出し、私が座っているのを見ながら、「この研究は羅博士の行ったものだ」と明言していた。

反響がもっと大きかったのはもう一つのレポートだった。その時行ったのはプエルトリコだった。プエルトリコは植民地でも信託統治領でもなく、米国の「自治領」であり、グアムと同様に住民は米国大統領を選出する権利はもたないが、独自の議員を選出することができる。米国政府はプエルトリコの整備にあたり、道路建設や発電所の設置など一一項目の公共投資を実施したが、七十数都市があるなかで、首都と最も遅れた地域と、どちらに投資すれば経済効果が最大となるか、どのような投資が最適か、というのが私の課題だった。

プエルトリコは中央アメリカの北端にあって、ニューヨークからの距離はおおむね台北・北海道間に相当する。私はしばしば両地域を飛行機で行き来しては、プエルトリコに二週間程度滞在し、最後にはなかなか上出来のレポートを書き上げた。十数年後、某地理学者が私に対し、当時はあのレポートは「非常にセンセーショナルだった」と言った。あるオーストラリアの大学の学長も地理学者であり、彼が初めて私に会いに来た時にはその報告書を携えてやってきた。

私はこのような仕事の形態がとても好きである。学者のように研究はするが、一日中研究室に籠ったり、実験室で試験管を見つめていなくとも良い。自分が全く知らない地域の調査に興奮を覚えつつ没入し、世界の広大さを改めて実感する。私の経済学の知識を発揮し、客観的な数字の根拠で政府に合理的な取捨選択をさせ、地域と住民に有益な政策を立案する。これにより盲目的で無謀な態度から直観や感覚のみに頼るような政策判断が行われたり、それが実行に移されるのを避けることができる。

一九七三年初めのある日、あるポーランド人が私に夢のような仕事をくれた。彼は電話をかけてきて国連本部の職員だと名乗った。彼は私のレポートを見て、私が捜している人材だと考えたというのである。国連は日本の名古屋に国際連合地域開発センター（UNCRD）という機関を設ける予定で、専門家を派遣する必要があった。電話で会話するうちに、このポーランド人の博士は私が日本語を話すことを知り、なおさらベストの人選だと考えた。だが良いことにはトラブルが潜んでいるものだ。彼はすぐに、「あなたは無国籍なんですか？」と驚き、困惑することとなった。

他の職業と同様に、国連で働き始めるためには身元証明書類を人事に提出しなければならない。また国連は加盟国が会員となっている組織であり、職員も加盟国の国民でなければならない。だが当時、私はどの国にも属していなかった。

一九六四年二月、ワシントンの二・二八事件抗議デモに最初に参加した際、私はこれで自分が国民党政権のリストに載せられたことを理解していた。もしも大使館に行ってパスポートの延長を申請すれば、まず没収されることは間違いなかったので、大使館に延長手続には行かず、そのままパスポートを失効させて無国籍人となっていた。

実のところ私は渡米して一年で修士号を得ており、通常はこれで居留権を申請でき、さらに五年間を経ると米国市民となることができる。だが私は米国に来て一〇年間、毎日毎日が何の問題もなく過ぎてきたため、ずっと申請手続をしていなかった。申請可能なまま一〇年間も申請せずにいたものを、就職のため数日間で慌てて市民権を政府に申請した。

ある日、隣家の人が来て、「昇進されたそうですね」と訊いてきた。ＦＢＩがいわゆるセキュリティー・クリアランスのために、私がどんな人間かを我が家の周辺で詳しく聞き回っていた。

まもなく私は米国市民の身分証を得た。それから数日も経たぬうちに、国連本部が私の米国籍に基づき、国連専用のパスポートを発行してくれた。一カ月のうちに私は無国籍者から急に二つの「国」のパスポートを持つ身になった。しかも米国籍は米国から離れるため取ったようなもので、数日もしないうちに私は新たな仕事のために日本の名古屋に向けて飛び発った。

Ⅳ 国連職員として世界各国を駆けめぐる 1973－2000

世界を通行するＩＣカード「国連パスポート」

国連はもちろん国家ではなく、百カ国以上により構成される機関である。一九七三年に私が国連に就職した際の加盟国は一三五だった。現在では一九三カ国になっている。

国連には簡単に言って二つの機能がある。まず会議の場を提供することで、加盟国は一堂に会して政治的主張を表明することができる。もう一つの機能は、加盟国の持つ問題を研究して世界に援助を行うことである。国連本部はニューヨークのマンハッタンにあり、東四二番街を終わりまで行くと、各国の国旗が二列に翻っているのが見えて来る。大きな二つの建物はこれら二つの機能に相当しており、円形のものが総会会議場、高い方が事務局である。この他にもパリのユネスコやジュネーブの国際労働機関ＩＬＯ等、世界の各地に各種の研究・援助機関が置かれている。台湾人が比較的よく知っているＷＨＯは「世界保健機関」であり、ジュネーブが所在地である。

国連職員は世界各国に散在しており、現在では四万人を超えている。その職位はおおむね四段階に分かれ、幹部（セクレタリー）の記号は「Ｓ」、管理職は「Ｄ」で「Ｄ１」「Ｄ２」に分かれている。専門職は「Ｐ」で、「Ｐ１」から「Ｐ７」まで七階層に分かれている。一般職員の記号は「Ｇ」で、これはさらに多くの階層に分かれる。私はＰ３から始まり、国連大学首席学術審議官、高等研究所副所長で退職したので、最後の職階はＤ１だった。

国連パスポートには５カ国語が使用されているが、奇妙なことに中国語は繁体字が使われる。

国連職員はみなカバーの色がスカイブルーのパスポートを所持しており、世界中に渡航して職務を行うことができた。一定の職階以上は外交官と同等で、各国の税関では礼遇を受けることができ、一般旅客のように通関で列に並ぶ必要はない。

国連にいた三〇年近く、私は一貫して通関に際して礼遇を受けることができた。国連パスポートは世界中で通用する悠遊カード（台湾の地下鉄用ICカード）のようなものである。

国連での仕事にはもう一つ特殊な待遇があった。台湾では各国外交官に発給する車のナンバーには「使」の字が入っている。日本では大使館で大使が乗る車のナンバープレートには「外」、領事館ではナンバーに「領」の字が入る。このほかに日本には台湾にない特殊なナンバーがある。それは国際機関用のナンバーで、青地に白いアラビア数字と「代」の字がある。私が運転してガソリンスタンドで給油する場合、日本人ならばリッター当たり百何十円かだが、私は九〇円で済んだ。

外国で購入した車を持ち込む場合も免税となる。私が八〇年代にマレーシア駐在で勤務していた際、ベンツ一台を輸入すると市場価格の三分の一が免税となった。私のマレーシア人の上司が羨ましがっていたので、四、五年後に離職した際には彼に車を売り渡した。

一九七三年から二〇〇〇年までの二十数年間、私は国連で三つの機関に所属した。一つは日本の名古屋にある国際連合地域開発センター（UNCRD）、一つは国連アジア太平洋経済社会委員会（UNESCAP）傘下の研究機関であるマレーシア・クアラルンプールの「アジア太平洋開発センター」だった。三番目の仕事は日本の東京に設けられた「国連大学」だった。これら三つのうちのどこに居た時にも、私は事務所にただ座ってはおらず、多くの時間は各国から各国へと往来していた。国連の各種機関は相互に助け合うもので、世界銀行が私を韓国に派遣すると、国際連合開発計画（UNDP）はイランに派遣するといった具合で、このように海外出張の頻度は相当に高くなった。数え上げてみると、私は五大陸を踏破し四十数カ国を訪問している。

息子の澤行が小学校五、六年の頃、私が米国の家から明日はインドネシアに飛ぼうという時に、子供にも分かりやすくこのように話した。「パパはもうじきインドネシアに行くんだ。そこにはパパが教えてあげる人がいる」。澤行は眉に皺をよせて聞いた。「変なの。何で飛行機の切符のお金を出して、そんなに遠くまで教えに来て貰いたいの？　インドネシアには教える人がいないの？」。息子がもっと年上の大学生だったら、パパの仕事は各国を巡回する経済顧問だ、と別の言い方をし

ニューヨーク・マンハッタンの国連本部には２つの建物があり、弧を描いているのは総会が開催される会議棟、高いビルは事務棟。

た所である。

実際、台湾も国連の顧問にずいぶん助けられている。李国鼎元経済部長の著書『私の台湾経験』にも、国連開発計画（UNDP）が六〇年代に台北の都市開発計画を立案し、米国人モンソン顧問が蒋介石夫妻に面会したことについて書いている。もう一人の国連顧問の博士も高雄の輸出加工区を三カ月間調査してから七項目の提案を行っている。

だが、台湾は一九七一年十月に国連を脱退し、国連顧問もいなくなった。国連は加盟国で構成されており、加盟国においてしか勤務できないからである。

フィリピンで開発途上国の経済発展とは何かを考える

国連は「地域開発センター」を名古屋に設けることを決めた。それは一九六〇年代の日本が地域開発の華々しい成功例だったからである。

戦後日本の歌謡曲には、故郷を離れて東京に出て来た心情を歌うものがとても多い。一九六一年の台湾で流行った台湾語の歌「お母さんも体を大切に（媽媽請你也保重）」も、「僕も知らない都会にやってきた」、寂しいけれど「僕も頑張るから、お母さんも体を大切に」、寒い時には薄着をしないでくれ、と歌っている。日本の東北地方の若者も同じであり、歌の中には今日は卒業式、明日は汽車に乗って東京に就職に行く、汽車が東京に着くと降りるのはいつも上野駅だ、上野駅の時計を見るたびに、故郷を離れて上京し、頑張って働いた昔を思い出す、と唄うものがある。

人口が急速に東京に集中すると同時に、日本の輸出はまさしく高度成長を遂げていた。池田勇人首相は経済学者の大来佐武郎を経済企画庁の総合企画課長とし、「国民所得倍増計画」を策定した。池田は彼に、国民所得を倍増させるにはどうしたら良いか諮問した。大来の示した基本的な方針は、国民所得を倍増するためには工業インフラを四倍増とする必要がある、というものだった。その後七年内に日本の国民所得は倍増したが、その一方で国民所得の分配上の較差も拡大した。池田内閣はさらに「拠点開発計画」を策定、二〇カ所の拠点を指定して集中投資を行い、隣接地域にも経済発展をもたらした。

国連地域開発センターはアイデアを支援し、アジア諸国が日本の経験に学べるかどうかを検討していた。すでに各国を巡回していた私にはどの政策もよく理解できるものであり、各々について自分の案を示した。

一九七四年、私は初めてアジア業務の担当となり、フィリピンに飛んだ。フィリピン政府はマニラから約四百キロ離れたビコル地方の開発を望んでいた。これがうまく行けば、フィリピン自身の手でビコル方式を他地域の開発に応用できるわけである。

自動車に乗って飛行場を出ると、その路上で私は少なからず驚いた。信号のたびに何人もの子供が窓に寄ってきては物乞いをしてきた。十何歳かの娘が背中に子供を負ったまま煙草を売っており、しかも一箱でなく三本ずつを抜き出していた。トウモロコシ二本を手にしている子供もおり、商売の規模も子供自身も小さいのが何とも哀れだった。脇にあるバスの乗客が子供たちから物を買う様子も目にしたが、煙草一本、トウモロコシ一本という買い方だった。目の前の光景を見ているうちに、不公平感が胸中に湧き上がってきた。昔のロンドンでは十歳の子供の労働環境が劣悪なのに、貴族がこれに手を差し伸べることもなかったことからマルクスの経済学や共産党が出現したのである。

その頃のフィリピンにはまだ共産党がいた。彼らは赤旗を高く掲げて毛沢東思想を信奉し、自らの軍隊を保有してゲリラ戦を展開し、マルコス大統領の政府に反対するというよりも地主に反対していた。フィリピンの土地配分の不均衡は甚だしく、現職のアキノ大統領の一族のサトウキビ畑には、その当時で六万人の小作農がいた。そして私が向かっているビコル地方の六県中の二県の知事が兄弟であり、県全体の八割が彼らのファミリーの所有だった。

ビコルは最貧困地域で共産党も最も多く、私が向かう場所も危険がないとは言えなかった。そのために私の乗るジープにも大きな国連の旗を掲げねばならず、それも共産党の誤認攻撃を防ぐために高々と掲げる必要があった。

揺れる道を一路辿って目的地に着き、予定のホテルに入った。県知事が私を食事に招待してくれて、その晩は県知事も同じホテルに泊まった。翌朝、景色を見ようとして最上階まで行くと、衛兵が銃を取ってやって来た。県知事は共産党による暗殺を恐れて私兵を抱えていた。それは昔の中国の農村と同様だった。

県知事と話をするうちに、恐ろしい気分が募ってきた。彼の話すところによると、県内には島があり、台風が年に十数回襲来する。台風が来ると役所が金を出すが、それは土地の大部分が彼の所有だからであり、補助金も彼のふところに入るという。彼は自分の利益にしか関心がないようだった。例えば私が国連には農業経済の専門家がいるとか、どの地域がコーヒーを植えるのに適しており、どの地域は稲作が適するとか、道路はどのように通し、村落間の交通をどうすれば良いかとか、六県の経済が発展すれば土地価格が上がるとか、六県は一つの盆地なので中心点にどこを選び、選定後は周辺の土地価格がどのように上昇するか、等々をひと頻り説明し終わったところ、これを聞いていた県知事は、「あなたが何を植えるんだって？　これは私の土地ですよ！」と聞き返すだけだった。

この県知事は地方の領主にほかならなかった。私がまた聞いた所では、彼は権力を保持するために、選挙の開票前に無理やり空港を閉鎖し、中央から開票の監督に来られないようにしているという話だった。

社会のごく上層に位置する役人や地主に比べると、フィリピンの農民はみな裸足であり、男性は時に台湾の原住民と同じように腰に山刀を差し、女性は顔にベールを掛けていて、みな敬虔なキリスト教徒だった。どの小村にも非常に綺麗な古い教会があり、農民は朝起きるとまず教会で祈りを捧げてから畑仕事に向かった。スペインによるフィリピン植民は三百年の長きにわたっており、フィリピンの農村にはスペインの荘園制度の生活様式がそのまま残っていた。昔のスペインの荘園では地主が女性の初夜権を持ち、フィリピンの地主も同様で、当然のことと考えられていた。

後にマニラが発展すると、大学に進学し左翼思想に触れてから故郷に戻った者は、地主の専横を打ち倒すには革命の外にないと考え、貧乏人を煽動し、農村は戦乱に陥った。

私が自分でフィリピンに行って深く感じ、そして悟ったことは、いわゆる経済発展とは貧窮者を救済する手段だ、ということだった。世界経済は不平等なものだが、先進国で学び得た自己の専門的能力を開発途上国に捧げることができるということに、私は非常に人生の意義を感じた。

私は毎回二、三週間の期間でフィリピンに何度も足を運び、実際の会話を通じて理解したことのほかに、二百冊以上の必要な資料を蒐集して名古屋に戻った。私は東南アジア各国で地域開発を担当する専門家二十数名にグループを作ることを依頼し、フィリピン・ビコルの地域開発計画書を作成した。再びビコルへ戻って計画をいかに実施するかを現地の役人に説明し、実際上の困難を把握してから計画書を修正し、フィリピン政府に提出した。

これらの専門家は国連に属していたわけではなく、東南アジア各国で地域開発を担当していた専門家で、私が養成コースを企画して日本に招いた人々だった。彼らは経済専門家、ソーシャルワーカー、医療や農業分野の公務員、土木工学の専門家などで、自分の狭い仕事ばかりを考えることなくお互いに協力し、自己の見方を頼りに自分の仕事を行えることに重点を置いた養成が行われた。地域開発とは、全体の目標を達成するためにあれこれと調整する芸術だからである。

養成コースの第一回目はフィリピンを例として演習を行った。フィリピンがテーマのため、同国政府はこの機に自国の地域開発の専門家を養成しようとして養成コースに一〇人を派遣してきた。

一九九五年二月二七日第三種郵便物認可　二〇一六年二月一五日発行（毎月一回一五日発行）

月刊
機
2016
2
No. 287

四・三事件後に日本に亡命以来、日本と朝鮮半島の間で生涯の大半を過ごした金時鐘の語る言葉とは

金時鐘氏、大佛次郎賞受賞

――『朝鮮と日本に生きる』（岩波新書）で――

大佛次郎賞受賞講演の金時鐘氏

今年度の大佛次郎賞に、金時鐘氏の『朝鮮と日本に生きる　済州島から猪飼野へ』が選ばれた。四・三事件後の四九年に日本に亡命以来、七〇年近い歳月が流れる。その重い、辛い、過去を、この書に初めて書き込んだ。選考委員一同は、この氏の思いに深く心打たれたのだろう。

戦後七〇年を経ても、今なお緊張が続く日本と朝鮮半島。その間《はざま》で、生涯の大半を過ごしてきた金時鐘氏の語る言葉は、われわれに一言一言重く突き刺さってくる。小社から、今五月、氏の作品集の刊行がはじまる。

編集部

発行所　株式会社　藤原書店©
〒一六二-〇〇四一　東京都新宿区早稲田鶴巻町五二三
電話　〇三・五二七二・〇三〇一（代）
FAX　〇三・五二七二・〇四五〇
◎本冊子表示の価格は消費税抜きの価格です。
編集兼発行人　藤原良雄
頒価　100円

● 二月号　目次 ●

「素朴さ」について
――詩を書く者として思うこと――

金時鐘

詩を生きることの素朴さ

社会変動を指してよく言われる「歴史の曲がり角」とは、のちの世の識者たちが振り返って思いみる時代区分の抽象的な言い方だが、安保法制関連法案を強行採決させてしまった目下の私たち、平和憲法下で暮らしてきた日本の国民や住民たちは、抽象でも観念でもなく実感をもってまざまざと、戦後の日本が戦前回帰へ向け急カーブを切って折れ曲がっている状《さま》を目のあたりにしている。

ノアの洪水を思わせた東日本大震災のときもその思いをつよくしたものだが、現代詩と言われてきた日本のこれまでの詩の在りようはいよいよもって、破綻を余儀なくされている感がある。観念的な思念の言語、他者とはあくまでも兼ね合うことがない、至ってワタクシ的な自己の内部言語、そのような詩が書かれるいわれが根底からひっくり返ってしまったのだ。

人知の驕りをもひっぺがして余りあった東日本大震災を経て、とみに考えさせられていることは詩を生きることの素朴さについてである。「素朴さは詩人の単なる条件ではなく、詩人が詩人であるための『理論』である」とは、大先達の詩人小野十三郎の『詩論』のなかの言葉であった。私は簡明に演繹して、その素朴さとはいささかのひけらかしもない思考の表出だと思っている。

日本の現代詩が長い間、読者を拡げられないまま押し込められていったのは、インテリでなくてはならないかのような、知的思念をひけらかしたその虚飾性にある。自分の知識をひけらかすところからは実感は生じない。私にはこの実感の形象こそリアリズムである。

飾ることから自らを律する意志力

ポール・ヴァレリーといえば年月はたしかに前世紀の詩人に押しやってはいるが、詩人の思想や言い分を果物の栄養価にたとえて「作品の中にかくされていなくてはならない」と言った彼の詩論は、今もって衰えを見ない。リンゴならリンゴの栄養価というものは果肉の中に分解してかくされているものである。人はいちいち栄養価を算出して食べているのではなく、それが「リンゴ」であるから食べているのである。詩における詩人の思想とその働きもまた、そのようなものだとヴァレリーは言っているのだ。

▲金時鐘氏（1929-　）

　詩の内容や様式を大衆からかけ離れたところで観念化複雑化させてしまうのではなく、自分もまたその他多勢のなかの一人であることを自覚し、その「大衆」に詩がにじり寄り、詩を詩本来の単純さに高めていくためにはひけらかすことの一切を取り払うだけの素朴さが、詩人の資質として回復されてこなくてはならないと改めて思うのである。

　飾ることや当てこむことや、権威、時流になびくことから自らを律することができる意志力があって、素朴さは発揮される。複雑さが単純化されるのは、その素朴さがあってのことだ。日本の短詩型文学をひたすら席捲している短歌、俳句に詩が拮抗するためにも、素朴な資質と詩の単純化は、現代詩に関わる者の急務の関心事であらねばならない。

　大震災以後の、そして安保法制法案がまかり通りはじめている日本の現状に即して、詩人もまた戦前回帰の時代風潮に逆らう、意志的な参与者であらねばならないとつよく思うのだ。

（キム・シジョン／詩人）

『わたしの名は紅』などでわが国でも知られるノーベル文学賞作家の最高傑作、ついに完訳

謎に満ちた『黒い本』をめぐって

鈴木麻矢

パムクの最高傑作

『黒い本』はオルハン・パムクの四作目の長編小説である。失踪した妻を探す男の絶望的な愛の彷徨を、イスラム神秘主義的説話を織り混ぜつつ描いた美しい作品で、本書をもってオルハン・パムクの最高傑作であるとする熱狂的なファンは多い。昨年はその出版二十五周年を記念し、トルコでは「二十五周年バージョン」が発売された。

難解な謎に満ちた本書が、世に出た数年後に出版された「論説集」も、いまだに版を重ねているほか、出版後二十余年を経て、満を持した形であらゆる情報を網羅した『黒い本の秘密』なる完全読本まで登場している。

最初に出た「論説集」では、イギリス人評論家が「この小説はフランス人が愛し、スウェーデン人が賞を与えるだろう」と書いているが、パムク本人によるとこの予言は十二年後、どちらも的中した。「四十以上の外国語に訳されたこの小説は、トルコ人を除いては、最もフランス人に愛され(最優秀外国文学賞受賞)、ノーベル文学賞受賞時の審査員長は、最も強くこの小説の影響を受けたことを明かした」そうである。確かにパムクの授賞理由、「生まれ育った街に漂う憂愁の魂を追求し、文化の衝突と融合を表現する新境地を見いだした」との賞賛は、この作品にこそ相応しい。

国際的評価もさることながら、この愚直な純文学小説が四半世紀後もなお、トルコ国内でかくも愛され、新たな読者を獲得し、真摯に読解が試みられていることと自体が驚くべきことである。「読まずに死ねるか」「無人島に持っていきたい唯一の生活用品」「母国語でこの本を読めたことが人生最大の幸福」などと、口々に絶賛する愛読者たちのなかには、別のパムク作品『新しい人生』に登場する、「一読で全人生が変わる書」とはこの『黒い本』を指す、と信じている者すら居る。

二十二年前に日本で紹介

本書は日本でも、「現代トルコ文壇に次々と話題作を発表している新進作家」の最新作として、トルコ文学に造詣が深い外交官、山中啓介氏による端正な抄訳により紹介された。トルコでの『黒い本』出版から四年後のことである。これはおそらく日本におけるオルハン・パムク紹介の嚆矢であったことだろう。私自身が

▲オルハン・パムク(1952-)

「オルハン・パムック(当時はパムクではなかった)」という作家を知ったのも、その著作の片鱗を垣間見たのも、この書評によるものであったと記憶している。題して、「迷路を徘徊する『目』」。

――海峡の蒼黒い深み、折り重なる丘陵、そしてモスクの円屋根と尖塔にかたちどられたイスタンブル。文明と文化が幾重にも層をなす、くすんだ町並みのなかを縦横に交差する街路を抜けて、無数の記憶を秘めた時間と空間を徘徊する「目」が探し求めるものは?

物語の核となる人物はガーリップ、若い弁護士である。ガーリップの従姉妹、そして妻であるリュヤー(「夢」)が突然に姿を消す。ガーリップの従兄、リュヤーの異母兄弟、そして著名な新聞コラムニストであるジェラールも、しばらく行方不明のまま、しかもコラムは掲載され続けている。ジェラールの文章が織りなす異形の世界に魅き込まれていくガーリップは、ジェラールがリュヤーとともにいることを予感しながら、ジェラールの足跡を、リュヤーの記憶に重なる数多の街角を、イスタンブルを歩き回る。ガーリップの「目」はジェラールが生き、そして創造した世界に交錯する――

(『イスタンブル・海峡はコスモポリタン』PARCO出版、一九九四年、所収)

奇想天外なコラムの吸引力

『黒い本』では、ガーリップを主人公とした主軸ストーリーと、それを補完する新聞紙上の「ジェラールのコラム」とが巧妙に絡み合いながら交互に展開する手法がとられているが、やはり圧巻なの

英語版刊行時の反響

「推理小説という概念を覆す、めくるめく作品」
（『インディペンデント』紙日曜版）

「暗く幻想的な創作物の壮麗なる飛翔」
（パトリック・マグラス『ワシントン・ポスト』紙）

「驚異的な小説だ。エーコ、カルヴィーノ、ボルヘス、マルケスの最良の作品に匹敵する」
（『オブザーバー』紙）

はそれぞれ独立した珠玉の短編として読むことが可能な「ジェラールのコラム」である。家族小説のように穏やかに始まる第一章の後、突如その奇想天外なコラム連載が始まり、驚異の世界観が隔章ごとに花開く。トルコ全土に狂信的崇拝者を持つ天才コラムニスト「ジェラール・サーリック」なる架空人物の文章を構築し、その異常なカリスマ性を裏打ちするのは、やはりとてつもない力量を必要とするはずだが、ストーリーテラーとしてのパムクは、ジェラールの「超絶の個性」を見事に体現している。

蜂蜜漬けの生首、実母との接吻未遂、汚物だらけのエアシャフト、骸骨たちの狂宴、アンチ・クライスト、高僧の愛人《おとこ》、頓挫した軍事クーデター、発狂する皇太子たち、キャデラックに乗るムハンマド、魔性の王女の淫らな罠、毒舌三銃士、ドッペルゲンガー的偽総統、単眼巨人、帝都の救世主、カフカの城、雑貨屋の千夜一夜物語《アラビアンナイト》、眼球譚、密室に妹を誘う兄……。

中世から近過去までの、怪しい、妖しいイスタンブールの豊穣なる闇と夢想が華麗な筆致で描かれ、読む者を異世界の迷宮に惹き込んでいく。

誰もが抱える喪失の物語

それでありながら、この物語は、例えばロレンス・ダレルの『黒い本』のような、遠い異国の謎めいた奇書というだけではなく、「ろくでもない思い出ばかりの人生を生きる」我々の物語でもある。執拗に繰りかえされる「ありのままの自分になりたい」「別人になりたい」という矛盾した主題は、誰しもが抱える身近な悲願であるし、トルコに限らず、あらゆる非欧米国家は、多少なりとも惨めな「猿真似」による相応の文化喪失を経て成立しているし、最愛の恋人に理由もなく捨てられるとか、完全に信頼しずっと慕っていた人物に事もあろうに裏切られるという苦い体験も、極めて私的かつ普遍的なものである。装飾的な文章技巧や馴染みの薄いスーフィズムを貫き、こうした卑近にして強靭な主旋律が魂に響くがゆえに、読者は自分自身のリアルな物語として、「まるで自分が書いたかのように錯覚しながら」この本を愛することができるのだろう。

▲イスタンブール新市街から金角湾と旧市街を望む

近親相姦的な危うい愛の悲劇

勿論、その魂の震えはこの本に描かれる愛の形に感応するがゆえでもある。揺ぎ無い、不変の恋。現世の人間が誰も到達できない至高の偏愛が中流家庭の夫婦間に成立しており、なおかつ彼らが幼い頃から一つ屋根の下に住むいとこ同士であるという設定は、共に危うい。昨今、正常と認定されつつある同性愛と違い、依然として近親相姦や小児愛が「禁断の愛」であるなか（例えばインセストタブーの強いアメリカでは、二十五の州でいとこ婚自体が違法）、ガーリップ、リュヤー、ジェラールの近親相姦的な三角関係は否応なしに異彩を放っている。

作中で語られる通り、血族結婚は中東ではごく普通のことであるのに、我々の眼には、この要素が加わることで、彼らの関係性は平凡な夫婦愛や不倫の枠を超え、一種の神話性を獲得しているように映るのだ。ナボコフの『ロリータ』や三島由紀夫の『熱帯樹』、倉橋由美子の『蠍たち』で描かれた神々のユートピアに通じる世界がそこにある。

そして我々が本能的に察知、または期待するように、最終的にその不可能な愛は究極の悲劇に帰結し、永遠の愛は真に永遠となるのである。

（すずき・あや／翻訳家）

黒い本
オルハン・パムク
鈴木麻矢訳
四六変上製　五九二頁　三六〇〇円

従来の中国史の常識を問い直す、『清朝史叢書』第二弾！

海賊からみた清朝

――十八〜十九世紀の南シナ海――

豊岡康史

略奪を目的とする暴力集団

ユーラシア大陸の東の端に、その支配層であるマンジュ（満洲）の人びとがダイチン・グルンと呼ぶ王朝があった。漢文では大清《だいしん》と書き、歴史家はそれまでの中国王朝の呼び名（唐朝、宋朝、明朝《みんちょう》など）にならって清朝《しんちょう》と呼んだ。その清朝の時代、シナ海では、海賊が横行していた。彼らは十八世紀の末に現れ、十九世紀の初頭には姿を消した。

彼らは、十六世紀に活躍した国際武装商人であった倭寇《わこう》とは異なる、略奪を目的とした暴力集団だった。

日本語の本書を手に取った方が、「中国の海賊」と聞いても、あまりイメージは湧かないだろう。だが海賊（パイレーツ）という語ならどうだろうか。眼帯や鉤手《かぎて》などわかりやすい絵がたくさんある。何となくロマンがあると感じたり、あるいはソマリアやマラッカ海峡の海賊問題などが思い浮かぶのではないだろうか。

我々が「海賊」という語にロマンを感じたり、「海賊問題」というフレーズを思い浮かべたりする理由は簡単である。西欧的な価値観に浸り切っているからだ。

海上交通路の障害となる海賊の存在は、十九世紀以来の西欧主流の（そして現今の世界経済における主流の）経済思想である自由貿易思想の敵であるから、その存在は国際協調によって解決すべき問題とされ、時に「人類共通の敵 Hostis humani generis」と呼ばれる。二〇〇八年以来、日本の自衛隊が、国際海上合同部隊に参加してソマリア沖で海賊対策に活動しているのも、この文脈のなかで理解するとよい。

ロマンの源のほうはもうすこし複雑かもしれない。『ロビンソン・クルーソー』でも有名なダニエル・デフォーがジョンソン船長の筆名で『イギリス海賊史』（一七二四年）において、海賊たちは「民主的」で「自由」な組織を持っている、と描いたこと、その海賊たちが狙ったのは新大陸で産出される金銀というわかりやすい財であり、そのことがロバート・スティーヴンソンの冒険小説『宝島』（一八八三年）でクローズアップされたこと、などがきっかけであった。その後、二十世紀初頭のディズニー映画『ピーター・パン』のフック船長、あるいはハワード・パイルの魅惑的なイラストによって、そのイメージは決定的となった。七つの海をまたいだヨーロッパ的な「正しさ」を体現し、財宝を狙う男たち。それがロマンの源泉である。

だが中国の海賊は、漢文の文学や各種芸術において、このようなロマンあふれる存在としての扱いを受けたことはない（じつは英語世界ではまったく知られていないわけではない）。漢文の記録をひも解いても、活動が海の上であったことが特別問題視された様子もない。彼らはたんなる海の上の「盗賊」であった。とすれば、古代から漢籍に長く親しんできた日本語話者が、彼ら中国の海賊についてのイメージを持たないのは、至極当然であろう。

▲清朝が使用した木造の大型船

本書では、海賊問題を手がかりに、清朝の沿海の歴史を語る。

海賊が〝活躍〟した時代

十八世紀最後の一〇年と十九世紀最初の一〇年、清朝は海賊問題に頭を悩ませていた。おそらく中国史の、とくに清朝沿海域をフィールドとする専門家以外には、このことはあまり知られていない。

十八世紀末から十九世紀初の二〇年間といえば、ヨーロッパではフランス革命、ナポレオン戦争と続く、英仏対立を軸にしたヨーロッパ動乱の真最中。日本は文化文政時代の爛熟《らんじゅく》のただなかにあり、ロシアからのたびたびの使節来航や、あるいは英国艦船の長崎港闖入《ちんにゅう》、すなわちフェートン号事件（一八〇八年）など、国際環境の変化を感じ始めるころであった（このフェートン号事件は、じつはあとで清朝の海賊問題に関わってくる）。世界史の教科書的にいえば、清朝は十八世紀後半の乾隆《けんりゅう》帝統治下での「盛世」と呼ばれる時代を過ぎ、白蓮教《びゃくれんきょう》反乱の鎮圧に忙殺され、その後のアヘン戦争に向けて衰亡への道を歩み始めた、とされる時期である。

一七八〇年代末から問題視されつつ

あった海賊の活動は、まさに乾隆帝が翌年の退位を準備し始めていた乾隆六十(一七九五)年初頭に本格化した。安南《あんなん》(現在のベトナム北部)に拠点を持つ海賊集団が、突如広東《カントン》、福建《ふっけん》、浙江《せっこう》沿海に現れ、航行する船舶、沿海集落を襲撃し、鎮圧に現れた清朝水師《すいし》(水軍)をしばしば撃退したのである。清朝沿海の地方政府はあわただしく対策に乗り出した。浙江省では、少壮の巡撫(省長官)である阮元《げんげん》と提督(省軍事司令官)李長庚《りちょうこう》の指揮のもと、ベトナム海賊と対峙《たいじ》し、台風に乗じてこれを打ち破った。この事件はその後、「神風蕩寇《じんぷうとうこう》(神がかった大風による海賊掃蕩)」と呼ばれた。その後、ベトナムで内戦を経て清朝に友好的な政権が発足すると、海賊がベトナムに逃げ込むようなことはなくなった。だが、海賊活動はさらに活発化した。

福建、浙江では蔡牽《さいけん》という男が「鎮《ちん》海威武王《かいいぶおう》」なる称号を名乗って、海賊を率いて清朝相手に丁々発止の戦いを続けた。時に台湾に上陸し、台湾府(台湾の行政の中心地。現在の台南)を包囲したこともあった。蔡牽は、清朝水師の司令官李長庚と同じ福建省同安《どうあん》県の出身だった。李長庚は蔡牽との戦いのさなか、流れ弾を受けて戦死し、その後、李長庚の旧部下の活躍によって蔡牽は居船の自爆に追い込まれた。李長庚は清廉潔白で有能な男だった。彼が戦死したのは、彼の活躍をねたむ福建当局の妨害が原因だ、とされた。つまりは海賊問題は、当時の官僚腐敗のもたらした災厄の一つである、とも観念されていたのである。

広東では、鄭一嫂《ていいっそう》という女が率いる海賊集団の横行に、注目が集まっていた。彼女の本名ははっきりしない。鄭一《ていいっ》という、ベトナムから広東にかけての海域で海賊をしていた男の未亡人(「嫂」とは漢文で目上の既婚女性を指す)で、夫の旧勢力を率い、部下の張保仔《ちょうほし》という美少年を後夫としていた。彼女は、清朝広東当局との交渉の末、清朝に投降し、清朝水師の一員として、ほかの海賊集団を撃滅した。のちに欧米の文筆家は、彼女を「美しく強い女性」として描いた。そのため、欧米では奇妙なほど中国海賊について知られている。なお、漢文史料には彼女の容姿に関する記述はまったくない。

鄭一嫂が清朝に降り、主要な海賊集団が消滅したとされるのは、一八一〇年のことであった。乾隆帝の跡を継いだ嘉慶《かけい》帝の年号を取って、この一連の海賊問題は、嘉慶海寇《かいこう》の乱と呼ばれることもある。同時代の内陸部で発生していた白蓮教反乱と並んで、当時の清朝の斜陽を示す事例の一つとされ、一八四〇年に勃発するアヘン戦争の前史に登場することもあった。

倭寇との違い

中国の海賊といえば、「倭寇《わこう》」を想像される向きも多いだろう。だが、冒頭にも記したように、倭寇と清朝の海賊は、その性質をまったく異にする。では何が違うのか。

「倭寇」とは、十四世紀中ごろから、朝鮮半島沿岸あるいは長江下流沿岸地域（江蘇、浙江付近）で活動した、おもに九州から来る武装集団を指す語であった。西日本・朝鮮南部・長江下流域を結ぶ貿易を中心とするその活動は、十四世紀末には終息へ向かう。明朝が成立し（一三六八年）、李氏《りし》朝鮮が成立し（一三九二年）、さらに日本で南北朝合一（一三九二年）に伴い足利政権が強い影響力を持つようになると、明朝、李朝、足利政権が貿易を管理、独占するべく、取り締まりを行ったからである。これらを総称して「前期倭寇」と呼ぶ。もともと九世紀ころには、日本を含む東アジア海域各地を結んだ貿易が盛んになっていた。「前期倭寇」は、既存の貿易活動を管理しようとする十四世紀後半の新興勢力との対抗によって生まれたもの、といえるかもしれない。要するに「倭寇」の背景には、その最初から国際貿易があったのである。

「後期倭寇」は商業的な利益とさらに密接に結びついていた。その内実は十六世紀に活躍した日明武装商人である。倭寇出現の背景には、日本での銀の大量生産と、明朝の強力な銀需要による銀の奔流があった。

（後略　構成・編集部）

（とよおか・やすふみ／信州大学准教授）

『岡田英弘著作集』第七巻刊行。［附］年譜／全著作一覧　第七回配本。

歴史家のまなざし

岡田英弘

「わかりやすく説得力のある文章」

本書『歴史家のまなざし』は、これまでのようなテーマ別の巻とは違い、さまざまなメディアに一九七〇年代から発表してきた時事評論、随想、旅行記、書籍の解説、書評などを、内容ごとに分類して収録している。最後に、私の年譜と著作目録が付いている。

本書は学術的ではない軽いエッセイも多く含む。私はじつはそれほど熱心に他人の本を読む人間ではないが、もちろん頼まれれば東洋史関係の書評をしたし、一九八三年には『世界日報』の書評委員もしていたので、時期に偏りはあるが書評もかなりの数が集まった。

その他の随想や旅行記については、専門からかなり離れたことも論じている。一時、私は「論壇の寵」とまでは行かなかったけれども、「学者くさくない、わかりやすく説得力のある文章を書く」と文藝春秋の何かの雑誌でほめてもらったほど、執筆依頼が殺到した時代もあったのである。

幅広い自由な発言

「第Ⅰ部　家族論・女性論」は一九八〇年前後に発表したものだが、私としてはめずらしく、女の問題や家族について、専門のシナ史を根拠としながら正面から論じている。

「第Ⅱ部　時局を論ずる」は、『諸君！』『月曜評論』などに掲載された時事評論のなかで、これまでの巻の諸テーマに分類しきれなかったものを再録している。つまり私は、専門としている分野だけでも、シナ史から始まって、古代日本・朝鮮・満洲・モンゴル・チベット・中央アジア史と、他の人に比べて相当広いのだが、それ以外のことについても、ずいぶん自由に発言してきたことが、本書を読めばおわかりいただけるだろう。

「第Ⅲ部　人物評伝」は、本書のなかではやや学問的な部分と言える。「二つの文化に挟まれた人、陶晶孫《とうしょうそん》」は、東洋史の先輩で私が尊敬する市古《いちこ》忠三《ちゅうぞう》先生の退官記念論集に寄稿した論文なので、学術的でかなり固い文章である。

「第Ⅳ部　紀行・随想」が、本書でもっとも学者らしくない部分ではないかと思う。とくに最初のニュージーランド紀行は、今から四十年以上も前のものであり、そのあと現地を訪れる機会は二度と来なかったから、私が見聞きしたことはもはや時代遅れになっているかもしれないが、四十代に入ったばかりの若い私のジャーナリストばりの見聞録が、われながらユニークである。そのあとの随想も、本業を離れたエッセイ集になっている。

▲南モンゴル出身の歴史学・政治学者、ジャクチト・スチン氏（右）と岡田英弘氏

ただし、第Ⅳ部の最後に収録した、ロシア人艦長ゴロヴニンが長崎に持参したロシア皇帝の国書の満洲語副本の日本語訳は、きわめて学術的な仕事である。この満洲語の写しを樋口一葉の父親が所蔵していたことも新発見であったが、二〇〇六年にドイツのハラソヴィッツ出版社から刊行された、著名なイタリア人満洲学者ジョヴァンニ・スターリの記念論集に寄稿した、私自身の翻訳による英語論文は、世界の満洲学界において高く評価されている。

かつての自分の仕事がこのように新たな装いでふたたび日の目を見ることになったのは、よほど前世の因縁がよかったのではないかと感謝している。

（構成・編集部）

（おかだ・ひでひろ／東京外国語大学名誉教授）

篠原三代平、宇沢弘文、青木昌彦ら日本を代表する経済学者とも親交。

台湾と日本のはざまを生きて

——世界人、羅福全の回想——

羅福全

人生の三分の一を日本で

人生を振り返ると、私は三分の一の歳月を日本で過したことになります。

私は小学校四年生の時に埼玉で終戦を迎えました。東京は焼野原で食糧難であり、闇市の米で炊いた白い御飯が忘れられません。翌年二月、今も横浜港に停泊している氷川丸で台湾に引き揚げました。一九五八年に台湾大学を卒業した時、台湾では戦後初めての国外留学ブームが起こり、私は一九六〇年に早稲田大学経済研究科に留学しました。安保闘争の真最中で、校庭の大隈公の銅像には反米、反政府のプラカードが掛かっていました。当時の台湾は戒厳令が布告されており、三人以上の集会は政府の許可なしでは逮捕投獄される時代でした。「日本は自由な国だ」と目覚めた私は帰国を断念し、自由を求めてアメリカに渡り、その翌年の一九六四年に中華民国のパスポートを放棄、一九九二年に李登輝総統が我々に帰国の許可を出すまで三十数年間、台湾に帰れぬ身となりました。

七〇年代に国連職員として日本に赴任した時は、国連のパスポートで入国しました。当時、日本は高度成長期を迎え、池田首相の所得倍増計画は七年間で達成されました。その経済成長を支えた「拠点開発」(Growth Pole)の実例として、私は岡山県の水島コンビナートを国連のレポートにまとめ、アジア各国の地域開発担当者を岡山に招きました。現地では県庁の代表、企業側の代表と漁民代表をまじえて国際フォーラムを開きましたが、その場では汚染に反対する漁民が激しい論争を起こし、私は経済成長と環境問題をいかに両立するかが問題となる時代を迎えた思いが致しました。

九〇年代に東京の国連大学で一〇年間勤務した時には、日本は世界第二の経済大国となっており、当時の橋本首相は、ブラジル・リオの地球環境首脳会議で、日本が地球環境で世界に貢献してゆくと宣言しました。私も日本政府や民間財団の多大な支援を受けて、国連大学で国際会議を開催し、国際的な協力ネットワークによる地球の持続可能な発展と環境問題の研究に従事し、日本の学界や専門家の参加を得ることができました。

台湾では李登輝総統による民主化が開花し、二〇〇〇年には戦後初めて、国民党に替わって民進党の陳水扁氏が総統に選出されました。私はその時に台湾駐日代表に任命され、三十数年ぶりに中華民国のパスポートで東京に赴任しました。

七〇年間にわたる歳月において、私は戦争中の伊豆「船原」での学童疎開に始まり、長い間日本社会の変動を共に経験し、相互に理解し合える日本の友人や学界・政界の方々との知遇にも恵まれました。今では日本を訪れるたびに、日本は自分にとって第二の故郷だとの思いが致します。

▲羅福全・元駐日代表
(1935-)

私が駐日代表を務めていた時、日本の世論調査によると、日本人にとって台湾が一番親しみを感じる国だとの結果が話題を呼びました。時を同じくして台湾でも、日本が世界で一番親しみを感じる国だという結果が発表されました。

一九九九年九月、台湾中部で震度七・三強の「九二一大地震」が発生した際、私は日本の専門家と現地の南投に赴き、第一線で懸命に活躍する日本の救援隊を見ました。二〇一一年の東日本大震災では、台湾は数か月で二百億円を超える義援金を日本へ送りました。その内訳は台湾政府が三億円のみで、残りはすべて台湾の街頭での少額の募金が積み上げられたものであることを知り、私は一般台湾人の日本人に対する思い遣りには、ほとんど奇蹟とも言えるようなものがあることに気づきました。

台日関係の歴史を振り返ると、そこには五〇年間に亘る日本による台湾植民統治という不平等な関係がありました。一方、近代化のプロセスを共にすることで、今日双方の国民が「互いに思い遣りのある」関係を築き上げてきたと思います。

アジアは今、新しい時代を迎えつつあります。日本と台湾の間には目下のところ正式な国交はありませんが、今日民主国家として共に肩を並べる両国は、アジアの平和にとっての重要なパートナーであります。私は台日関係の新しい幕開けを確信しております。(後略　構成・編集部)

(ら・ふくぜん/元駐日代表)

「福澤諭吉の処世」の訓を現代に証した一人の台湾人の物語」

「棄《すっ》るは取るの法なり」を生きた台湾人

渡辺利夫

故郷、台湾を離れ、世界に知のネットワークを張る

「浮世を軽く視《み》るは心の本体なり。軽く視るその浮世を渡るに活溌なるは心の働《はたらき》なり。内心の底に之《これ》を軽く視るが故に、能《よ》く決断して能く活溌なるを得べし。棄《すっ》るは取るの法なりと云《い》う」と『福翁百話』にある。〝大事に当たる時にはこれを大事とはみなさず、むしろ小事と捉えることにより、かえって大事に活溌に対処できる〟といった意味であろう。明治維新を挟んで前後三三年ずつの激変の時代を逞しく生き抜いた人生の達人、福澤諭吉にして初めて語りうる処世の訓にちがいない。凡庸なる私などには到底及び難い境地である。

羅福全の人生は、一面では、台湾の運命によって余儀なくされた不可避のものであった。しかし、他面では、国民党のブラックリストに載せられて安住の地を放棄させられ、母上逝去の報せを受けても帰郷できないという、普通の人間であれば呪うべき己の人生を、まるで逆手に取るように自在に操り、ついには世界に知のネットワークを張ることに成功した希有の人物である。

羅福全は日本の統治時代の台湾で教育を受け、後に日本と米国にわたりそこで自由と民主主義にめざめ、台湾の恐怖政治からの解放を要求する政治運動に身を投じた。ほどなくして国連の高位ポストに就任、国連パスポートをフルに活用して、米国最高のエコノミストの薫陶によって手にしたアカデミズムの実践知をもって、貧困国の開発に有効な政策的処方箋を次々と提供していった。

駐日代表時代は李登輝の訪日を実現

その過程で逢着した難題に立ち向かう羅福全の姿勢には、悲壮感がまるでない。むしろ「大事」の時こそ、余裕をさえ感じさせる対応をもって静かに相手国の指導者に接し、みずからよしとする処方箋を開発の現場で実践しつづけた。福澤の

処世の訓を現代に証した一人の台湾人の物語が本書である。物語に登場する世界の多くの指導者との交流に際してみせる羅福全の姿勢には、言葉は適切ではないかもしれないが、巧まざる「人心操縦の術」を感じさせる。羅福全という人物の中に潜在していた徳と志が、台湾の政治的運命と米国での学問的研鑽により、鬱勃とほとばしり出たのであろう。

李登輝による政治的民主化により帰国を許され、故郷に戻るやほどなく民進党・陳水扁政権が誕生し、陳水扁により駐日大使（台湾駐日代表）に指名された。この間、李登輝の訪日を実現すべく、羅福全が培ってきた日本の政界人脈を巧みに用いて訪日実現にいたる過程を描く本書の一部など、まるで優れたドキュメンタリー映画をみせられているかのような感覚に誘われる。

開発経済学を必死に学んでいた私の青春時代、羅福全は遙か仰ぎみる存在であったが、駐日大使に赴任された頃から私は引き寄せられるように羅福全に近づいていった。それからもう十数年が経つ。

多少は知っていた羅福全の人生が、これほどまで広大で深遠なものであったのかと改めて思い知らされ、深い感銘を覚えている。

（わたなべ・としお／拓殖大学前総長）

台湾と日本のはざまを生きて

世界人、羅福全の回想

羅福全著　陳柔縉編著　小金丸貴志訳　渡辺利夫序

四六上製　三五二頁（カラー口絵一六頁）　三六〇〇円

■台湾に生まれ、日本留学直後に開戦　*1935-45*

三歳で結婚を主催／丁稚から「経営の神様」になった王永慶の逸話／六歳で日本に留学　ほか

■恐怖政治下で過ごした台湾の学生時代　*1945-60*

初等中学二年生で憲兵に逮捕される／台湾美術界の巨匠、席徳進が美術の先生／台湾の友人が次々と拘束・検挙　ほか

■日米留学で自由と民主主義に目覚める　*1960-73*

東大で大石泰彦教授に学ぶ／R・ケネディに向かって台湾独立を叫ぶ／ノーベル賞受賞者クラインに師事／元学生運動家、生田浩二の死を悼む　ほか

■国連職員として世界各国を駆けめぐる　*1973-2000*

朴正煕大統領暗殺と光州事件に遭遇／中国の最高幹部出席のもと北京会議を成功／G7サミットに世界経済予測を提出／「京都議定書」起草に参加／「台湾」代表として各国首相の面識を得る／ヒギンズとの交遊／宇沢弘文と台湾を旅行　ほか

■駐日代表として台日の架け橋となる　*2000-07*

鈴木俊一都知事のもと、阿久悠と東京都顧問になる／国連事務次長を内密に訪台させる／椎名素夫の招待で、駐日アメリカ大使館に潜り込む／李登輝訪日は誰の功績か／台湾財界の巨頭、辜振甫との縁で日本の歴代首相と知り合う／数十年を経てようやく故郷に戻る　ほか

リレー連載　近代日本を作った100人　23

岩倉具視——米欧巡回の体験に基づく近代日本の創出

岩倉具忠

天皇像の構築

岩倉使節団の全権大使として米欧を巡回した際に具視《ともみ》が携えていたメモ帳が、一九八五年に九十九歳で死去した私の祖母桜子の遺した文庫のなかから発見された。その内容を要約すれば、欧米の文物見聞にあたって日本の欧化政策に伴い留意すべき諸点を箇条書きにしたものである。記述の対象は、政治・経済・法律・軍事・天皇・教育・鉄道・宗教・風俗と多岐にわたっている。

欧米の視察にあたって具視が設定した最大の目的のひとつは、日本の近代化に伴う皇室のあり方を、西欧諸国の政体を参考にしながら模索することであったと推察される。メモ帳にある「立君会議日本ニ当然タランカノ事」という項目の意味するところは、日本もいずれ立憲君主制のもとで議会を導入しなければならないということであろう。その数ページ前には、「議員ノ事　政体ノ事　君主云々三ツアリ　共和政事ノ弊」などの記述が見られる。実際この後死に到るまで、具視の関心事となったのがほかならぬ「立憲政体」の問題であった。なかでもそうした政体のなかで天皇の占める位置とその機能の問題であったことは間違いない。

メモ帳の「立君会議云々」の数行あとに記された「天皇ヲ人現(間)ノ頭タル事」の意味は、「天皇は人民の長である」ということであろう。いまでこそ平凡なコメントのように思えるが、アメリカで大統領と人民の関係を眼にして初めて、人間の最高位にある天皇という発想が出てきたのではないであろうか。それまでは、日本人民の「天子信仰」の対象としての超越的な精神的権威という天皇像はもちろん具視の視野にもあったと思われるが、それを、「為政者と人民」という形に置き換える発想の転換が必要であると感じたのではあるまいか。というのも、明治九年以降に具視らの意向で推し進められた天皇の地方巡幸こそ、「新しい天皇像」の構築にとって強力な手段であったと思われるからである。

京都への深い思い

岩倉具視の京都への愛着には、並々ならぬものがあった。もともと京生まれ京育ちの具視が、個人的には東京への遷都を喜ぶはずもなかった。しかし維新の変革に基づく政治には、全国の統一という大目標があった。そのためには関東東北の諸藩をも新しい政体に組み込むことが必要であった。東京への遷都もそのためにはやむを得ない方策だったのである。実質上政治の舞台が東京に移ってからも具視の望郷の念は変わらなかった。遷都以来衰退の一途をたどり、昔日の面影を失いつつあった京都への思いは、死を間近にした具視を捉えて離さなかった。明治十六（一八八三）年の五月、すなわち死去の二カ月前に具視は京都を訪れ、王政復古の原点である京都の復旧事業の実施に取りかかる。この入洛に先立ち同年の一月に、「京都皇宮保存」についての意見書を上申し、長年の懸案を実施に移そうと図っていた。意見書には三祭復興のほか行幸の折に開かれる宴会や外国貴賓の宿泊用に洋館と宝物館を御苑内に築造することなどが提案されている。百二十年を経て昨今ようやく実現を見た迎賓館の構想はその時からあったのである。「岩倉使節団」の団長として明治四（一八七一）年から六（一八七三）年にかけて西欧諸国を歴訪し、西欧人の歓待を受け、その懇切な応接ぶりに感銘を受けた旨を家族に書き送っているので、迎賓館の発想はそこにヒントを得たものに相違ない。

（いわくら・ともただ／岩倉具視の五代目の子孫、イタリア文学者、京都大学名誉教授）

▲岩倉具視（1825-1883）

京都に生まれる。堀河家から岩倉具慶の養子となる。29歳のとき孝明天皇侍従。朝権回復の策として公武合体を唱え、和宮降嫁に尽力し、幕府に攘夷の叡慮の実行を誓約させる。そのため佐幕派とみなされ、攘夷派に命を狙われ、文久2（1862）年帰洛後間もなく、岩倉村に蟄居。その間同士の公卿や薩摩藩士らと交わって国策を練っていたが、その才略が朝野に評価されて、慶応3（1867）年3月入洛帰宅を許された。大久保利通らと倒幕の秘策を立て、同年12月復飾、参内して、朝議を主導し、王政復古のクーデターを断行し、新政府の中枢となる。明治4（1871）年10月右大臣に就任するや、特命全権大使を拝命し欧米を視察し、6（1873）年9月帰朝。その時期西郷隆盛らの主張していた征韓論に異を唱え、国内整備の緊急性を説いて阻止。その後皇室制度の改革や立憲制度の創設に尽くし、近代天皇像の確立に努めた。明治16（1883）年に逝去。

（写真は1872年1月26日、ワシントン到着5日後に森弁務使館のゲストルームで撮影。）

連載　今、世界は（第Ⅱ期）11

戦争と国家の自己規定

小倉和夫

　昨年中国では抗日戦争七〇周年を記念するスローガンが各地で掲げられ、また記念行事が行われた。ロシアでも、反ファシスト戦争の勝利を記念する催しがあった。

　七〇周年という節目であるから、こうした記念行事が注目されても不思議ではない。しかし、昨今の中国、ロシア両国の動静を考えると、この時期に、大々的に、かつ、国際的行事として、こうした催しを行う意味が浮かび上がってくる。それは、内部に深刻な矛盾をかかえた両国が、あらためて、国の内外に大国としての威信を示したいと強く願っていることである。

　しかも、これらの現象の奥には、国家のアイデンティティ（自己規定）の問題がからんでいる。中国は、いまや、経済発展の結果、革命思想や社会主義思想を信奉することだけをもって自己規定しうる状態にはない。しからば、儒教なり、漢民族の伝統文化なりを国家の自己規定の中心におけるかというと、そこには、やはり共産主義と相いれない要素がある。抗日戦争勝利万歳であれば、他の主義主張と衝突しないですむ。

　ロシアにおいても、第二次世界大戦での勝利を国家の礎におくことによって、「民主主義国家と連帯しながら大国としての独自の道を歩む」ロシアのイメージを再びとりもどすことが出来る。何れの場合も、過去の戦争の勝利を、現在の国家の自己規定に利用している。

　他方日本は、第二次大戦における敗北とそこから生まれた平和憲法を国家の自己規定の基礎においてきた。その意味では、ここでも戦争は、国家の自己規定の基礎をなしている。

　勝者も敗者もともに、戦争を自己規定の基礎においている。しかし、戦争の主体が、国家もさることながら、特定の集団であったり、個人のテロリストであったりする時代において、かつての戦争を国家の自己規定と強く連動させることには、より慎重な態度で臨まなければならないのではあるまいか。

（おぐら・かずお／前国際交流基金理事長）

〈連載〉生きているを見つめ、生きるを考える ⑪

粘菌——多細胞化と知性

中村桂子

南方熊楠による研究で知られる粘菌。単細胞アメーバで、土壌の微生物を食べ、多核巨大細胞（変形体）になる。餌を食べ尽くして飢餓状態になるとナメクジ状になって移動し、その後胞子の塊とそれを持ちあげる柄からなる子実体をつくる。子実体から飛び出した胞子は環境がよくなると分裂しアメーバとなる。熊楠はそのライフサイクルを観察し、「動物ながら素人には動物とは見えず」と記述した。動物ではなくアメーバだが、現代生物学で見ても興味深い生きものである。二つの面を見てみよう。

一つは、時に集まって多細胞のように行動することである。子実体の胞子は生殖細胞、柄は体細胞であり、たった二種類で細胞の役割分担（分化）を見せている。多細胞化とそれに伴なう分化は、生命誌の中で重要な機能の獲得である。これがなければ、私たちのまわりの生きものは一つもいなかったはずである。生殖細胞と体細胞の分化は、個体は死に生殖細胞で次へとつなぐ私たちの生き方の基本を支えている。粘菌のＤＮＡを調べると、単細胞アメーバではたらいていた遺伝子三五〇〇個の四〇％は多細胞化と同時にはたらかなくなり、新しく三〇〇〇個がはたらき始めた。これほど多くの遺伝子のみごとなスイッチ切り換えを解明すれば、体づくりの基本が見えそうである。

もう一つが知性である。変形体には四つの光受容系があり、紫外線や青色光線は嫌う。糖・アミノ酸を好み、苦みは嫌いだ。嗅覚もあれば電流や重力にも反応する。全身が感覚器官なのである。このような粘菌を迷路上、すべてに広がった状態にしておく。そこで二つの場所に餌を置くと、四時間後行き止まりの路からは撤退し、餌につながる路だけに伸びていた。更に、餌までの距離が長い道から撤退し、一二時間後には二つの餌を結ぶ最短距離経路にだけ残ったのである。迷路を解いた粘菌。知性と呼ぶかどうかは別として、感覚・情報伝達・運動を一つの細胞で行なったことは確かである。

熊楠がこの話を聞いたらなんと言うだろう。

（なかむら・けいこ／ＪＴ生命誌研究館館長）

連載　ちょっとひと休み 35

■本と私 8

十五分の朗読

山崎陽子

　六十年前の宝塚音楽学校は、たった一年の修業年限だったから息もつかせぬほど盛沢山な時間割であった。（その後、本科、予科という二年制になり、学科はなくなって実技のみの授業になっている。）期末試験になると、限界ギリギリまで体力を使いながら、学科の暗記を両立させたことが信じられないが、手を伸ばせば届く距離に、輝く夢の世界があったからにちがいない。

　国語の授業に、十五分の朗読で聞き手の心をとらえ、感動を与えるという課題があり、誰もがなけなしの時間で手当たり次第に本を読み漁った。いつのまにか広告のチラシであれ、焼き芋を包んだ新聞紙であれ、活字が目に入れば読まずにはいられないという習慣が身についてしまった。

　そのうち、拾い読みした短いフレーズにたしかな手ごたえを感じ、題名さえわからない文章の僅かな手掛りや特徴から、本に辿りつくことさえできるようになった。もっとも辿りつくまでに想像がふくらみすぎてしまい、やっと突き止めた物語が、あまりに期待はずれだったり、時には怪しげな内容で朗読を憚られるものもあったりで、徒労に終わることも多かったが……。

　しかし、あるとき、学校帰りに買った熱々の焼き芋の袋に、皆の目がとまった。雑誌をバラして作った袋だから、中途半端な一節だったが強く心ひかれるものがあった。幸い冒頭部分なので、ケッセルの「昼顔」（堀口大学訳）とあり、容易に本を入手することができそうだった。

　焼き芋仲間で争奪戦が起こりそうだったが、なかなか手に入らず、卒業を控えて誰もが多忙を極め、いつか「昼顔」は忘れられていった。後年知ったのだが、当初その断章が新聞に掲載されるや、轟々たる世論をまきおこしたそうで、貞淑な人妻の娼婦性を仮借ない筆致で描いた傑作と評される一方、淫猥で春本まがいという批評もあるこの本を、焼き芋の袋の切れ端だけで、それも物語の冒頭部分だけで、なぜ娘たちがあんなにも心騒がせたのか。当時三十一歳のケッセルと訳者の手腕にほかならないが、教室での朗読むきではなかったと改めて思う。

（やまざき・ようこ／童話作家）

連載　女性雑誌を読む　94

山田たづ子
——『女の世界』48

尾形明子

山田たづ子

一九二一（大正十）年一号『女の世界』に、山田たづ子「私がM氏と別れる迄の偽らぬ告白——明るき光の中に立ちて」が載る。山田たづ（子）は一八九五年八月滋賀県大津に生れ、県立大津女学校卒業後上京。森田草平の門下となり、作家としての道を歩いていた。

生田花世とともに、『青鞜』を継いだ『ビアトリス』の編集の中心にいたことは、すでに本連載に細述した。私は長年『ビアトリス』廃刊の理由のひとつを、生田春月をめぐっての山田たづと花世のトラブルと思っていた。春月が播磨灘に身を投げた後、春月の弟と花世の編纂で新潮社から刊行された『生田春月全集』全一〇巻（三〇—三一年）の年譜には、一九一七年「五月、前年秋頃よりはじまりし山岡田鶴子（仮名）との恋愛のため家庭不和」とある。だから友人A氏に宛てて手紙体で語られた一四頁からなる手記に衝撃を受けた。山田たづの相手は生田春月ではなく、師である森田草平だった。

文中のMは森田草平、Hは平塚らいてう、恩師N先生の遺稿全集は夏目漱石の全集、SMの出世作XXは「煤煙」、「有名な社会主義者」TSは堺利彦——とあてはめると、大正文壇のある側面がパズルを解くように浮かび上がってくる。平塚らいてうとの塩原心中未遂事件後も、森田には妻、下宿先の踊りの師匠がいて、やがて山田たづとの関係が始まる。さらに翌年には、新たな女性との間に子どもが生まれる。すさまじい愛憎劇だが、手記を書くことで、たづはその渦中から抜け出そうとしたのだろう。

その後、山田たづは結婚してハワイに渡ったらしい。一九二八年一一月『女人芸術』一巻六号に加藤たづ子の名で「布哇《ハワイ》だより」を載せている。同号編集後記に長谷川時雨が「以前『ビアトリス』を発行してゐられた加藤田鶴子（旧姓山田）さんが、目下ハワイにあつて、大層本誌の為に力をつくして下さる事をもお礼申したく存じます」と記す。スキャンダルの中に消えた大正期文学少女の典型を見る。それにしても性格破綻者としか言いようのない森田草平が非難されることもなく文壇史に残っていることに呆れ果てる。

（おがた・あきこ／近代日本文学研究家）

Le Monde

■連載・『ル・モンド』紙から世界を読む　155

サンバーナディーノ

加藤晴久

昨年一二月二日、米ロサンゼルス市東方九〇キロ、人口二〇万人のサンバーナディーノ市の保健衛生課の職員約八〇人はクリスマスツリーが飾られたホールで歳末昼食パーティを開いていた。そこに、戦闘服、黒覆面の二人組が闖入、銃を乱射。死者一四人、負傷者一七人。逃走した犯人は四時間後、警官隊に射殺された。

アメリカでは二〇一五年一月一日から一二月一日の間に、死者四人以上の「大量射殺事件」が三五一件発生している。二日の事件も怨恨や精神錯乱などが原因の出来事かと思われた。

犯人は犠牲者たちの同僚、サイード・ファルーク（二八歳）とその妻タシュフィーン・マリク（二九歳）だった！

ファルークは両親がパキスタン出身の移民二世。地元の大学を出て、五年前、市職員になった。一日五回の礼拝を欠かさず、ラマダンには断食し、地元のモスクに通う忠実な信徒であり、控え目な人柄で、同僚との折り合いもよかった。二〇一三年と一四年七月にメッカ巡礼と同僚に告げて、サウジアラビアを訪れていたが、過激化した気配は一切なかった。

妻のマリクはパキスタン・パンジャブ地方の中流階級生まれ。サウジアラビア育ち。高校卒業後、帰国し、ムルターン市の大学で薬学を学びながら、女子向けのコーラン学院に通った。ムルターン市もこの学院もイスラム原理主義の影響が強いことで知られている。二〇一四年七月、インターネットの出会い系サイトで知り合ったファルークの婚約者としてアメリカに入国、結婚、一女をもうけた。しかしアメリカでの一年半、ほとんど人と交わることのない生活を送った。夫も妻もＦＢＩの厳重な警戒網から漏れていた。

主犯はどうやらマリク。彼女は出動数分前、フェイスブックで「イスラム国」（ＩＳ）首領への忠誠を誓っていた。だが、ＩＳが彼らにテロを指示した形跡はない（『ル・モンド』一二・四／五／七）。

日本でテロが起きるとしたら、ＩＳが直接関与した組織的・大規模なパリ型でなく、サンバーナディーノ型の一匹狼的単独テロなのではないか。

（かとう・はるひさ／東京大学名誉教授）

■〈連載〉沖縄からの声　8

異場の思想

川満信一

「異場の思想」と文字で記すと、鬼面人を脅かすような印象である。しかし「その人の身になって、ものを考える」と言い直すと、何だそんな常識かということになる。ところがこの当たり前のことが難しくなっているのが、現代の生活環境である。情報化社会になって、世界の事件・事故は即座に受信出来るし、意識や感覚もすぐに反応するが、掌を返すように関心は移ってしまう。車の運転でカーブを切った途端に、別の風景に反応しているようなものである。

事件・事故の当事者は、生涯その体験に拘束される。沖縄戦のとき、慶良間諸島で起きた集団自決（死）で、身内のものに凶器を打ち込んだ少年は、その記憶を処理するために宗教に頼り、償いの生涯を送るしかない。この集団自決は、慶良間諸島だけで起きた事件ではない。サイパンや他の島々でも決行されている。陸続きの大陸なら、イラクやシリアのように難民となって危機を逃れる術もあるが、島で追い詰められると、殺されるか自死しか道はない。

一九七〇年代に、この集団自決を手がかりに「共同体論」が論じられた。友人の岡本恵徳（故人）は、「水平軸の発想」を書き、島共同体の発想は水平軸に沿った遠近判断でその世界観を成り立たせており、集団自決（死）は、沖縄のすべての島で起こりうる可能性があった。自分がその極限的条件に置かれたら、身内を手に掛けたであろうという位置に立つことによってしか、この出来事は対象化できない、という意味のことを書いていた。

また、家永裁判（教科書裁判）で、この集団自決（死）は軍命によるものか、それとも島民の意志によるものかが争われた。屋嘉比収（故人）は惨劇を生き抜いてきた体験者に対する、「法による〝法〟の名を借りた暴力」だと批判した。ここには文学的実存思想と法的制度思想の両軸から論が進められている。東京から来たルポライターが「おれは死にたくないとなぜ逃げなかったのか」と疑問を投げた。またある作家は「軍命ではなかった」と証言した。いずれも「異場の思想」が試されており、「異場の思想」でしか問題は解けない。（かわみつ・しんいち／詩人）

一月新刊

もう一つの「ディアスポラの民」の三千年史

アルメニア人の歴史
古代から現代まで

G・ブルヌティアン
小牧昌平監訳　渡辺大作訳

ハチャトリアン、サローヤン、アズナヴールら優れた芸術家を輩出してきたアルメニア人。多宗教が交錯するコーカサスの地における、諸民族・諸帝国からの独立に向けた苦闘と、世界に離散した「ディアスポラ」の三千年史を一冊にまとめた、アルメニア史研究の世界的第一人者による決定版の完訳。

カラー口絵16頁

A5上製　五二八頁　八八〇〇円

琉球の八賢人が語り尽くす！

これからの琉球はどうあるべきか

藤原書店編集部編
（インタヴュー）大田昌秀
（座談会）安里英子＋安里進＋伊佐眞一＋海勢頭豊＋我部政男＋川満信一＋三木健（五十音順）

沖縄の賢人たちが、今後の日本と沖縄の関係について徹底討論。従属でもなく独立でもない道を探る。「日米開戦半年後、アメリカは沖縄の日本からの分離を決めていた！」（大田昌秀）

四六判　三四四頁　二八〇〇円

患者が中心プレイヤー。医療者は支援者

新版　患者学のすすめ
〝人間らしく生きる権利〟を回復する新しいリハビリテーション

上田敏
鶴見和子

リハビリテーションの原点は、「人間らしく生きる権利」の回復である。〝自己決定権〟を中心に据えた上田敏の「目標指向的リハビリテーション」と、鶴見の内発的発展論が火花を散らし、自らが自らを切り開く新しい思想を創出する！

A5変判　二四八頁　二四〇〇円

一月の重版より

帝国以後【アメリカ・システムの崩壊】
E・トッド　石崎晴己訳　[18刷]　二五〇〇円

文明の接近【「イスラームvs西洋」の虚構】
E・トッド＋Y・クルバージュ　石崎晴己訳　[4刷]　二八〇〇円

世界の多様性【家族構造と近代性】
E・トッド　荻野文隆訳　[8刷]　四六〇〇円

デモクラシー以後【協調的「保護主義」の提唱】
E・トッド　石崎晴己訳＝解説　[4刷]　三二〇〇円

歴史人口学と家族史
速水融編　[2刷]　八八〇〇円

白い城
O・パムク　宮下遼・宮下志朗訳　[3刷]　二二〇〇円

読者の声

石牟礼道子　詩文コレクション　色■

▼石牟礼さんの文章にふれる至福のひとときを、私は「凛の時間」と名づけています。

生まれたての赤子を、または齢人を目前にしたかのような感慨にひたり、未来、過去、そして現在に思いを馳せながら、瞑想に耽るのです。

美しいことばを丁寧につむぐためには、自然に対するこちら側の姿勢が問われているようにも感じます。そして、人間をはぐくむ——人間性を豊かにする——自然を、人間の手で無慈悲に破壊し続けてきた現実をつきつけられるたびに、胸が張り裂けんばかりの痛みを感じるのです。

石牟礼さんの文章からにじみだす自然へのおもい、畏怖、なまめかしい生にまつわる色彩のすべてが、現代合理主義によって遠い場所へ追いやられただけではなく、強奪され、取り返しのつかない事態であるというあたりまえに気付かせていただきます。商業主義の好餌になっている自分を取り戻すことと、自然回帰とはシノニムであると知るのです。

> 木肌の繊いきめが、しろい苔の斑点におおわれてくるのは、三百年経ってからであろうか。千年経ってからであろうか。

貴書の読者であることを心より嬉しく思うのです。

（南仏　**ガラベバーバサット　マユミ**　45歳）

心の平安■

▼登場人物、景色、音楽、すべてが生き生きと描かれている。主人公のミュムタズは、幸福と苦悩のはざまで揺れる。空想家で、思索にふけりがちで、行動力に欠ける彼に、日本人は親近感を抱くだろう。ヌーランへの恋は、ミュムタズにとって至高の愛にちがいなかったが……、破局の後、救いの啓示が彼に訪れたかのように見えたが……、彼の苦悩は尽きることはない。これは決して快いことではない。だが、すぐれた作品は不快なものを含んでいるものだと思う。

作者は、イスタンブルとボスフォラス海峡が、朝と夜のはざまで、光によって刻々と変わっていく様を書き出す。まるで街全体が宝石箱のようだ。そして、トルコの伝統音楽が演奏される場面での細やかな描写は、まだ聴いたことのないこの音楽への憧憬を抱かせる。

物語の中で、ミュムタズの従兄イヒサンは言う、「本を読むのなら「一番いいものを読め」。

（大阪　**志賀和則**　34歳）

南方熊楠の謎■

▼やっと鶴見和子さんの本を買いました。買おうと思って四か月が過ぎました。南方曼陀羅と鶴見曼陀羅が重なってとても面白かったです。臨終の床にあって、「死ぬことは面白いものネ。驚いたわ」と叫ぶ場面と、「人生は驚きネ」と叫ぶ彼女の言葉は、もう自分の死にぎわを知ってるみたいで、感動しました。

（熊本　**永村幸義**　68歳）

名伯楽　粕谷一希の世界■

▼拙作『夏の花』（集英社文庫、一九八〇年）を褒めて下さり、その後神楽坂の小店で酒席に与り、談を得たりしました。その折のおしえが小生のその後の創作によい影響を及ぼしたのは勿論の事。ありがたく、なつかしく思い起こすばかりです。私事ですが月刊誌『公評』一〇月号にて連載三六回の読み物「冬の花」がおわりました。（粕谷氏からの手紙も数通大事にしております）

酒席で即興句を書いて呉れました。

いま少し世にはばからん秋の蝶　閑居

（埼玉　著述少々　**加藤建亞**　75歳）

▼『名伯楽　粕谷一希の世界』、店頭で見て、すぐ購入しました。すばらしいこの本は。二八〇〇円、迷わず買いました。

藤原書店の真骨頂ともいうべき内容。最後の藤原社長のあとがきも良かったです。藤原書店の創業時の思いを行間から感じました。

いま、保守もリベラルも含めて「論壇」というものが社会的な影響力を持っているのか、はたまた、「論壇」というもの自体が真の意味で存在しているのか見えにくい時代。

そのような今、「論壇」とはどのような責任を果たすべきなのか、それをつくる人はどういう覚悟であるべきなのか、まさに今の言論界で生きる多くの人々が忘れていた精神を思い出させる一冊です。

私も、言論界の片隅の片隅で、しかも営利部門で生きている者ですが、企画を立てるにあたっては、心意気は、粕谷先生の万分の一でも、その精神を引き継ぎたいと思わせる一冊でした。それだけでも、この本が私に与えてくれた勇気は計り知れません。

いろいろな人が寄稿されていましたが、川本三郎さんの文章が最も心に残りました。失意で朝日新聞を「懲戒解雇」された川本氏と、「中央公論」を辞めざるを得なかった粕谷氏、挫折を乗りこえた者だからこそ持つ、他者への理解などを感じました。

（フジサンケイビジネスアイ　**坂本慎平**）

動物たちのおしゃべり■

▼ハナアクの描く動物たちは、疲れた心に沁みてくる絵本です。おくりものにした三歳になる男子も夢中になるすてきな本です。この度の注文の本は松江市八雲にある、劇団（アマチュア）あしぶえ（しいの実シアター）（NPO法人。現在、秋公演、セロ弾きのゴーシュ）へ贈物です。すばらしい劇団であり劇場です！

（山口　**三宅阿子**）

不知火おとめ■

▼この本を出版して下さったことに心より感謝申し上げたい気持ちでカードを書いています。「十六夜橋」以来、石牟礼道子という作家を自分にとり最も大切な作家と思い読んできましたが、その根底に若い頃こんな苦しみがあったこと、短歌他から少し感じてはいましたが、このような生な手触りのまま触れ得たのは本当に貴重な得がたいことでした。石牟礼さん自身が内面におもかさまを抱えていたのだと改めて感じました（おもかさまの像が私はとても好きです）。本当にどうもありがとうございました。

（神奈川　非常勤講師　**須藤直子**　54歳）

機 no.282■

▼「戦後七〇年」に関する発言は文字どおり「花盛り？」といってもいい昨今である。そのテーマじたいの重要性はもちろん言をまたずだが、このさい一ばん肝心なことは、だれの立場と視点にたっての発言、表現か、ということだと思う。

私は、きわめて機械的にいえば、いわゆる「権力」をもつ、支配する論理を補強しているか、その真逆の「される」論理の展開——つまり真の抵抗の思想を評価しつつそれにたとえわずかにでも資するものかどうか——そう考えるものである。

鶴見俊輔みずからも語る二つの追悼文、それに「戦後七〇年に、憶う」二つの文章は、いずれもその私の趣旨にかなうものとして心から首肯したのだった。

就中、高銀によって語られている「普通」と「平凡」に関する力のこもった論理の展開は、それこそ、「日常」をこえる小さくて大きな課題をつきつけるものであった。

（香川　**西東一夫**　79歳）

※みなさまのご感想・お便りをお待ちしています。お気軽に小社「読者の声」係まで、お送り下さい。掲載の方には粗品を進呈いたします。

書評日誌（一二・九〜一・四）

(書)書評　(紹)紹介　(記)関連記事
(TV)紹介、インタビュー

一二・九　(記)朝日新聞（夕刊）「古代の日本と東アジアの新研究」（「上田正昭・京大名誉教授　講演」／「古代の国際交流に学ぼう」／「渡来人の文化　選択して取り入れた」）

一二・一三　(書)静岡新聞「ロンドン日本人村を作った男」
(書)日本農業新聞「地域からつくる」（「〝自分で考える〟ことが大切」）

一二・一四　(記)読売新聞（大阪本社版）「古代の日本と東アジアの新研究」（「ステージ&カルチャー　かんさい」／「古代史探究　戦後70年の秀作」／「単著81冊目　論文16本収録」）

一二・一五　(書)厚生福祉（時事通信社）「米軍医が見た占領下京都の六〇〇日」

一二・二〇　(記)朝日新聞「金時鐘」（「第42回　大佛次郎賞」／「回想記『朝鮮と日本に生きる――済州島から猪飼野へ』金時鐘氏」／「向き合い　吐き出した　来し方」／「『済州島四・三事件』重い記憶」）

一二・二一　(記)読売新聞（東京本社版）「ロンドン日本人村を作った男」（「文化」／「19世紀ロンドン　人気の博覧会」／「『日本人村』謎の興行主」／「『したたかなくせ者？』小山騰さん自説」）

一二・二三　(記)読売新聞「トッド」（「編集委員が読む」／「テロ連鎖」／「悪に揺れる仏」／「パリは正気を保てるだろうか」）

一二・二四　(書)産経新聞「戦争は終わっても終わらない」（「戦後は終わらない」）

一二・二七　(書)毎日新聞「トッド　自身を語る」（「理論体系転換させるか日本体験」）
(書)毎日新聞「古代の日本と東アジアの新研究」（「今こそ生きた歴史学を」）
(記)朝日新聞「歴史の仕事場」（「注目の本　心に残る本」／「書評委員が薦める『今年の3点』」／本郷和人）

一二・二九　(記)朝日新聞（三重版）「竹内浩三」（「回顧2015」／「⑦戦後70年」／「注目あびた『非戦』の詩人」／荻野好弘）

一二月号　(紹)En College 小論文（進研ゼミ）「NGO主義でいこう」（「小論文情報BOX」／「市民としてNGOを実践するための入門書」）
(紹)NEWS LETTER（spiritual Bookstore BOOK CLUB KAI）（vol. 100）「女が女になること」

一・一　(記)福島民友「地域からつくる」（「社説」／「新年を迎えて」／「自ら立ち上がる年にしよう」）
(記)日本経済新聞「雪」（「世界を読む10冊」／「世界の『今』に迫る10冊」／「辺境の物語に普遍の問い」）

一・三　(書)琉球新報「戦争は終わっても終わらない」（「生き延びた人々との往復書簡」／タイラジュン）

一・四　(記)東京新聞「河上肇」（「新貧乏物語①」／「悲しき奨学金」／「学ぶ代償『借金』一〇〇〇万円」／「社会に出る時　返還20年の負担」）
(記)熊本日日新聞「石牟礼道子」（「石牟礼さん　最初の小説」／「70年前の未発表短編　熊本市で発見」／「『苦海浄土』つながる〝原点〟」／飛松佐和子）

三月新刊

＊タイトルは仮題

写真そして放送というメディアのゆくえ

レンズとマイク

永六輔・大石芳野

写真という「音のないメディア」と、ラジオという「絵のないメディア」を通じて、それぞれのやり方で市井の人びとに向き合ってきた二人が、その出会いから、四十年以上にわたる交流を初めて語り合う。映像全盛のテレビ時代が終焉しようとしている今を、そして、再びメディアに暗い影が差しつつある未来を、二人はどのように見つめているのか。大石芳野撮影の永六輔写真多数収録。

満洲人ほかの連合王国だった清朝！

〈清朝史叢書〉大清帝国隆盛期の実像

第四代康熙帝の手紙から *1661-1722*

岡田英弘

岡田英弘監修

宮脇淳子・楠木賢道・杉山清彦編

大清帝国の基礎を築いた康熙帝。モンゴル遠征のたびに、北京の皇太子に送った愛情溢れる満洲語の自筆の手紙を紹介しつつ、当時の東アジア全体を見渡す壮大な歴史絵巻。再版にあたり、『康熙帝の手紙』を改題。

アルバニアの天才ヴァイオリニストの半生

愛と友情のフーガ

T・パパヴラミ　山内由紀子訳

ヨーロッパ最後の〝鎖国〟、共産主義独裁政権下のアルバニアに生まれた神童。フルート奏者アラン・マリオンに見出され十一歳でフランスに移住するも、十五歳で亡命。祖国に残された家族への弾圧、フランス南西部での潜伏生活、そして二十二歳でのサラサーテ国際コンクール優勝を目前にした愛する祖父の死――波乱に満ちた前半生を描く自伝。

二月の重版より

〈バルザック「人間喜劇」セレクション〉9 娼婦の栄光と悲惨 ㊦ [3刷] 三二〇〇円

トッド 自身を語る　E・トッド　石崎晴己編訳 [2刷] 二二〇〇円

まなざし　鶴見俊輔 [2刷] 二六〇〇円

地中海〈普及版〉　F・ブローデル　浜名優美訳

I 環境の役割 [4刷] 三八〇〇円

II 集団の運命と全体の動き 1 [4刷] 三八〇〇円

V 出来事、政治、人間 2 [4刷] 三八〇〇円

モンゴル帝国から大清帝国へ　岡田英弘 [2刷] 八四〇〇円

別冊『環』⑯ 清朝とは何か　岡田英弘編 [3刷] 三八〇〇円

2月の新刊

タイトルは仮題、定価は予価。

黒い本 ＊
O・パムク　鈴木麻矢訳
四六変上製　五九二頁　三六〇〇円

台湾と日本のはざまを生きて ＊
世界人、羅福全の回想
羅福全 著　陳柔縉 編著
小金丸貴志 訳　渡辺利夫 序
四六上製　三五二頁　三六〇〇円　カラー口絵一六頁

岡田英弘著作集（全8巻）　第七回配本
7 歴史家のまなざし［附］年譜・全著作一覧 ＊
月報＝楊海英／志茂碩敏／斎藤純男／タチアーナ・パン
四六上製布クロス製　五九二頁　六八〇〇円　口絵二頁

〈清朝史叢書〉岡田英弘監修
海賊からみた清朝 ＊
十八～十九世紀の南シナ海
豊岡康史
四六上製　四〇八頁　四六〇〇円　図版多数

3月刊予定

レンズとマイク ＊
永六輔・大石芳野

好評既刊書

〈清朝史叢書〉岡田英弘・監修
大清帝国隆盛期の実像 ＊
第四代康熙帝の手紙から　*1661-1722*
岡田英弘

愛と友情のフーガ ＊
アルバニアの天才ヴァイオリニストの半生
T・パパヴラミ　山内由紀子訳

これからの琉球はどうあるべきか ＊
藤原書店編集部編
大田昌秀／安里英子／安里進／伊佐眞一／海勢頭豊／川満信一／我部政男／三木健
四六判　三四四頁　二八〇〇円

アルメニア人の歴史 ＊
古代から現代まで
G・ブルヌティアン
小牧昌平監訳　渡辺大作訳
A5上製　五二八頁　八八〇〇円　カラー口絵一六頁

患者学のすすめ〈新版〉＊
″人間らしく生きる権利″を回復する新しいリハビリテーション
上田敏・鶴見和子
A5変判　二四八頁　二四〇〇円

佐野碩――人と仕事 1905-1966
菅孝行編
A5上製　八〇〇頁　九五〇〇円　口絵八頁

中世と貨幣
歴史人類学的考察
J・ル＝ゴフ　井上櫻子訳
四六上製　三二八頁　三六〇〇円

ふたりごころ
生と死の同行二人
篠田治美
四六変上製　三二〇頁　一八〇〇円　カラー口絵八頁

珊瑚礁の思考
琉球弧から太平洋へ
喜山荘一
四六判　三二〇頁　三〇〇〇円

文学の再生へ
野間宏から現代を読む
富岡幸一郎・紅野謙介＝編
協力＝野間宏の会（代表・黒井千次）
菊大判上製　七八四頁　八二〇〇円　口絵八頁

まなざし
鶴見俊輔
四六変上製　二七二頁　二六〇〇円

龍馬の遺言
近代国家への道筋
小美濃清明
四六上製　二九六頁　二五〇〇円

近代日中関係の旋回
「民族国家」の軛を超えて
王柯
A5上製　二四八頁　三六〇〇円

＊の商品は今号に紹介記事を掲載しております。併せてご覧戴ければ幸いです。

書店様へ

▼**エマニュエル・トッド『トッド 自身を語る』**が配本直後より各店より補充ご注文続々で忽ち重版！　先月下旬、トッド氏が緊急来日。2／1(月)にはTBS「NEWS23」に「予言者」として出演！　**『帝国以後』**や**『文明の接近』**の他、**『最後の転落』**等も紹介。既刊ロングセラーも合わせ「世界の今を長期的な視座で読むためのエマニュエル・トッド」フェアをぜひ！

▼1／2(土)に放送され大反響だったNHK-Eテレ「100分de名著」新春スペシャル「100分de平和論」が1／31(日)再放送！　経済学者の水野和夫さんが、われわれにとって不可避な「資本主義」にどのように向き合えばよいのか、**フェルナン・ブローデル『地中海』**のエッセンスを明快にまとめながら紹介！　大反響各巻続々重版中。

▼文化放送制作のラジオ『武田鉄矢 今朝の三枚おろし』(NRN系列全国AMラジオ局ネット)で1／18(月)から二週にわたり武田鉄矢さんが**三砂ちづる『女が女になること』**を毎日紹介！　ものすごい反響出ています！　（営業部）

『これからの琉球はどうあるべきか』出版記念

大田昌秀先生を囲んで新琉球を楽しく語る集い

大田昌秀　安里英子
安里進　伊佐眞一
海勢頭豊　我部政男
川満信一　三木健

【日時】3月26日(土)18時半開会
【場所】ホテルサンパレス球陽館
TEL.098-863-4181
【会費】男性四〇〇〇円　女性三五〇〇円
＊お申込・お問合せは藤原書店まで

石牟礼道子の世界VI

天の億土

第一部
『全句集　泣きなが原』より
第二部　新作能『沖の宮』より
語り／佐々木愛(女優)ほか
久乗編鐘・ピアノ／金大偉
尺八／原郷界山

【日時】4月6日(水)開演19時(開場18時半)
【場所】座・高円寺2(杉並区立杉並芸術会館)
【入場料】三五〇〇円(予約・三〇〇〇円)先着順
＊お申込・お問合せは藤原書店まで

出版随想

▼新年早々嬉しいニュースが舞い込んだ。朝日賞と大佛次郎賞の受賞者に、俳人の金子兜太氏と金時鐘氏が決まった。授賞式には、お二人共、これまでの人生においてこだわって生きてこられた言葉を話された。兜太氏は「存在者――そのものそのままで生きている人間」、時鐘氏は「日本語からの解放、そして日本語で生きる道を選ぶ」と。

　小社と縁の深いお二人ではあるが、とにかくお人柄がすこぶるいい。威張らない、謙虚で素朴なお人柄で、親しくさせていただいてきた。

▼金子兜太氏は、今年九十七歳になられる大長老。かつて亡き鶴見和子さんと対話されて、『米寿快談』という本を作った。その時が、初対面。しかし、旧くからのお付き合いのように感じた。以前歴史家の井上幸治氏から、「日銀に勤めているが、まったくもって型破りなトータという男がいる。なかなかいい句を読む天衣無縫ないい男だ」と、何度となく聴いていたからである。一度はお会いしてみたいと思っていたが、鶴見和子さんとの対話という形で、遂に実現した。俳人の黒田杏子さんのお力添えがあってのこと。兜太氏は、対談後も、兄貴分たる井上幸治氏への懐しい想いか、爾来可愛がっていただいている。今度ぜひ氏の単著を出したいと思っている。

▼一月下旬、久しぶりに石牟礼道子さんを熊本の老人施設にK氏らと訪ねた。最近よく発作に襲われるということで心配したが、二時間あまりの対談ではあったが、幸い発作が起きなくてほっとした。白川静氏との往復書翰、宮脇昭氏との対談、亡くなられた方々への追悼文の集成など、まだまだこれから仕事をしていただきたいと思っている。今、渡辺京二さんを中心に石牟礼さんの資料保存の会が作られ、初期の作品など次々と発見されているようだ。

▼水俣で、緒形正人さんと二年ぶりに会う。十年前に、水俣病公式発見五十年の時の『環』の座談会に、杉本栄子・雄さんや石牟礼さんらと出ていただいた時より、この水俣の地で発生した出来事をさらに鋭く捉えておられるなと、話を伺いながら感じた。いずれ正人さんの本をまとめたいと思っている。　（亮）

●〈藤原書店ブッククラブ〉ご案内●
▼会員特典は、①本誌『機』を発行の都度ご送付／②(小社への直接注文に限り)小社商品購入時に10%のポイント還元／③送料のサービス。その他小社催しへのご優待等。詳細は小社営業部まで問い合せ下さい。
▼年会費二〇〇〇円。ご希望の方は、入会ご希望の旨をお書き添えの上、左記口座番号までご送金下さい。
振替・00160-4-17013　藤原書店

1975年、羅福全はインドの経済顧問としてインド国家開発会議に出席した。インド人は議論好きで会場は熱気に包まれ、場外にまで議論が広がった。羅福全の描いた漫画では、議場が場外の議論に埋まって、インドの空に多いカラスが「邪魔しないでくれ！」と言っている。

このような各国の中堅幹部の養成コースは教科書を使い板書して勉強するのではなく、現地に足を運んで各種の資料を集め、地元で収集したこれらの資料をもとに分析を行い、経済水準を向上させる政策を構想し、それを実地に移すのである。私も学んだ所を発揮したが、研究室に閉じこもりはしなかった。私はこのような仕事ができることで、正に水を得た魚の様な気がした。しかもその水は池や小川ではなく、世界全体なのだ。

国連地域開発センターの養成コースはフィリピンで成功を収めたのち、第二期にはインドネシアを手掛け、続いてパキスタン、タイに取り掛かった。一九七四年から現在までの三九年間、この養成コースは縮小されずになお続いており、アジア各国の進歩のための努力が続けられている。

朴正熙大統領暗殺と光州事件に遭遇する

経済顧問をしながらアジアを巡り歩いたが、なかでもニュース的な臨場感が大きかったのは韓国での見聞だった。

七〇年代、私は何度も仕事で韓国に行った。最初の訪問は一九七五年で、韓国人には米を好きなだけ食べる自由すらないことに少なからず驚いた。ある日、寿司屋に出かけたところ、魚の下にあるのが白米ではなく大麦や小麦の雑穀になっていた。主人に尋ねて分かったが、政府が白米を食べるのを週三日に制限しているとのことだった。余った米を輸出し、外貨を稼がなければ国家が資本を蓄積できないのである。韓国は六〇年代には非常に貧しかったが、七〇年代のGNPは二五〇数米ドルから一六〇〇米ドル超にまで一気に成長を遂げた。重工業の発達が奏功しただけでなく、国民も生活の上で刻苦努力していたのである。

その当時、私はアジアにおける拠点開発研究で、韓国の東南の隅にある蔚山工業区をモデル事案に選定していた。韓国の工業はもともとソウルに集中していたが、日本の拠点開発方式を範として蔚山にも投資を振り向けていた。よく知られる現代グループはこの時、ここに造船所を開設していた。蔚山の開発は成功し、人口四万の小さな港が今や百万の工業都市に発展している。

共同研究をしていた人員の中にソウル大学の金安済、宋丙洛教授がいた。二人とも当時四十歳位だった私とほぼ同い年で、良い友達となった。金安済とはさまざまのことを語り合い、とても楽しかった。彼も米国留学組で、彼は米国にいた時は子供のオムツを換えるのを手伝ったが、韓国に戻ってからは台所に立ち入ることもない、と言っていた。韓国の男性が台所に入りでもしたら、威厳を失うからだという。彼は韓国が歴史的に不幸であることについて、中国と日本という二国の間にあり二匹の巨象に挟まれているようなもので、象同士が闘っても愛し合ってもそのプレーグラウンドとなり蹂躙されるのだ、と冗談めかして話していた。

一九七九年後半に私は再び韓国に行き、たまたま血腥い軍事クーデターの発生に出くわした。朴槿恵現韓国大統領の父親である朴正熙が側近に射殺されたのである。

朴正熙はその当時の大統領で、軍事・情報の二系統によって一八年間の独裁体制を続けていた。

一九七九年十月二十六日は金曜日で、朴正熙はいつものように車智徹警護室長、金載圭情報局長、それからもう一人の金、すなわち金基元秘書室長の腹心三人を呼び、美女を侍らせた宴席についていた。まもなく情報部門のトップである金載圭が拳銃を取って、車警護室長と朴正熙を射殺した。それから鄭昇和参謀総長に電話し、統治の大権を共に掌握する上で協力を求めたが、鄭昇和は意外にも大統領を射殺した金載圭を叛逆の容疑で逮捕した。大権は鄭昇和の手に落ちたかに見えたが、仇が巡り来るという感じで十二月十二日、次の司令官である全斗煥が彼を汚職罪で逮捕した。

私は立て続けに三度も政変が起こった間中、ずっと韓国に滞在していた。眼前の政治の無軌道ぶりに韓国人は呆然とし、そして次第に怒りが膨らんでいった。翌年五月には「光州事件」が発生した。この時も私は世界銀行に派遣されて韓国の五カ年計画の顧問を務めていたが、ソウル到着後数日も経たないうちに光州で惨劇が繰り広げられるのに出くわすことになった。南部にある光州では大学生が大規模な反政府デモを繰り広げ、政府は軍隊を派遣して学生を捕え、鉄線で手のひらを貫いて連行したりした。ニュースが北部の首都に伝わると、ソウルの学生は街頭で毎日軍や警察に立ち向かい、ソウル全市が戦車で一杯となってエンジンの轟音が響き止まず、地下鉄の出入り口は固められ、何人の通行をも許さなかった。韓国政府は私に専用車を手配してくれたが、車の行く先で催涙ガスの臭いがすれば大学が近くにあると分かった。催涙ガスの臭いは家庭用ガスとは違い、何とも形容し難く鼻をつくものだった。

私の専門の経済の観点から韓国を見れば、光州が激越に政府に反抗するのも無理からぬことだった。朝鮮半島は古代のいわゆる三国時代から北部が高句麗で、南部の右側は新羅、左側が百済である。一九六一年から七九年にかけて韓国を独裁統治した朴正熙は新羅人であり、韓国の工業の八割はこの地域が占めていた。初めて高速道路が建設されたのもソウルから新羅の側にある釜山にかけてであり、百済地域に対する投資は少なく、韓国の各地域の発展は明らかに一方に偏っていた。

一九七一年の大統領選では金大中が朴正熙に挑戦して出馬した。選挙終了後、高得票で落選した金大中は直ちに朴正熙に逮捕され、国家の安全を脅かしたという言われのない罪名を着せられた。金大中は百済である全羅南道の出身者である。抑圧されているという百済人の感情は根強い。私がかつて読んだ韓国の現代詩にも、百済人は日本の沖縄人と同様に無力だとするものがあった。

全斗煥は光州事件後一週間も姿を見せず、表に現れてからは数日内に新政府の組織に着手した。新政府準備委員会の委員に任命された一二〇人は軍人、政府の官僚や大学教授がそれぞれ三分の一を占めていた。私の韓国人の友人二人も入っていた。金安済はその一人だったが、彼が非常に不安がっていたのは、もし政府が倒れたら彼も石をもって打たれ、殺されるのではないかということだった。だが断れば、やはり権力から睨まれることになろう。彼は茫然とした表情で私のところへ相談に来て、「What can I do?」と言った。彼と一緒に状況を分析して見たが、第二の状況はありそうだと思えた。命令に従わず、来いと言われて行かないのは本当にまずいかも知れない。政府に入っても、行政の実績を公開し透明化し、業績もまずまずならば学生にも攻撃されないだろう。こうして彼は公職を受けることとした。

初めて鉄のカーテンの向こう側・中国を訪問する

名古屋の国際連合地域開発センターにはいつも各国の専門家が集まって養成コースを受けていたが、ある時、中国国務院の経済建設委員会に所属する若い中国人女性がやってきた。台湾人が海外で中国人に面会すると、少々微妙な感じがするものである。当時、台湾と中国は国交断絶から三〇年以上が過ぎていた。台湾では統制が極めて厳しく、街中や書籍、新聞で中国の五星紅旗を見ることは全くなかった。共産主義関係の本を隠れて見ていれば大事となり、台湾本島から離れた小島にある監獄に送られた。だが当時の名古屋においては、両岸の政治的な対峙状況も何ら意味がなかった。私は国連に所属する経済専門家であり、中国にはまだ地域開発の研究者もなく、そして私は国連との労働契約により加盟国のために働かねばならない。中国の研究者と私は中国の経済発展を助けるという共通の目的を持っており、それは政治が介入すべきことではない。

友人として率直に語り合い、双方の意見や見方を述べ合うのは結構なことである。私は交際面で何も隠し立てはしていなかったし、この女性研究者も私が台湾出身であることや、台湾独立を主張していることは知っていた。時には私がふざけて彼女のことを「アカの女幹部」と言っても、気にもしない様子だった。

こういう関係や、私が彼女の上司に当たるという事情もあって、経済建設委員会の張彦寧副主任が訪米した時にわが家を訪問することになった。張彦寧は東北・瀋陽の人で、かつて石油工業部基建司の副総技師を務めた化学工業の専門家だった。経済建設委員会の副主任という地位には元国務院総理の朱鎔基も就いており、しかも彼の方が経験豊かだった。

一九八〇年、私が地域開発センターを離れる少し前に張彦寧は私の中国訪問をアレンジしてくれた。

中国は一九四九年から対外的にはずっと閉鎖的な態度を取っていたが、一九七七年に文化大革命が終わってから一年経つと、鄧小平が国内改革と対外開放政策を打ち出し、ようやく門戸を開放して外国人の訪問を歓迎するようになった。私が行った時はちょうど開放の初期で、鉄のカーテンの向こう側の奇妙な生活の様子をまだ見ることができた。

例えば私が購入した北京の地図上には飛行場が見当たらなかった。北京の王府井に行くと、すぐに大勢が集まって取り囲まれ、私の手の中のカメラを見ていた。北京西苑飯店に行くと、職員はまず「糧票（配給券）はありますか？」と尋ねてきた。

北京のレストランは非常に少なく、われわれ一行が一つのテーブルに座ることもできず、テーブルの半分のみに座った。その日はたまたま結婚する男女と座を同じくすることとなった。新婦は赤い上着を着ており、われわれの半卓も彼らの結婚式の宴席に連なったわけである。この婚礼では客も呼ばれていたが、大勢の友人らは喜酒（祝いの酒）もなく、皆が新郎新婦の後ろに立つだけで、ただ料理を見つめていた。

三〇年後の北京はもちろん換骨奪胎と言える変化を遂げたが、実のところ九〇年代に北京を再訪すると、すでに変化が起きていた。私と西欧人の同僚数人が一緒に琉璃廠にある「孔膳堂」に行った時、席についていると、通りがかった若い男がわれわれをちらりと見、すぐに歩み寄ってきて、「あんた、外国人の宴席にこんな料理を出すのか？」と咎めるような調子で私に問い質した。その言わんとする所は、料理が粗末で中国人の体面に係るということである。私は言い返したりはせず、ただ私は中国人ではなく、われわれは米国でもこんな風な料理を食べている、とだけ簡単に答えた。

八〇年代に初めて中国に入国した時の主要な行程は北京だったが、私が希望したので、小型飛行機に乗り南方を訪問するように取り計らってくれた。見たことのないような奇怪な人々が絶えず私の眼前に現れ続けた。江蘇省では先方の按配で人民公社を見学した。台湾では郷や鎮や近所が社会の基本単位だが、五〇年代から八〇年代にかけての中国での基本単位は人民公社だった。私が訪れた年にはまだ人民公社の組織が壊れていなかったが、その後数年間に開放の度合いが進むにつれて、ようやく次第に郷鎮へと転換して行った。

人民公社に足を踏み入れた時、最も奇妙に思ったのは病院だった。患者は診察室に入ってもすぐに医者に診てもらうわけではない。まず前段階があって、自分でどんな医者に診てもらうか選ぶのである。つまり左に行けば漢方医、右は西洋医学の医者を自由に選べた。

共産党は一九七八年に「対外開放」を国策として確立したが、当初は広州だけが対象で、その他の地域では全く開放は始まっていなかった。北京を離れるほどに非常に閉鎖的となり、やや近い蘇

羅福全が訪問した1980年の王府井。北京で最も繁華な場所ながら街路の光景は単調で、人々の衣服も多くは灰色や青だった。

州には少しは開放された感じがあった。蘇州では上海から来た劇を見に劇場へ招かれて行った。客は一人ひとりがみな人民服を着ていて、沈んだ灰色の一団だった。そこに女優が登場すると、全場から「うわーっ」と大喚声が沸き起こったので私は驚いた。演技がまだ始まらないのにこれほどの興奮ぶりで、何のために声が上がっているのかも分からなかった。あるいは演技者の赤い旗袍や、かくばかりに艶やかな衣裳が、中国の百姓にとって余りに懐かしいものであったからかも知れない。

北京大学で中国の経済発展についてアドバイスする

蘇州に着くと、私は特に寒山寺を見たいと申し出た。寒山寺は唐代の詩人、張継の「楓橋夜泊」で知られている。母は私に、父が最も好きだったのはこの詩だといって、私が子供のころによく福佬語で吟唱していた。私もしっかりと覚えており、「月落烏啼霜満天、江楓漁火対愁眠、姑蘇城外寒山寺、夜半鐘声到客船」と吟ずれば父を思い出す。父は私が一歳になる前に世を去り、ついぞ一緒に暮らすことはなかったが、私は父に関する事柄には何でも深甚な関心をもっている。

私は寒山寺の風景の全てを熱心に眺めた。運河には石橋が高くかかり、船がようやく通ることができた。寺の鐘の音は運河の上の船に響いてきたものであることを私は急に理解した。

当時、外国人旅行客の姿を見ることは絶えてなく、私を連れて行った職員は私が外国人だと寒山寺に掛け合い、寒山寺は私に鐘を撞かせてくれた。時間は午後で、寒山寺の夜半の鐘声とは行かなかったが、それでも非常に感動して興奮した。

すぐ隣に続く杭州では、更なる感動が加わった。初めて杭州に着いた時はすでに夜に入り、全杭州には灯火というものが全くなかった。私は宿泊した西冷飯店（現在のシャングリラホテル）から西湖の辺を眺めやったが、窓外は未だ漆黒だった。夜も十分に明けやらぬ早朝の五時頃、私は待ちきれずに上階に上がり西湖を一望した。

西湖のほとりにまで行くと、懐古の念が一層深くなった。開放は始まったばかりで旅客は少なく、湖水は清々として一千年の昔と異ならぬようであった。蘇堤、白堤を歩くにつれ、時が昔と入れ替わるような感じで、蘇東坡や白居易もこの辺りを散策したものだろうと思われた。

わが目で西湖を見て、私はなぜ黄河流域の人が古代に江南を支配したのかをようやく理解できた。北方では山海関を出れば漢族の人口は少数になる。例えば熱河の漢人は百分の四〇でしかなく、常に関外の民族の侵入を受けることになる。ゆえに長城を築き防衛線とせねばならなかった。外に敵の侵襲があれば内部の団結が進む。このため黄河流域の人は団結することができたのだ。南方ではどの木からも誰もが気ままにバナナを取ることができるので、恐れも危機感もない。自分がもし昔に住むことを想像してみるならば、必ず江南の蘇州杭州を選び、逍遥自在の日々を送るだろう。北京で官僚となり競争で苦労を重ねるなど真っ平である。

西湖のほとりであれこれと物思いや連想にふけったが、西湖を離れて杭州の街上に行くと、至る所で誰もが人民服を着ており、家と家の間にはみな衣服が干されていて、すぐに一九八〇年の中国の現実に引き戻された。

この時の日程は公式訪問が多く、当時の中国政府は国連職員といえばまるで仰ぎ見るような扱いで、上海に行くと錦江飯店の最上階が用意されており、それもニクソン大統領が一九七二年に「上海コミュニケ」に署名するためにやってきた際のプレジデンシャル・スイートで、三部屋に応接室がついて六〇坪もの広さがあった。

とりわけ印象が深かったのが北京大学である。私は北京大学の経済系を訪問して幾人かの教授と座談をした。彼らはみな人民服を着ており、彼らが学び理解したものは全てマルクス主義経済学だった。このころの中国の重工業は全て国防産業であり、兵器廠が洗濯機を造っていて、サービス業という観念は全く存在しなかった。ある一人が、「中国の経済は今後どう発展すればいいと思いますか?」と尋ねてきた。私は、「中国経済は民生産業を伸ばして、市場のある商品を造るべきですね」と一言で単純に答えた。この意見は経済学界では常識であって、門戸を初めて開放したばかりの中国に対しては、外国のどんな経済専門家でも皆このようにアドバイスしただろう。

米国務省から台湾独立を容認する回答を引き出す

六年後、私は国連組織の職員という身分で再び北京を訪れ、一層の歓迎を受けた。だが実際にはその三年前、私は彼らが激怒のあまり跳びあがるような大変なことをしていたのである。

これは私が米国議会で証言したことが元となっている。

上院外交委員会のクレイボーン・ペル委員長は非常に識見の高い人物で、台湾についてもよく知っていた。一九八三年十月に彼は公聴会を開き、台湾の将来という問題を検討するために、議会で「証人」に意見を陳述し質問に答えさせ、他の議員の理解を深めようとした。合計三人の証人が呼ばれ、私が台湾人の海外組織を代表したほか、国務省はアジア太平洋担当のウィリアム・ブラウン国務次官補代理、国民党の立場はヘリテージ財団アジアセンター主任の康培荘（ジョン・F・コッパー）が代表することとなった。

招請を受け取ってから一週間の間、私は夜昼なく台湾関連の本を読み続け、呉濁流の小説「アジアの孤児」をも読了した。私が人生で最も真剣に勉強したのは博士論文を書いた時と米議会で証言をした時の二度である。私は約一万八千字の中国語原稿を書き、自分で英訳して米国人に直してもらった。

一九八三年十一月九日、私はグレーのスーツを着て証人席の真ん中に座り、他の証人二人が左右に座った。われわれの座席は前方の委員席よりかなり高く、記者団がわれわれの後方を囲んでいた。

各証人がまずそれぞれ一五分間話して、続いて委員が質問を発した。ペル委員長は私に、あなたの祖先はいつ台湾にやってきたのか、と尋ね、私は一七三六年だと答えた。彼はおしゃべりでもするような様子で、「おお、それじゃうちの先祖がアメリカに来たのも、あなたの先祖より後なんですね」と言った。私は、「あなた方はアメリカが独立国になって幸運でしたが、われわれには四百年間もその機会がなかったのです」と答えた。

最も重要な部分は、私が米国政府は台湾の法的地位の問題につき、未だ明確な立場を取っていないと指摘したこと、また米国政府は台湾独立も将来の可能な選択肢の一つであることを承認しているのではないか、という疑問を提出したことである。上院はこの点を国務省に問い質し、得られた回答はわれわれを驚喜せしめる意外なものだった。国務省は、「もしも台湾が独立を宣言して武力攻撃を受けるならば、米国政府は台湾関係法に基づき、この侵略行動の阻止に乗り出す義務がある」と述べたのである。

幾日も経たぬ十一月十五日、上院外交委で採決が行われ、賛成一三、反対一、棄権三で、名高い「台湾の将来に関する決議案」が可決された。それには「台湾の将来は強制によらず、台湾の住民に受け入れられる平和的な解決の方法によることが必要」だと明記されている。五日後の二十日、上院全体の表決が行われ、六三票の多数で同案は可決された。

この後、中国の呉学謙外相は、米国議会がこの決議案を通過せしめたのは「中国の内政に対する乱暴な干渉」だと抗議した。中共の胡耀邦総書記も、レーガン大統領の訪中を取り消すと言明した。

中国の最高幹部出席のもと北京会議を成功させる

米国議会に赴き証言し、中米関係の緊張を引き起こしたために、中共は私を仇敵視していても当然だが、私は国連の一職員に過ぎないので、三年後には再び中国を訪れていた。それどころか、鄧小平が一九七八年末に「対内改革、対外開放」の方針を決め、中国の鉄のカーテンが開かれてから初めて北京の人民大会堂で開催された国際会議は私が準備をしたのである。

再び見る北京はすでに一九八六年となっていた。だがまだ新聞の小売すらなく、新聞はみな公告場所に貼り出されていた。一九八六年の北京には書店の看板も見えなかった。一九八六年の北京では、どの店にもトイレットペーパーを売っていなかった。私が止宿したホテルでは、案内役の公務員が我慢しきれず、ホテルのトイレットペーパーを分けてくれ、と私に言って自宅に持ち帰った。だが北京にもようやく僅かな変化は兆し始めていた。例えばタクシーに乗ると、外匯券(外貨兌換券)を受け取る人もいた。外匯券があれば中国の民衆も「友誼商店」に入り、コカ・コーラなど稀少な舶来品を買うことができたのだ。

率直に言って、私は中国の開放がアジアに与える影響は見越していたし、中国が自国の領域内で宣伝周知しようとしていた態度がどのようなものであるかも十分に承知していた。一九七八年に中共第一〇回三中全会が改革開放路線を確立して以来、中国は口では開放を唱えつつも、外界から見れば未だ門戸は開かれていないため、門を閉じたまま中国が一体何をしているのか、何をしようとしているのかをアジア各国はみな知りたがっていた。私は勤務先の国連のアジア太平洋開発センターに対し、本格的なプラットフォームを公式に設け、北京に行って会議を開き、中国にアジアに向けた宣言をさせよう、と提案したところ、上司の受け入れるところとなった。会議の名称は「二〇〇〇年に向かうアジア太平洋経済」とし、私はアジア太平洋開発センターの研究主任として全ての準備事務を取り仕切った。

外の世界に扉を開き始めたばかりの中国といかにして意思疎通のチャンネルを築き上げるか、という問題の鍵を、私はペンシルベニア大学の恩師、ローレンス・クライン教授を通して知己を得た同教授の元同級生、浦山に見出した。浦山は当時の中国で最も傑出した経済専門家で、社会科学院の世界経済・政治研究所の所長をしていた。浦山は一九四九年にハーバード大で経済学博士号を取得し、すぐに中国に戻って学界で働き、周恩来の英語秘書を務めたこともあった。恩師ローレンス・クラインによれば、浦山は米国での研究時代に大家シュンペーターの理論を数式化しており、非常に独創性のあるもので、彼がもしも西側に留まっておればノーベル賞を獲った可能性が高い、とのことだった。

浦山には影響力があって、彼が上に報告すれば、外交部がすぐに連絡人員をよこして話が進んでいった。私は浦山の社会科学院世界経済・政治研究所を相手に交渉したが、実際に仕切っていたのは外交部だった。中国内部では誰と会うことも、いかなる論文を発表するかもみな朱鎔基元国務院総理が監督していた。彼の当時の役職は国家経済委員会の副主任だったが、北京会議の翌年には上海市長に抜擢され、浦東開発を行い、一九九八年には順風満帆のうちに国務院総理となった。

会議の前日、朱鎔基はアジア太平洋センターの十数人を東来順菜館の羊肉しゃぶしゃぶに招待した。明日の会議は趙紫陽総理が自ら出席し、対外的に経済政策を発表する会議としては最初のもの

(上) 中国の趙紫陽首相が開幕式に現れた（左から3番目）。
(左下)「アジア四小龍」という言葉を生んだ香港の学者、陳坤耀（右端）も北京会議に参加した。
(右下) 中国の改革開放の現実の動きが各国の注目を集めており、北京会議には政府高官や学者が詰めかけた。

だ、と朱鎔基は述べた。当時、私は朱鎔基が将来総理になるとは思いもよらず、ただ語り口が誠実で筋が通っており、国威発揚を述べ立てる驕慢さも、権威的なところも全くないと感じた。

各国から誰を招くかは全て私が決定した。アジア一七カ国の副総理や大臣が会合し、各国を代表する色彩の強いものとなった。学者では香港の陳坤耀（エドワード・チェン）教授がいたが、彼は「アジアの四匹の龍」という概念を言い出した人物である。一橋大学の篠原三代平教授は日本の景気循環研究の権威であり、彼の出席を得られて私は非常に興奮した。中台は外交関係がなく、台湾の教授を直接招待できなかったので、迂回路として台湾出身である香港中文大学経済系の林聡標主任に北京に行ってもらった。台湾では一九八七年十月にようやく親族訪問が解禁となり、四〇年になんなんとする氷結した両岸関係にようやく温かみが出て来ていた。北京会議を開催した一九八六年は、蔣経国がまだ存命で、中共との「不接触、不談判、不妥協」という三不政策をなおも高唱していた時期であり、台湾人が北京に行けば必ず逮捕されることになる。このため、会議全体の記念写真を撮る際にも林聡標は気を回し、国民党に咎められないようにわざわざ眼鏡を外していた。

国連が主体となる国際会議はどれも国家間の対話となるために、往々にして政治的に微妙な問題が起こる。中国と北朝鮮は共産主義陣営の永年の盟友だが、この北京会議の時は中国側から私に「注意」があり、もしも韓国が堂々と参加すれば北朝鮮が抗議するかもしれないので、韓国の席を隅にすることを忘れないでくれ、とのことだった。

半年近くの準備期間を経た十一月十二日、人民大会堂で北京会議が開幕した。この日付が忘れ難

北京会議の前日、朱鎔基（写真上、中央に着席）は東来順で羅福全らの国連職員と同席した。2テーブルの宴席で、羅福全の隣は中国の経済学者、浦山（写真下中央）。

いのは、それが孫文の誕生日だったからである。人民大会堂の別の一室では孫文生誕一二〇周年記念行事が開催中で、主催者は胡耀邦中国共産党総書記だった。われわれの側には趙紫陽国務院総理が出席し、開会の辞を述べた。彼は、「今後、中国はアジア太平洋諸国と全世界に向けて開放します。中国は対外的に更に良い投資環境を作ります。中国は三〇年から五〇年の間に、すでに開発された国々の経済水準に追い付くことを希望しています」と述べた。趙紫陽は中国がアジア経済の一部であると発言し、これを聴いた一同は喜んだ。中国開放後のこの会議は、中国開放の過程史において非常に重要な意義を有している。

四日間にわたる北京会議が終了し、学者や官僚からは揃って称賛を受けたが、国連の一主任に過ぎない私が中国に会議を開かせることができたこと、さらには最高幹部までが出席したことが外界を驚かせた。中国とはさまざまな交渉が行われていたものの、どうも門に入り切れないような感じがあったためである。篠原三代平は場所を東京に移し、すぐに次回を開催することを希望した。タイ代表で出席していたタナット・コーマン副首相も非常に積極的で、すでに北京会議の途中から私に次回はバンコクで開催するよう、強く要望してきた。

北京会議が大成功を収めたことで、アジア太平洋センターはアジア太平洋経済国際会議を一年半ごとに開催することを決定した。私はさらに一九八八年五月の東京会議、一九八九年のバンコク会議、そして一九九一年のニューデリー会議を担当することになった。

美食のためには千里の道をも遠しとせず

タナット・コーマンはフランス・パリ大学の博士で、タイで外務大臣兼副総理を十数年間務めた国際政壇の古顔だった。北京会議の宴席の卓上でも、彼は傍目にもとても自在な振る舞いを見せていた。彼がスーツの胸ポケットからボールペンを取り出したので、傍らの人々はサインか何かをするのかと思ったが、彼は座中唯一の女性である妻の清芬に対し、「唐辛子はおかけ致しますか？」と恭しく尋ね、それからまるで胡椒のビンを振るようにボールペンを動かし始めたが、やがて細かい唐辛子が振り落ちてきた。彼は笑いながら、「私は必ずこれを持って歩くんですよ」と言った。なるほど、彼はこの味なしでは食事ができないわけである。バンコクの人口の大多数を占める華僑は潮州人の子孫であり、潮州からやって来てタイ人となったタナット・コーマンの先祖も、食事の習慣では辛い物を好むようになったわけだ。

私は各国を巡り歩きながら世界のエリートや政治的要人と経済発展について話し合ったが、私の仕事のもう一つの役得とは、世界がさながら食卓となるようなところだった。

実際、私はとても食べることが好きだ。母は清芬と話すときには「うちの全ちゃん」はこうだ、「うちの全ちゃん」はああだと得意そうな表情で語るのが常だった。その母はいつも、「うちの全ちゃん」は小さいときには頑健で、結婚式の宴席に行って鶏の足を一本全部食べちゃった、と話していた。

つまり私は美味しいものが好きなだけでなく、幼少時から食いしん坊なのである。

私がいつも友達に言っていることは、もしこの人生で勉強せずに、ずっと台湾に住み続けていたならば、私は必ず「屠子」になってだろう、ということである。屠子とは台湾語で、子供の頃に家でお客さんをもてなすときには「屠子」か「屠子師傅（屠子の師匠）」を頼み、台所で料理して貰うのである。「総舗師」という今の言葉は使っていなかった。

私は食べるのが好きなだけでなく、料理するのも好きである。高校一年で嘉義から台南へ移り台南一中に進学した時も、平日の三食は外に出て店や屋台で食べることもできたが、私はいつも自分で料理していた。自分の人生を例えて言うならば、私としては「右手はナイフ、左手にはフォーク、この人は料理しているのではなく食べている人」と言いたい所だ。

高校生の時読んだ小説に、二人のユダヤ人がパリのレストランに入り、先に話し始めた一人が、戦争がはじまったら酷い目に遭うのはわれわれユダヤ人だ、今日この食事を終えて、そして戦争が終わって二人とも無事にいられたならば、またこのレストランで食事をしよう、というのがあった。明日があるとも知れない戦争中の恐れや無力感、あるいは明日への希望といった心情が、眼前の食物に全て籠められている。年若い高校生ではあったが、私はこの小説を読みながら彼らの心情が腹に入るように分かり、悲哀を鋭敏に感じてレストランの名前まで記憶してしまった。そして一九七九年、初めてパリに行った時にも訪れることを決して忘れなかった。レストランの名前はフーケと言い、シャンゼリゼとジョルジュ・サンク通りの交差点にあって、凱旋門までは二、三分なので、通り過ぎることもなくすぐに見つけられる。

フーケの創業は十九世紀最後の一年で、以来パリの街頭の一角にあって二、三〇年代の繁華や、芸術家や小説家がパリに寄り集まり、パリから成功して行くさまを黙々と眺めてきた。映画スターや世界的有名人が、今も川の流れのように絶えることなくこのレストランには現れ続けており、その栄枯盛衰をフーケは全て見て来たのである。フーケの店の赤い日除けは、もはやパリに欠かせない風景の一部となっている。以前、フーケの入るビルが日本のNECに買収され、レストランも一度は閉じられるところだったが、パリ中の人々が寄付をしてこのレストランを救ったのである。

ある年、世界銀行からパリに派遣されて、一日三百米ドルが支給された。仕事は四、五日で終わり、飛行場へ向かう前に財布を探ると、どうしてもフーケに行きたい気がしてきた。私はレストランに入り、ヴィンテージのシャンパンを注文し、生ガキを合わせた。酒杯を傾けつつ、窓外を行き交うパリの人影を眺めやると、これぞパリ旅行だという気がしてきた。

飛行機に乗ってからフーケの後味を思い起こしていると、チップを置かなかったことに気付いた。当時は日本に長く住んでいて、日本ではチップは払わないので、つい忘れてしまったのだ。まあい い、それももう一度フーケに行く良い口実となる。私は翌年、本当にもう一度行った。チップを払う段になり、昨年はチップを払うのを忘れたから、今年は倍にして払うよと私が言うと、皆が顔を見合わせて破顔大笑した。

世銀からはタイにも派遣され、真昼の農村に視察に訪れた。タイ共産党が主義を宣伝する際にも、タイのプミポン国王の写真をいちいち壇上に置くので、奇妙に感じずにはおれなかった。タイは長い間戦乱がなく、崇高な国王は社会を安定させる力を持っている。七〇年代に政変が起きても死者は少なかった。軍と政府の交代は衛兵の交代と同じだ、という人もいる。

一日の仕事が終わると、世銀は一日当たり二、三百米ドルの報酬を私にくれていた。私の財布にはいつも穴が開いているようなもので、金があると思うと直ぐになくなってしまう。その頃はまだサメが禁漁になっておらず、私は世銀の出張費を握るとフカヒレを買いに行った。

フカヒレを購入して日本に戻ったが、これだけでは足りない。フカヒレの料理には三種の肉、すなわち金華ハムと老母鶏（ヒネ鶏）、豚のあばら肉が必要である。金華ハムはもちろん日本でも買えるが、捜すのが難しい。それに腿一本丸ごとを売っている所は少ない。だから中国に行く機会があると、私のトランクには書類の他は二尺ほどの金華ハムが詰まることになった。美食のためには千里の道をも遠しとしない。有名な金華ハムは紹興産で、使われる豚も普通とは品種が違って体型が小さく、前足が黒で尻も黒、体の中で腹部だけが白くなっている。

ペンシルベニアで博士課程の研究をしていた時、清芬と私でよくイタリアンマーケットに足を運んだ。蟹は台湾よりも安く、一二匹で三ドルほどだった。私たちは一、二ダース買うのを常とした。まず歯ブラシで蟹をきれいにするのに少々手間がかかる。これは私の仕事だった。蒸す場合には蟹のからを剥き、きれいにして戻せばいい。炒める場合は四つに切り分け、まずニンニク、続いてネギ、生姜、酒を入れると香気が横溢して、最後に溶き卵をかければレストランで「芙蓉螃蟹」と呼ばれるものになる。食卓に上げると、取り囲む留学生の一団は喜んで大いに食べた。

子供の頃、嘉義の家では母が料理がうまく、私も色々と身に着いた。家ではいつも「一品参」を作っていた。大きな干しナマコ（乾海参）を購入し、まず水に漬けるとゆっくりと二倍ぐらいに膨らんでくる。ちょっと煮てから次の日に切り開くと、ナマコは腹部に石灰のような内臓があり、スルメのような臭いがして生臭い。これを除いてから再びネギや生姜と一緒に煮込み、臭みを取って再び水に漬ける。このように煮たり水に漬けたりを繰り返し、大体二日かけるとナマコは三、四倍位の大きさになり、これでようやく下ごしらえが終わる。最後に玉ネギ、生姜、干しシイタケ、エビをナマコに詰め、蒸してとろみをつければ食卓に出せるようになる。

イランの食卓で羊の頭と目玉を勧められる

世界には珍奇な食物が少なくない。イランでは羊の目玉を御馳走になったことがある。

一九七九年十月に韓国でクーデターが起こったが、同年一月には中東のイランでパーレビ国王がイスラム教指導者の率いる民衆に打倒され、米国に亡命した。その当時、まだ多くの国が独裁と民主主義の間で綱引きをしていて、民主的選挙という平和的手法は取れなかった。七九年の韓国の政変時にも首都ソウルに居合わせたが、イランの革命前夜にもイランに行き、民衆の不満を感じ取ることができた。

その前年の七、八月に国連開発計画（UNDP）の招きでイランの大学に行き、講義することとなった。まだパーレビ国王が在位のころで、私は王国のたそがれを我が目で見ることになった。

首都テヘランを四百キロ離れると古都ハマダンがある。いにしえのシルクロードの宿場に当たる都市である。私の他に各国の教授三人が同行していた。小型飛行機でハマダン入りしたが、一回目は砂嵐がひどくて着陸できず、小型機は再び上昇した。同行の教授はパニック状態となり、どうしようかと尋ねてきた。私は、「大丈夫ですよ、傘を貸して上げますから。もしも万が一飛行機が墜落したら、傘を開けばゆっくり降りられますよ」と無理に冗談を言った。

われわれが向かっていたのは新設まもない大学で、教授の多くは米国留学から帰国し教育に当たっていた。われわれは二日間かけてイランの教員、学生と「開発」とは何かを語り合った。続いて学生がわれわれを村に連れて行ってくれたが、私はイスラム教世界や砂漠の民衆の生活を実地に見るのは初めてだった。

砂漠にオアシスがあるとは誰もが知っているが、オアシスはなぜあるのか。川の伏流が地底を数千年も流れ、これを人間が発見して流れのある場所に井戸を掘る。これで牧畜民が水を汲み、羊を飼うことができる。川の水は地勢の低い所で地表に現れ、そこに人が定住し、ジャガイモや小麦を植え、村落を形成する。牧畜民は村に来ては羊肉と小麦やジャガイモを交換し、こうして経済システムが出来上がる。私はイランが農業国であることをここに来て初めて知った。

だが、イランの教師や学生は、イラン国王に非常に不満があるようだった。七〇年代に石油価格が暴騰し、国王は石油のおかげで一夜にして世界的大富豪となっていた。生活は豪奢だったが財富が国民を豊かにすることはなかった。国王の妹は農民にケシの花を栽培させ、花が落ちて実を結ぶと刀で傷をつけ、流出した白い汁を自然乾燥させ軟膏状のアヘンとする。国王までもが軍人を派遣してアヘン畑を保護していた。農民の一部はこのために豊かになったが、素朴な農民が以前は買わなかった品々を商人が行商するようになり、また軍人と示し合わせてアヘン密売に走る者も多く、イラン産アヘンの半分は密売となり、社会の伝統や秩序は甚だ乱れていた。

帰途はジープに乗り換えてテヘランに戻ったが、市中に入ると道路が耐え難く混雑しており、路傍には衝突事故を起こした車両が遺棄されていた。ホテルに戻ると、南アジアから来た自動車修理工と運転手でホテルが満室になっていた。これはオイルマネーによる現象であり、イランは自動車市場が年間五万台から五〇万台へ爆発的に増加し、修理関連の人員が非常に不足し、隣国から高賃金で呼び込み始めていた。ホテルが修理工や運転手で満杯となるという特殊な状況がこうして発生するのである。

最後に私は国連開発計画（UNDP）に報告書を提出した。イランが近代工業を発展させるのと同時に、農村と水資源の分配と管理をすることが重要であると指摘したが、それはイラン人口の絶対多数が農村在住だからである。

イラン当局者がレストランでの食事に招待してくれたが、テヘランのレストランはどれも小さく、二、三〇坪程度で個室もなかった。イラン人は客を招くのが好きで、茶が出て客が飲んでしまうと、主人が茶をもう一杯と勧めて注いでくる。キュウリが珍奇な果物のように見られていて、食べてしまうとすぐまた同じような一皿が目の前に出てくる。キュウリが好きでない場合には、わざと皿の上に一、二個が残るよう気を付けるのである。

間もなく大きな卓が料理で一杯になった。私の目の前には歯のある羊の頭が煮込まれたものがこちらを向いている。主人は私に、フォークを取って一番美味しい羊の目玉を食べるよう、非常に熱心に勧めてきた。一頻り説明があったが、それによるとイランでは羊の肉が主食であり、最も重要な客人は最も美味な羊の頭と羊の目玉でもてなすのだという。われわれ数人は遠来の客で国連職員でもあり、当然羊の頭と目玉を食べるべき客人ということになる。私はもとより美食が好きで、生のものも食べるが、この眼前の羊の頭には恐れをなして、あまり重要ではない部分を一口だけ食べた。

二、三〇年後に駐日代表の任にあった時、海峡交流基金会前董事長を務める辜振甫・台湾セメント董事長と話す機会があり、彼が羊の目玉を食べた話を聞いたが、私は自分が挑戦する度胸がなくて本当に良かったと思った。辜振甫氏は初めてイランに行った時に羊の目玉を勧められ、しかも一番美味しい所を見逃さないように、と言われる同様の経験をした。そこで彼は固い眼球を一気に呑み込んでしまったという。オーストリアに飛んだ時にその固い目玉が腸に詰まり、病院に行くほかなく、手術をしてようやく取り出したとのことである。

世界各地で食べたスッポンの味

私は世界各地でスッポンを食べたが、そのたびに望郷の念にかられた。

小さい頃の嘉義の家では、スッポンは普通に食べる料理の素材だった。川にも野生のスッポンがいて、物売りが捕まえては売りに来ていた。うちの母がスッポンを良く買うことや、家の門前の騎楼（アーケード式の歩道）によく座っていることをよく来る物売りは知っており、わざわざ捕まえたのを担いではわが家の門前にやってきて、「今日はスッポンは要りませんか？」と母に声をかけていた。母は私の小さい頃に「斤鶏両鱉」と良く言っていた。鶏を買う時は大きいのが良く、スッポンを買うには小さいのを選ぶのが良いという意味である。体型の小さいスッポンの方が美味しいのである。

嘉義でスッポンを食べる時に大事なのはスッポンの生き血を飲むことであり、目の色が明るくなり、早く近視や老眼になりにくいと言われる。私が結婚して日本にいた頃も、母は自分でスッポンを料理して妻の清芬を仰天させたことがある。母は私に箸でスッポンの頭を軽く叩かせる。スッポンは敵が来たと勘違いし、すぐに首を長く伸ばして箸に食らいつくが、この時に母がすばやく頭を切り落としてしまうのである。スッポン一匹から出る血の量は杯一、二杯ほどで、これを温めた清酒で割れば「鱉血（スッポンの生き血）」となる。飲むと味は大体台湾の米酒（ミージウ）と変わらない。

六〇年代以後、私は国民党のブラックリストに載せられて、永く台湾に帰ることが叶わなかった。

幸いにも日本でもスッポンを食べることができるので、母の日本旅行に合わせてスッポン料理を試さないわけにはには行かない、と思った。

私は母を連れて京都に行った。京都には三百年の老舗「大市」があり、ここのスッポンには四種の食べ方がある。まずは母が好み、良く知っている生き血を味わったが、次に出て来たのは小さな生の肝で、一行はみな箸が止まり、誰もあえて食べようとはしなかった。続いて店の人が大きな土鍋を捧げて入ってきた。色々の具が入った鍋料理だと思ったが、鍋の蓋を取ると、スッポンのほかは澄ましたスープだけだった。スッポンの肉を食べてみると、肉質は鶏肉に似ていて、甲羅の舌触りは筋肉とサメ皮の中間という所だった。最後に鍋の中のスープを用いて粥を作り、溶き玉子を入れてかき回す。味わいはさっぱりして美味しかった。

一九八六年に中国・杭州の西湖に行った時にも、湖畔にある名店「楼外楼」に行くことは忘れなかった。ここは魚と海老の料理が上手いことで知られている。蒋介石はまだ南京にいた頃、ここで招宴を開いており、中国の周恩来総理もここで宴席を設けたことがある。私は楼外楼にもスッポンがあると知り、メニューにないスッポンの煮込み(清燉鱉)を特別に作って貰い、非常に満足した。

九〇年代に私が台湾に戻ってからも、少なからぬ店がまだスッポンをメニューに載せていることを発見した。私が最も足しげく通った華西街の担仔麺の店は、幼少時に食べたスッポンの味わいを残していた。当時は一四六百から八百元で京都よりも安く、また美味しかった。惜しむらくは寄生虫があることが後でニュースとなり、俄かに誰も食べなくなったので、店でも作らなくなってしまったことである。

エベレスト登頂は朝食前に飛行機で

国連の仕事で外国に行っても、二四時間働いてはいられない。また全くの旅行をすることもしばしば可能だった。国連開発計画（UNDP）のネパールへの援助実施で専門家の評価が必要となり、私が招きを受けてネパールへと飛んだ。水利専門家の日本人が同行者だった。

ネパールは坂のような国で、首都も高山の腰の上に広がっている。ネパールに入る経路も一般とは異なっていた。普通は飛行機に乗れば、飛行機は上空に上がって高空をしばらく飛行し最後にまた平地に降りるわけで、蟻が大きな饅頭に上って降りるようなものである。だがネパール行きの場合、ただただ飛び上がるばかりで降りて来ないような感じだった。

世界最高峰のエベレストもこの国にある。登山家は永年の準備を経てからようやくエベレストを征服するが、私は小型のプロペラ機で上がって行くという別の方法でエベレストと相まみえた。飛行機がエベレストを巡り飛行する間に、窓外に見えた山の頂は一片の純白で、その下には黒色の岩が連なり、さらに下方には緑の森林があって、一番下は草原となっていた。森林と草原の中間には家屋が点々と続き、私はさながら巨人国に来ておもちゃの小型飛行機に乗り、巨人の食卓の上にあるチョコレートケーキの脇を飛び過ぎているような感じがした。

飛行機に乗ってこの景勝を見るには、一日の中でも早朝に出発しなければならないとのことである。朝を過ぎればエベレスト周辺の気流が不安定になるからだ。登山家はこのためにエベレスト登頂に非常に苦心するわけだが、私は登頂と下山を軽々と終えて世界最高峰登頂証明書を貰い、悠々と朝食に出かけることができた。

国連は八〇年代に東アフリカのケニアに国際連合人間居住計画（UN-HABITAT）を設置し、私はその顧問としてアフリカの大地を踏むという貴重な経験をした。仕事が終わってから野生動物の大移動を見に行こうと、私は自分でサファリに行く手配をした。

第二次大戦前、ケニアは英国が統治していたため、ケニアにはサファリがある。当時の流行である狩猟は上流階級のレジャーであり、ホテルも一流の設備を備えていて、まるでロンドンのホテルに滞在しているかのようだった。ホテルを一歩出るとそこには堀があり、人と動物を隔離して安全を保っていた。

私と他の客は特別な車両に乗り込んだ。運転手は動物を見つけ出し、われわれを近づけて見物させるやり方を良く心得ていた。この時の旅行では、動物の原始的競争本能をよく見ることができた。例えば、ライオンは一たび獲物に狙いを定めて跳びかかる機会を伺う時には物凄く集中しており、彼らの数倍はある車が近くに停まり、エンジン音を響かせても気にもしない。

シマウマはか弱い動物などではないことは私も知っていた。数百頭のシマウマが群れをなせば、ライオンの襲撃など全く恐れることはない。シマウマが食われるのははぐれたものだけである。

羅福全は1970年代に小型機に搭乗、気流の安定する早朝の時間帯を利用し、エベレストを展望して世界最高峰登頂証明を手に入れた。

ガイドがわれわれに警告したのは、一番恐ろしいのは猛獣の類ではなく水牛だということだった。写真を撮るにしても決して近づいてはならない。万一水牛が怒り狂えば一直線に突っ込んできて、決して力を緩めたりせず、死なんばかりの勢いで徹底的に激突し続けるのだという。

カバは昼間は水中にいて、体も大きく鈍重なために怠け者の動物と思ってしまうが、実はそうではない。カバは昼間の日光を浴びすぎると皮膚が乾燥し脱水してしまうので、生存本能により水中で湿度を保っているのである。夜の帳が降りると、カバが行動力を発揮する時間となる。走る速度は約五〇キロと実に速く、一晩で数百キロを移動する。例えば台北から高雄でも三百キロ超に過ぎない。

人はアフリカに来て、至る所が原始的で夕陽と星空のみが隣人という環境で束の間に俗世を離れ、夜が明けてもなお夢の中の如くの思いをする。東アフリカには原始的な部落も数多いが、都市も存在する。ケニア最大の都市ナイロビには高層ビルが立ち並び、市内にいれば二十世紀だが、市中からわずか二〇キロも離れれば直ちに二千年前の世界に入り込む。さながら自分が夢幻の作り出す劇中の一人物となったかのようである。

東アフリカの遊牧民族、マサイ族は背丈が高く痩身で、鮮やかな色彩の衣服を着て跳ね踊るのが上手く、観光客は下車して一緒に写真を撮りたがった。写真を撮影すれば金を払うのが暗黙のルールとなっているが、白人の中には車内から写真を撮る者がいた。このような場合も金を払うべきなのだろうか？　見ていた私にも判断がつかなかったが、一人のマサイ族が石を拾い、投げつけ去って行った。これがマサイ族が正義を回復する方法なのであり、われわれが警察を呼んだり裁判所に訴えたり、六法全書を繙くのとは異なっているのである。

G7サミットに世界経済予測を提出する

国際的な仕事の良い点は、世界の美食を堪能できるというだけではなく、世界のトップクラスの経済学者と交流する機会が得られるということである。話題となるのは世界的な問題ばかりで、一たび座れば知性と知性が衝突し、火花を散らすことになる。これもまた快なる哉である。

私の見るところ、国際性のある経済学者とはまさに快男児であり、世界の栄枯盛衰を自らの業とし、その行いは豪気に満ちている。私が東京の国連大学で高等学術審議官を務めていた一九九一年、一九八〇年のノーベル経済学賞を受賞したわがペンシルベニア大の恩師、クライン教授から電話があった。「ヘイ、福全！　G7が始まるけれども、われわれの見解をG7に提出したいと思うんだ」。私は結構ですね！と答えた。細胞の一つ一つが手を取り合い、緊密に動き始めたかのような感じがして、一つ腕を見せてやろうという気になった。

G7は米英仏独日加伊の七大先進工業国が構成し、毎年サミットを開会している。G7は元はG6で、一九九七年にロシアが加入して今ではG8となった。

クライン教授は幾つかの世界的な大問題を検討しようとしていた。例えば東西ドイツは一九九〇年に統一したが、双方の経済水準の差は大きく、西ドイツは東ドイツに二千億米ドルの支援を行う必要があると見積もられていた。つまり西ドイツは国際金融市場からこれだけの資金を引き揚げる必要がある。二千億米ドルもの資金が減少すれば、世界はどれほどの影響を受けるだろうか。

このような問題はわれわれ二人が座り、感覚や経験に任せ論じていても結論が出るものではない。私が開催準備を担当して、国際ビデオ会議で答えを見出すことになった。

G7開催の二週間前、経済専門家七、八人を引きつれて東京に飛んできたクライン教授とともに東京・六本木のテレビスタジオに入った。皆が一列に座り、クライン教授がビデオ会議の司会となり、私は彼の隣に座った。前に清潔な長机があり、ビデオのレンズがわれわれに向いていた。

欧州でも経済専門家七、八人がパリに集まっていた。第三の地点はニューヨークの国連本部で、人がやや多く、大きなコンピューターもあった。コンピューターこそはわれわれ経済専門家のおもちゃと言うか、ポケモンのようなものである。コンピューターにはクライン教授の作った世界経済の大きなモデルが入っていた。それは無数の方程式で構成されており、重要な変数に数字を代入すれば、世界経済の変動を予測する数字が数分もかからずにコンピューターで計算されるのである。

会議が始まると、国連本部側では多くの経済統計を持ち出し、コンピューターのキーを叩き続け、キーの音が止むと数分もせずに結果が出てきた。その後、三カ所の経済専門家は算出された数字をもとに討論を進めて行った。その当時のビデオ技術では一対一でしか向かい合うことができず、三カ所が同時にお互いを見ることは不可能だったが、三カ所目の声だけは聴くことができた。討論の

（上）羅福全（左）とペンシルベニア大学の恩師クライン（右）は世界経済の変動の研究で幾度となく協力した。中間は日本の宍戸駿太郎・国際大学学長。
（下）世界をリードするエコノミストと席を同じくし、世界的問題の議論に頭脳を集中する仕事は、羅福全にとって正に快事だった。

スティグリッツは2007年、ノーベル経済学賞受賞と同時に早稲田大学の名誉博士号を授与された。

結果は整理されてG7に提出された。

七カ国によるG7は各国が開催するものであり、国連自体が開くものではなく、このビデオ会議も国連の委託を受けた公式のものですらない。国際経済学者たちが個人的な情熱から自発的に貢献した知的遊戯であるに過ぎない。ただ、国連大学を経由して国連本部と繋ぐことにより、一国が前面に出ることのない、超然とした公的な信頼感があるものになったと思う。

次の機会は一九九六年十一月、クリントン大統領がマニラAPEC（アジア太平洋経済協力）に出席した時で、開会の数日前にわれわれは再び東京、パリ、ニューヨークの三極ビデオ会議を開き、国連本部の「UN-LINKモデル」で計算を行い、アジア太平洋地域で関税が引き下げられた場合、アジア太平洋と世界の経済をどのように発展させることができるかを議論した。私の記憶では、計算によるとアジアは六から七％の経済成長率を維持でき、中国は次第に九％に向かうという結果が出た。クリントン大統領の当時の経済顧問、ジョセフ・E・スティグリッツはすでにノーベル賞を受賞していたが、彼の恩師アローもノーベル賞受賞者であり、またアローとクラインは兄弟のように親しかった。そこでクラインはスティグリッツを通じ、アジア経済の将来の変動の予測をクリントン大統領とG7会議に対し、参考のために提出した。

われわれ経済学者が世界の頂点に立っているとは言わないが、われわれは自分たちこそが世界の面倒を見ている、という高みに立っているのである。

地球温暖化防止のための「京都議定書」起草に参加する

国連は加盟各国のために働く組織であり、国連大学も国連の学術機構であるため、そこで行われる研究も世界のどの国でも見られるような「生存、発展、福祉」といった大問題となる。われわれの仕事内容もグローバルで全地球的な問題ばかりだ。

地球は一つしかない、資源は有限だとか、温暖化や食糧危機といった最近よく耳にするこれらの警告は、「ローマクラブ」というシンクタンクが一九七二年に資源枯渇や生態系破壊の可能性につき警告を発したものが最初だった。八〇年代にはさらに多くの警告が出されている。ノルウェー首相のグロ・ハーレム・ブルントラントが組織した「ブルントラント委員会」は一九八七年に「ブルントラント報告」を発表、「人類は人類の生活の質を向上する一方で、自然資源の使用を増加しない新しい発展の途を確立し、人類の持続可能な発展を可能にしなければならない」という持続可能な発展の基本的理念を打ち立てた。報告書はまた、「持続可能な発展」とは何かについて、今日の世代が必要とすることによって次世代の生存空間を損なってはならないということだ、としている。

続いて一九九二年、国連がリオデジャネイロで開催した「環境と開発に関する国際連合会議」は非公式には「地球サミット」と呼ばれ、百カ国以上の元首や政府代表が参加した。全世界の政府はこの問題に取り組むために初めて一堂に会したのである。この会議がまとめた「アジェンダ21」は一種の共通認識ではあるが、問題解決のための具体的行動はまだ含まれていない。

私は国連大学の代表としてリオデジャネイロに赴いた。戻って来てからは、経済構造の調整と持続可能な発展は、私の国連大学の永年の在勤中の主要な研究テーマとなった。世界の学者も数多くが競って関連研究に手を着け始めた。私もユネスコと経済協力開発機構（OECD）によく招かれたために、パリには何度も飛んで行った。

OECDには環境局という組織があり、オランダの元環境大臣のヨーク・ウォラー・ハンターという女性がそのトップだった。ある日、私は彼女から呼ばれて仕事上で協力することになった。

OECD加盟国の多くは欧米先進国だった。OECD自身は加盟国の地球環境問題を研究し、非加盟国である中国やインド、インドネシア、ブラジル、ロシアについては国連大学が研究していた。これにより、地球上の環境問題の九三％以上をカバーすることができた。彼女の提案とは、中国の持続可能な発展について研究することだった。

国連大学の有利な点とは、国連自身が各種の研究を行っているだけでなく、われわれは世界の六千以上の大学と協力関係にあることで、非常に簡単に人を派遣することができた。一九九六年、私は中国の国家科学技術委員会（現・国務院科学技術部）、社会科学院、北京大学、日本の国立環境研究所の協力を実現し、中国の一九九三年のグリーンGDPを算出した。一九九二年のリオデジャネイロ・サミットが定めたグリーンGDP算出の公式によると、「グリーンGDP＝GDP－環境・生態系の被害額」となっている。中国のグリーンGDPはこの時初めて算出されたのだが、結果は驚くようなものとなった。

われわれは一九九七年に中国の国家科学技術委員会で発表した。その時の委員会主任は宋健だった。一九九〇年代の中国経済は高度成長を遂げ、GDP成長率は一〇%に達していたが、経済成長が天然資源と環境汚染に与えていた経済的損失は一九九三年を例にとっても八・九%であり、それぞれ差し引くとグリーンGDPは一・一%に過ぎない。これに対して中国の環境保護担当者が、「対策はどの程度の費用でできるでしょうか？」と尋ねてきた。われわれは、「日本の経験によると、GDPの一%を投入すれば、資源や環境の損失を八%以上減らすことができます」と答えた。

九〇年代の世界各国は、地球環境が持続可能でありうるかという問題を理解し始め、これに取り組もうとしていた。国連の地球サミットが何度か開催され、一九九七年にはその第三回会議が日本の京都で挙行されることとなった。有名な「京都議定書（京都プロトコル）」は一七四カ国とEUが合意しており、炭素排出量の規制を定めている。先進工業国は温室効果ガスの排出を二〇〇八年から二〇一二年の五年間で一九九〇年の水準に抑制し、地球環境の悪化を防ぐことになっている。

この京都会議には私も国連大学代表として参加した。私は国連の組織に数十年間奉職したが、この京都会議はその経験の中でも大いに心を動かされるものだった。国連は先進国ばかりが主導しているが、京都会議では常の様子とは異なり、第三世界の諸国が起ち上って先進国に対抗し、先進国を第三世界側の要求に服せしめたのである。

京都会議には三種類の参加者がいた。まずは各国政府代表が京都国際会議ホールで全体会議を開いた。これとは別に非政府組織の代表がいて、人数はこれらの方が多い。三番目は専門家だが、国連開催の重要会議であったため、様々な分野から代表となる専門家が参加しており、私も国連大学の代表だった。専門家会議は幾つかのホテルに分散して開催されたが、第三世界の諸国の科学者は非常に意気込んでおり、数的な科学的根拠を持ち出しては先進国に矛先を向け、先進国が資源を過去百年以上も浪費し続けたせいで環境の破壊が起きたのだ、と怒りを込めて滔々と弁じていた。

京都会議の場外では多数の非政府組織がプラカードを掲げて叫び、抗議デモを行う場面が見られた。これは私が従来参加してきた国際会議にはないもので、その多くは第三世界の組織だった。

京都会議の主催国は日本であり、京都議定書の草案も日本の環境庁が起草した。会議中に私は環境庁に呼ばれ、小型の円卓会議に参加して議定書の内容が適切なものであるかを討論した。ただ言うまでもなく、最終的な議定書の決定権は参加国代表団による大会が握っていた。

OBサミットで「台湾」代表として各国首相の面識を得る

私はOBサミットにも参加したが、これにもまた独特なステータスの高さがあった。福田赳夫は一九七六年から七八年に日本の首相だったが、同時期のシュミット西ドイツ首相は一九八二年までその地位にあり続けた。二人は日本語で言えば「同期の桜」で、革命を共にする心情を持っていた。

シュミット退陣の翌年、二人の老友は引退後も体を休めようとはせず、任を離れた各国の大統領や首相が集まる会議を開始した。現職であることのしがらみのない年配の先輩者として、世界に向けて率直に発言して行こう、というのがその趣旨だった。

同会議の正式な名称はインターアクション・カウンシルという。英語では退職者をオールド・ボーイズ、短くOBと言うが、同会議は各国首相、要人の年次会合であるため、一般にはOBサミットと呼ばれている。退職した大統領や首相が誰でもメンバーになれるわけではなく、一国から会員になれるのは同一期間に一人だけである。

一九九五年に福田赳夫の病勢が悪化したことが伝わった。OBサミットは東京での開催が決まったが、福田に別れを言う意味で、元首相ら七〇人以上が参加し非常な盛会となった。参加者にはカーター元米大統領やゴルバチョフ元書記長もいた。

この会議は国連と関係があるわけではないが、国連大学は東京に設備のとても良く整った会議場を持っている。座席が階段式で数百人が座れる点が重要だが、とりわけ大事なことはどの座席でもイヤホンを挿し込みさえすれば、各種言語の通訳が聴けるようになっていることだった。

国連で当初常設の公用語とされたのは英語、フランス語、ロシア語、スペイン語であり、いずれも複数の国で使用される言語であるため選ばれた。日本語は使用する国が一カ国だけなので、日本人が参加する場合、言語をどれか一つを選んで聴かなければならない。ソ連は一一カ国の連邦なので、国連では一一議席を有していた。ロシア語を使用する国としては他にベトナムがある。私がベトナムでよく出会ったのはロシア留学経験者であり、初期の留学者が宗主国フランスに留学したのとは違っていた。中国語は中国でしか使用しないが、後から加わった。さらにアラビア語も後から加わり、現在では国連の会議言語は六種類になっている。

日本の通訳の能力は全世界で最も優れており、各種の異なる言語の専門的人材がいて、さらに一つの言語の通訳でも異なる専門領域に分かれている。私が話せる英語から日本語への通訳では間違いを聴いたことがない。私が台湾で耳にする日本語通訳は、しばしば聴くに堪えないことがある。

この時のOBサミットは選ばれた委員会が取り仕切っており、会議の議題について報告をまとめていた。委員長はオーストラリアのマルコム・フレーザー元首相で、私は一三人の委員の一人であり、中国の元外交部長・副総理の黄華の夫人、何理良も委員だった。

最初に委員の資料の国籍欄があり、私は思い切って「台湾」と書いたが、意外にも修正されるこ

INTERACTION COUNCIL

Report on the Conclusions and Recommendations
by a High-level Group on

THE CHALLENGE TO BALANCE POPULATION INCREASE AND FOOD SUPPLY

Chaired by
Malcolm Fraser

10-11 April 1995
Tokyo, Japan

In addition to Mr. Fraser, Mr. Takeo **Fukuda** (Japan) from the InterAction Council and the following high-level experts participated in the meeting: Lee-Jay **Cho** (U. S. A.), **He** Liliang (China), Howard W. **Hjort** (U.S.A.), Hajimu **Irisawa** (Japan), Fu-Chen **Lo** (Taiwan), Robert S. **McNamara** (U.S. A.), Isamu **Miyazaki** (Japan), Gail D.**Ness** (U.S.A.), Ismail **Serageldin** (Egypt), Katsumi **Sezaki** (Japan), and Akihiko **Yoshida** (Japan).

OB サミットの委員会で委員を務めた羅福全。国籍欄の「台湾」に抗議も修正要求もなかった。

とはなく、委員会のリストが印刷される際、私の名前の後ろにカッコに入れて「Taiwan」とあった。黄華夫人の名前の後ろはもちろん「China」となっていた。彼女は礼儀正しく会議を尊重し、何も抗議を持ち出さなかった。

台湾は国際的な注目度が低迷していて、まるで大人の中を子供が縫って歩くようなもので、見られたり注目されることに飢えている。私は国際社会にあって国を遠く離れていたが、小さなカッコの中の故郷の名前を見て思わず笑顔を禁じ得なかった。

この日、福田赳夫は息子の福田康夫の押す車いすに乗って現れ、日本の正式な伝統的和服である「紋付羽織袴」を着ていた。上着は黒、下は灰色で、非常に威厳があり重々しい感じだった。会場に入ると全員が起立し、熱烈な拍手で敬意を表した。医師が五分以上話させてはならぬと福田家に伝えていたのだが、福田は気力を振るい、二〇分以上も発言を続けた。私は福田赳夫を見るのはこれが初めてで、そして最後だった。その後二カ月少々で彼は永眠した。

福田は体が弱ってもなお初心を忘れず、世界に直言していた。その日には世界の人口と食糧問題について語った。会議の後、私と数人の委員が福田の発言をもとに報告書を作成した。

会議の日、私は他にも数人の老元大統領・首相を目にした。

カナダのトルドー元首相は痩身で背が高く、すでに七十六歳だが、依然として男前だった。七、八〇年代に彼は二度首相に選ばれた。映画スターのバーバラ・ストライサンドとは知られた恋仲で、しばしば一緒に休暇旅行に行っていたが、ある日突然二十数歳の別の女性との結婚を公表したのを見て、私も恋愛と結婚は別物だと改めて悟った。トルドーは個性的なキャラクターの持ち主で、スーツの胸にはいつもバラの花を挿していた。東京に来たこの時にも例のごとく装い、襟には真っ赤なバラの花が挿され、尽きることのない情熱を発散していた。

アメリカのベトナム戦争当時の国防長官、マクナマラも来ていた。彼も一三人の委員会の一員で、当日講演した二人のうちの一人だった。私は彼を知らないわけではなく、国連大学で「冷戦後軍縮の経済効果」会議を開いた時、世界銀行総裁であった彼を招待したことがあった。

マクナマラは米国現代史では評価が両極に分かれる人物である。彼はハーバード・ビジネス・スクール卒業後に事業を大成功させ、わずか一三年間でフォード・モーター社長にまで上り詰めたという輝けるキャリアを誇っていた。四十三歳でケネディ大統領に国防長官に抜擢された。だが人生の禍福はあざなえる縄の如しで、福の頂点には禍の種も存する。七年間の在任中の多くはベトナム戦争に忙殺されることになり、米国は遂には敗退し、彼の双肩にはその後始末がのしかかった。

時と場所は移り、約三〇年後の一九九五年四月の春、マクナマラは回顧録出版と時を同じくして、四月十日の東京のOBサミットに出席した。八十歳の老躯をおして立ち上がり、米国はベトナムと戦争をしたが、それは米国の最大の過ちだったと聴衆に懺悔を述べ、その場からはたちまち熱心な拍手が起こった。自らの過ちを認めることは実に難しく、大きな勇気と英知を必要とするものである。

この会議で私はアンドレアス・ファン・アフト元オランダ首相とも識りあい、その後に国連大学高等研究所の特任教授として招聘したほか、二〇〇〇年には台湾訪問を実現させた。

各国首相との交際に関しては、南悳祐《ナムドクウ》元副総理はかつて研究室の壁一枚をへだてた友人だった。彼は私よりも十一歳年上だが、台湾で言えば尹仲容や李国鼎に相当する人物であり、戦後の韓国が貧困状態を突破して工業化し、七〇年代にはGDPが一千米ドルを上回り、「漢江の奇跡」と言われるまでになったのを主導した人物だった。

南悳祐は元来は米国の経済学博士であり、韓国に戻り大学教授となってから朴正熙に重用され、副総理兼経済企画院長官となった。だが一九七九年に朴正熙が暗殺されて全斗煥に替わり、南悳祐もそれに随って下野することとなった。

政治の中枢から離れたあと、南悳祐は学者として米ハワイ大学のイースト・ウェスト・センターに行ったが、ここは失脚した政治家のリゾートのような所で、米国は政治的権力を失った人物をしばしば招いてここで「充電」させる。私には権力をなくすという問題はなかったが、仕事を替えたために一九八一年に名古屋からイースト・ウェスト・センターに移り、人口研究所の上級研究員となり、経済学部と地理学部の授業も受け持った。私と南悳祐の研究室は壁を隔てたすぐ隣り同士だった。われわれは順番に発表を行い、私はアジア経済、彼は韓国経済について語った。普段もいくらか付き合いがあったが、私の感じでは彼は経済学の教授というだけではなく指導者としての魅力を持っていた。

ある日、彼が私の戸をたたいてお別れを言いに来た。韓国に帰るのだという。「帰って何をされるんですか？」と私が尋ねると、彼は「戻って首相になるんです！」と答えて私を一驚させたが、

（上）米国史でも議論の分かれる人物、マクナマラ（右）。43歳でケネディ大統領により国防長官に任じられたが、在任7年間のうちに米国はベトナム戦争の深みにはまり込み、精神的に深い傷を負うこととなった。
（下）オランダ元首相アンドレアス・ファン・アフト。羅福全がOBサミットで知り合った各国首脳の一人。

私も彼のために大いに喜んだ。失脚した政治家がイースト・ウェスト・センターを去る際に、一番言いたいのはこの台詞だろうと思う。

シュンペーターの最後の弟子、ヒギンズとの交遊

経済学においてシュンペーターの名を語るのには、改めて多言を要さないだろう。彼の景気循環理論や資本主義の創造的破壊の理論・学説が与えた影響は大きい。一八八三年生まれ、一九五〇年死去。チェコに生まれ、一九三〇年代に米国籍を得てハーバード大学で教鞭を執ったという、何世代も前の人物ではある。だが私は四十歳の時に彼の最後の学生と知り合う機会があった。その場所はハワイ大学であった。

このシュンペーターの最後の学生であるベンジャミン・ヒギンズを、私はいつもベンと呼んでいた。彼は当時、オーストラリア国立大学で教えていた。一九八一年、彼はハワイ大学に客員研究員として来ていた。ある晩に話していた時、彼は私に蒋介石にまつわる話をしてくれた。台湾は当時まだ戒厳下にあったので、蒋介石に関する話は何でも秘密の感じがしたもので、私は耳をそばだてて七十歳のヒギンズの話に聴き入った。

ヒギンズは戦前、ハーバードでシュンペーターの助手をしていた。一九四〇年のある日、デイビッド・クンというシュンペーターの学生が彼にプレゼントをくれた。自分は教授の助手であって彼の

羅福全宅に招かれたヒギンズ（左）と本城和彦（右）。2人ともほろ酔い加減で、この後ヒギンズが興に乗り頭上で手を鳴らして踊り始めた。

先生ではないのに、なぜプレゼントをくれるのかが分かりかねた彼はデイビッド・クンに尋ねてみた。彼が言うには、蒋介石委員長はシュンペーターに中国に来てもらい、経済顧問に就任して欲しいのだが、表立って言うことができないので、シュンペーターに話を通して貰いたいのだと言う。

このデイビッド・クンの名は漢字では孔令侃と言い、蒋介石夫人の宋美齢の姉、宋靄齢の長子だった。孔令侃は上海で大学に行っていたが、卒業後は財政部中央信託局に就職、一九三七年に日本が上海を攻撃したため、中信局の撤退に従って香港に移った。当時まだ弱冠二十一歳で、二年後に米国のハーバード大学に入学してシュンペーターに出会った所だった。

ヒギンズが孔令侃の求めをシュンペーターに伝えると、シュンペーターはすぐに誘いに応じた。彼は中国に行ったことはないものの、当時ハーバードで新興のケインズ学派と対立し、あまり愉快でなかったためである。双方は報酬を金地金で計算し、翌年一月に学期が終わって赴任することとなった。思いがけずもその年の十二月八日に日本が真珠湾を奇襲して米国が対日宣戦したために、この話は無期延期となった。

シュンペーターは三〇年代初頭に日本で講演しており、日本のことを知っていたので、真珠湾奇襲後には感慨深げに、「この庭園みたいな国は、一度破壊されるだろうね（This garden like country will be destroyed once.）」と言っていた。果たして日本は三、四年後に戦争で苦境に陥り、降伏をもって終わった。

秘密を共有すると距離が近くなるものだ。ヒギンズに孔令侃とシュンペーターの話を聞かされたことが契機となり、私と彼は良い友達となった。

のちに私が名古屋の国連地域開発センターに勤めていた時、ヒギンズは半年間来訪した。彼は日本語が話せず、私がいつもあちこちに連れ歩いた。彼は日本を去る前、署名した本を送ってよこした。夫人との連名でサインがあり、「To Fu-chen, our fairy godfather」とあった。「ゴッドファーザー」とは、冗談で世話になったことに感謝したのだ。

ある時、私はヒギンズや各国から来ている経済学者たちに日本の田舎の生活を体験してもらおうと思った。私はワインをたくさん買い込み、皆がバス一台に乗り込んで岐阜県の山上に向かった。われわれの世話をしてくれたのは村長で、私の姉の夫の友人だった。村には一筋の清流が流れ、村長はわれわれのために百匹以上のアユを獲って炭火を起こし、一尾一尾を串に挿して炭火の周りに立てて焼いてくれた。村長はさらにその場で竹を割り、慣れた手つきで水道に取り付け、そして茹でてある素麺を水流に流し、皆が箸で拾い上げた。外国人の経済学者には非常に珍しい経験で、たちまちワインの盃が挙げられては飲み干されて行った。ヒギンズは興奮のあまりにオーストラリア人の二人目の奥さんと共に服を脱ぎ捨て、真っ裸で河に飛び込んで行った。

経済学者は教室や研究室では教授や学者だが、教室を出れば一人ひとり暮らし方は異なっている。ヒギンズはオーストラリアに家を買い、家の裏には千アールの牧場があった。牧場では、放し飼いの羊が放っておいても二代目、三代目を勝手に繁殖させていた。一日中、羊は見えても人を見ることはない。そのような場所に、自ずとその楽しみを見出している。

このような経済学者には友人との付き合いを好む人が多く、交際を楽しむと私は感じている。みながら互いの家族ぐるみの付き合いに情熱を傾ける人々であり、本を読むばかりの馬鹿者などでは全くないのである。

インドネシアの経済学者イワン・アジズにプロポーズをけしかける

私が知っているインドネシアの経済学者のイワン・アジズは、非常に直情的で率直な人物である。イワンは今、アジア開発銀行に勤務している。アジア開発銀行は台湾の彭淮南・中央銀行総裁が毎年訪問し、そのたびに台湾が「タイペイ・チャイナ」と一方的に名称を変えられていることに抗議する国際機関である。

ある年、私は世界銀行がインドネシアで開いた会議に参加した。インドネシア大学を参観した際に、私は初めてイワンに会った。まだ助手を務める研究生に過ぎなかったが、その明敏さはすでに隠れもないものだった。のちに彼はインドネシアの経済建設委員会に就職し、公務員となったが、私は名古屋の地域開発センターで養成コースを担当していたので、日本に来てコースに参加して貰おうと彼を招聘した。

イワンは富裕な家の出で、父親はインドネシア最大の英字紙のオーナーだった。古美術蒐集を好み、収蔵のために家を三軒も購入したことからもその富裕ぶりが窺える。イワンは名古屋に来る前にインドネシアで婚約しており、新婚生活の準備に家を一軒建てていた。

インドネシアの経済学者、イワン（右端）と陝西省の秦の始皇帝の兵馬俑を訪ねる。

日本での養成コース四カ月の間に、フィアンセは思いがけず心変わりし、不幸にも別の相手と結婚してしまった。イワンは建てた家を見たくもなく、惜しげもなく打ち壊して過去に別れを告げた。

イワンは米国の博士課程に留学することにして、私の所にハーバード大学が良いか、それともコーネル大学かと尋ねに来た。私はハーバードの方がもちろん有名だが、コーネル大学のアジア研究は優れているので、開発経済学という学問から言えばコーネル大学の方が良いと言った。私の意見の通りに実際にコーネル大学に行った。二年後に博士号を取得、私にもわざわざ論文を送ってきたが、「完成しました！」と非常に丁重に伝えてきた。イワンは私には兄に対するような態度で接していた。

イワンは国に戻り、インドネシア大学で教職に就いたが、インドネシア大学は台湾大学と同じくエリート校であり、イワンは研究に没頭していて、彼の結婚話は永く聞かなかったが、心には憂悶を抱えていたようだった。

ある年、私はパキスタンで国際会議を主催し、イワンにもインドネシアの経済モデルについて発表するよう頼んだ。イワンについてきた女性の助手は私の目には非常に美人に見えて、仕事もてきぱきとしていた。私はイワンとは遠慮がないので、「何をまごまごしているんだ?」と直截に言った。夢を見ている人物がただの一言で覚醒するとは思わなかったが、彼はインドネシアに帰るとすぐに彼女にプロポーズし、程なくして結婚した。後でイワンは私の一言で目覚めた、と非常に感謝していた。

イワンはインドネシア大学に在籍中に招きに応じて台湾に来たことがあり、招請機関の世話で烏来の原住民の踊りを見物しに行った。後になって彼は、「何で私を招いてインドネシア人の踊りを見せるんですか?」と半ば冗談、半分本気で言っていた。台湾の原住民も東南アジアの原住民もオーストロネシア語族に属しており、言語文化風俗の基層が同じ系統に属するので、例えばインドネシア人も台湾のプユマ族も、「食べる」を「マカン」と言ったりするのである。

マレーシアの経済学者カマール・サリーとの共著が世界的評価を受ける

私が四十代だった八〇年代にはイワンのような友人が多かった。年齢もほぼ同じ地域開発を専門とする経済の教授たちで、しばしば顔を合わせて共同作業を行った。私たちのこういった集まりは

経済学界は医学界と似ており、領域が細かく分かれている。羅福全（後列右から3番目）は40数歳で、地域発展を研究して得た一群の同領域の友人を「マフィア」と称していた。前列左から2番目がカマール・サリー。

いつも大声で笑ってばかりだ、と妻は良く言っていた。これは確かにそうであって、同じ学問を研究している同士で談論風発、痛快に話し合ったものである。われわれはマフィアだなどと、私は冗談に言っていたが、私には兄弟がなく、彼らが兄弟と同じなのである。これらの兄弟はみな米国に留学して帰国した人物で、自分の国家に貢献しようという満腔の抱負を持っていた。その中でも最も親しかったのがカマール・サリーで、本当に私の弟のようだった。

カマール・サリーはマレーシア人で、ペナンの田舎の出身だった。マレーシア人には台湾の原住民と同様に氏姓の観念がなく、名前はみな父の名に重ねて言うので、カマール・サリーとはサリーの息子カマールという意味である。カマール・サリーは息子にサイミャオという名を付けたので、息子のフルネームはサイミャオ・カマールとなる。つまり名前でソリティアをしながら血筋を遡る様な具合になる。

カマール・サリーは貧乏な生まれだが非常に賢く、勉強も良くできた。英国統治下ではマレーシア人が勉強して社会的地位を向上することが奨励されることはなく、またマレーシア人も楽天的なので、毎日街頭を歩き回るだけで満足し、熱意をもって知を求めるようなことはなかった。カマール・サリーは比較的早期に高等教育を受けたマレーシア人と言えるだろう。彼は大学にまで進学し、さらにオーストラリアで修士課程、米国のペンシルベニア大学の博士課程へと進んだ。私とは同じ専攻だったが三年後輩のため学校では接点がなかった。

戦後、学問が最も進んでいたのは米国だったので、全世界の優秀な若者が陸続と海を渡りやって

杭州でカマール・サリーと自転車で西湖を回る

きた。私は六〇年代に渡米したが、私が出会ってきた東南アジアの学者は大体みな私よりも五、六年遅かったが、カマール・サリーは戦後東南アジアから米国に留学し博士号を取得した中では最も早い方だったと言えよう。彼は学業成就の後にマレーシアに戻り、二年を経ずしてマレーシア理科大学の副学長となった。これらの大学ではそれまで旧植民宗主国の英国人の教授ばかりが要職に就いていた。マレーシア人に限らず、台湾、タイ、韓国では博士号を取った者は国に帰り、みな国家の発展の最前線で要職を担ったのである。

私が初めてカマール・サリーに会った時、彼はマレーシアに戻って一年目で、まだ副学長になっていなかった。私の印象では、彼は打てば響くように反応の速い人物で、幼少時から英語を学んでいて、会話や作文の能力では米国人にも全く引けを取らなかった。一九七八年、われわれは共著として「Growth Pole Strategy and Regional Development Policy: Asian Experiences and Alternative Approaches（拠点開発方式と地域開発――アジアの経験と代替的アプローチ）」を出版した。これはハーバード大学やマサチューセッツ工科大学で教科書に採用され、世界的なレベルで学術的な地位を築いた。これは私が世界の経済学界に足を踏み入れるための名刺代わりになったとも言える。

台湾行政院経済建設委員会の副主任委員、陳小紅はハワイ大学のイースト・ウェスト・センターに来て私の授業を取ったことがある。彼女は張京育元新聞局長と来日して交流活動に参加したことがあったが、彼女は張京育に私のことを紹介し、私の書いた本は米国の千以上の大学で使用されていると言った。

カマール・サリーとの共著が出てから二〇年後のある日、私は南アフリカの大学から手紙を受け取った。学内のホールに写真を掲げたいので、私の写真を提供して欲しい、学生が読む率が最も高いのがこの本だから、と言うのである。私とカマール・サリーとは、このような革命の同志の如き感情がある。彼も私には私が兄であるかのように接して、「フーチェン、君のいうことなら何でも同意するよ」といつも言っていた。

カマール・サリーはイスラム教徒で、お互いの背負った文化は異なる。イスラム教徒は豚肉は食べないし、飲食の習慣は根本的に衝突するのだが、一緒に美味い物を食べる時はいつも、「中に豚肉が入っているなんて言わないでくれよ」と言っていた。

九〇年代にカマール・サリーは二人目の妻を娶った。イスラム教徒であるマレーシア人は合法的に四人の妻を持てるのだ。インドネシアでも初代大統領スカルノがイスラム教徒として三人の妻をもっていた。三人目は日本人で、日本のテレビにゲストとして出て来るデヴィ夫人（デヴィ・スカルノ）であり、今も活躍している。

マレーシアの女性の境遇はなかなか厳しく、年末になると夫が座っている所に妻が行って座り、手を取って夫に対し、「この一年、私に過ちがありましたら、どうぞお許しください」と言うことになっている。これに対し夫が離婚すると口にしても、一度なら問題はない。二度言えば事態は非常に深刻となり、三度言えばそれで決まりで離婚せざるを得なくなる。現在は女性の権利意識が高まり、女性がみなこのようにするわけではないが、これがイスラム教で一般的な文化なのである。マレーシアでは女性が尊重されないと言われるが、私がマレーシアで見聞した限りでは妻一人で満足する人がほとんどで、二人と結婚する人は非常に少ない。妻を二人も管理するような能力は誰にでも備わってはいるわけではないのだろう。

反骨の経済学者、宇沢弘文と台湾を旅行する

私は日本には代表的な経済学者が四人いると思う。京都大学の藤田昌久、安倍晋三首相の通貨膨張政策を強く支持している浜田宏一、日本で最もノーベル賞を取りそうな青木昌彦、そして東京大学の宇沢弘文である。私はこれら四人とはみな交流があるが、藤田昌久は私と同じくペンシルベニ

ア大学地域科学の出身であり、彼は私の四年後に博士号を得ている。浜田宏一は私が東大で聴講していたときの先輩で、大石教授は私に、何か質問があれば何でも浜田に聞くように、と言った。青木昌彦の回顧録も私と生田浩二の交友関係に言及しているが、われわれは以前、遠いアフリカで一緒に経済顧問を務めたことがある。宇沢弘文は私が国連大学にいた時に特任教授に招聘したことがあり、その縁で付き合いがある。

二〇〇〇年四月末、私は国連大学を退職する予定だったが、退職前に二人の友人を故郷の台湾に招待しようと思っていた。一人はオランダ前首相のアンドレアス・ファン・アフト、もう一人は宇沢弘文である。

若い頃の宇沢は数学が専門だったが、東大数学科を卒業後に経済に関心を持ち始めた。一九七二年のノーベル経済学賞を得たケネス・アローがたまたま日本で講義をしたが、アローもまた専門を数学から経済に切り替えた人物で宇沢はかなりの影響を受けていた。宇沢はケネス・アローが招かれたスタンフォード大学に行き、一、二年後には論文を発表するなど大いに成功して一流の経済学者となり、博士の学位を持たないにも係わらず、シカゴ大学で教授となった。

宇沢教授は日本に戻って東大の教員となり、評価や名声を博するようになり、後に東北大学に博士論文を提出して博士号を得た。彼が若い頃に創案した理論はその後、彼自身による見直しを繰り返しており、非常にドラマチックなものとなっている。

宇沢は後半生においては、経済学は金持ちがリソースを使用して金を稼ぐことを助けるものでは

大きな髭をたくわえた宇沢弘文（左端）はいかにも反骨の人物だが、理論上も自動車に反対しており、日常生活で乗車することを拒否していた。

なく、永続的な発展を考えるべきものだという立場を取っており、このような思想のために一種反主流的な経済学者となった。彼は回顧録で、「私は経済学者として半生を過ごしてきた。元々は人間の幸福に資することを志した経済学は、かえって反対の効果をもたらしていないだろうか」と書いているが、このような反省は人をして敬服せしめ、繰り返し学ばしむるに足るものである。

宇沢には非常に長い髭があり、いかにも非主流的な人物に見えた。彼は自己の理論上、自動車に反対していたが、それは社会のコストが高過ぎる、というのが理由だった。彼と大石教授が法廷に呼ばれて行ったことがある。大石は資本家支持、宇沢は資本家に反対である。法廷を出ると、法廷側が彼らのためにタクシーを呼んでいたが、大石教授は悠々と乗り込み、宇沢は自己の理論に忠実な態度を貫き、好意を謝絶して一人で電車に乗り帰って行った。

七〇年代に日本政府は農民の土地を強制収用して成田空港を建設した。農民が団結して反対し、学生組織がこれを支援し、宇沢は反対陣営に加わった。二年にわたり右翼が彼を暗殺しようとしたため、彼は常に身辺を警護して貰わねばならなかった。私が台湾に誘うと彼は非常に喜び、台湾では暗殺されるおそれはないから、警護の必要はないと冗談で言っていた。

宇沢の訪台に先立ち、私は李登輝総統に報告しておいた。李登輝総統も私も宇沢の理論を利用したことがあった。ただ総統は宇沢の論文は読んだことがあってもまだ面識はなかったので、会って話が出来ることをとても楽しみにしていた。四月二十四日に重慶南路の総統官邸で会うことになった。その頃は総統選が終わったばかりで、陳水扁が当選、連戦が落選し、怒った青色陣営（国民党）

支持者は矛先を李登輝に向けて官邸を取り囲んだばかりだった。だがわれわれの面会した当日、官邸外部はすでに全く平静で、官邸内では荷物がすでに纏められているのが目に入った。李登輝総統には何の影響も見られず、宇沢との数学史、経済理論の話に没頭していた。私は脇に座り、ただ耳を澄ませて聴き入ることとした。その日は李総統夫人も宇沢夫人もおり、清芬も私に同行して来ていた。清芬は後で、李登輝の博学識見ぶりを本当に改めて認識したと言っていた。

宇沢の台湾旅行では私にも奇縁があった。私と清芬は宇沢夫妻とともに台南旅行に行き、台南の楊黄美幸副市長が面会し応接してくれた。皆で話して分かったことは、戦争が終わって私が十歳で日本から氷川丸に乗って台湾に戻った時、まだオムツをした一歳の幼児だった楊黄美幸も同じ船に乗っており、そして宇沢の奥さんも氷川丸に乗って米国に留学したということだった。

もっと奇縁だったのは、この四月三十日に楊黄美幸がわれわれを台南飛行場に送ってくれた時、彼女が買ってきた中国時報を開いて見ると、大見出しに「羅福全が駐日代表に内定」とあったことである。教授二人とそのご夫人は、口々にお祝いを言ってくれた。

V

駐日代表として
台日の架け橋となる
2000－07

2011年9月、台北で開かれた台湾安保協会の国際シンポジウムで、安倍晋三、菅義偉衆議院議員（当時）を蔡英文（民進党主席）に紹介。左は蕭美琴立法委員。

陳水扁総統と唐飛行政院長が私の人事をめぐり対立する

新聞が私の駐日代表内定を報じ、宇沢教授らがお祝いを言ってくれたその時は、正直なところ私自身も全く意外だった。その前に民進党の李応元立法委員（国会議員）が電話してきて、「もしも貴方が駐日代表だという話になれば、貴方は米国の国籍は放棄できますか？」と尋ねてきたことはある。こういう話し方はまだ確定している訳ではなく、その場で直ぐに米国籍は放棄するとは伝えたものの、私は全く本気にはせず、一陣の風が吹いた位に思っていた。私は台湾を離れてほぼ四〇年となり、そのころ人選で噂に上っていた人は他にも多くいて、そういう人たちは私よりも諸方面との付き合いが密接で、政治的関係も深いようだった。

私と陳水扁は全然縁がなく、それまでに一度接触したことがあるきりだった。一九八三年、まだ台北市議会議員だった彼が米国を訪れた。当時の台湾は蒋経国の独裁統治下で、台湾独立運動といえば共産党と一緒の恐るべき存在だったから、接触だけで叛乱罪とされかねず、親友も恐れ避けて近づこうとはしなかった。陳水扁がそれでも会いに来ようというので、私は彼を民主党のソラーズ下院議員に引き会わせようと思った。八〇年代の台湾では独裁体制と激突する行動が次々と起きていて、ソラーズの名前は台湾の民衆にも知られていた。彼はかつて下院アジア太平洋小委員長を務め、台湾に対する武器輸出停止を主張することで国民党が美麗島事件を調査するよう仕向けたこと

国連を退職した2000年、羅福全は当選直後の陳水扁総統と会い、駐日代表として派遣された。

もある。陳文成事件（一九八一年、米国から台湾に帰国した陳文成教授が台湾大学で墜死体で発見された事件）の真相についても繰り返し公聴会を開き、国民党の戒厳実施を批判している。

宇沢弘文に付いて総統官邸に行った日、辞去する前に李登輝総統が、「君を駐日代表にするけれど、もう聞いたかい？」と簡単に一、二言尋ねてきた。彼はまた、君の人事はまだ発表とはならないが、それは唐飛行政院長が反対しているからだ、と言った。私は猟官運動をしたことはなく、仰天させられる話だった。

人事は五月に決まり、私が総統当選者の陳水扁に会った時にこの話を確認することができた。唐飛は駐米代表を程建人とすることを望んでいたが、一方で陳水扁は私を駐日代表にしたかったのである。唐飛が疑問を呈したために、陳水扁は非常に不快に感じており、彼は私に対して、「彼が程建人を派遣できるのに、なぜ私の方は羅福全を派遣できないんでしょうか？」と言ったが、話を聴いているとなお憤慨しているようだった。国防と外交は総統の職権に属している、というのが陳水扁の認識だった。彼は唐飛の意向を尊重し、駐米代表の人事についてはその言を容れたのだが、唐飛は意外にも駐日代表の人事まで阻止しようとしたのである。

その当時の政治的状況を振り返ると、陳水扁は人民の直接投票で総統に当選したのであり、自力で政権を奪取した民進党は自己の新政府を樹立すべきものではある。だが半世紀にわたり政権にあった国民党が、議会ではなお議席の絶対多数を占めていた。陳水扁は当選したとはいえ、政治の現実を踏まえた妥協が必要であることは承知していた。国民党サイドの前参謀総長、唐飛の行政院長への起用は、陳水扁のやむを得ざる妥協の産物である。だが陳水扁と唐飛の間の本質的な矛盾が、私の人事を巡って早くも激化し始めているとは予想外だった。

陳水扁と唐飛の外交人事の対立が私の身の上に関して具体化したため、進退きわまった私は台北のホテルに一カ月間も泊まり続けることとなった。駐日代表就任は全く予想外のことで、東京の国連大学を退職するに当たり、われわれは東京の家の家具も全て荷造りを終えて、一五〇箱以上を引越し会社の倉庫に運び入れ、台湾に送るところだった。引退し、台湾に戻って暮らす準備をしていたために、すでに台北市にマンションを借り、三カ月分の敷金も支払っていた。人事がもしも固まるならば、すぐまた東京に逆戻りしなければならなくなる。私と清芬は台風に揉まれる渡り鳥のように東京に行くこともできず、台北に荷物を運び込むわけにも行かなくなっていた。どうにもならないので、とりあえず仁愛路の福華飯店に泊まって成り行きを見ることにしたのである。

秋篠宮妃の幼少時から皇室に嫁ぐまで

私を駐日代表に推薦したのが誰なのかを私は確実には知らないし、どんな理由で推薦したのかも分からない。陳水扁は唐飛を遠慮なく斥け、あくまで私が駐日代表就任を受けることを求めたので、私も陳総統が本気で私の経歴や能力を認めていると感じ、簡単に断るわけには行かなかった。また、私が日本社会で一定の地位や人脈を積み重ねてきたのも確かである。

例えば、今上天皇の第二皇子である秋篠宮の紀子王妃は、私は子供の頃から知っている。紀子妃の父親、川嶋辰彦はペンシルベニア大学で私の同じ学部の後輩に当たり、彼も地域科学博士である。彼がペンシルベニア大学にいたころ、紀子はまだ二、三歳の幼児だった。川嶋辰彦はその後ウィーンで研究を続け、二年後に私はすでに国連で勤務していたが、招待を受けて講演に行き、再び紀子と会ったが彼女はもう小学生だった。

紀子には弟が一人いて、二人ともとても物静かな礼儀正しい子供だったのを覚えている。川嶋はなかなか厳格で家にはテレビがなく、子供二人もテレビを見ることができなかった。東京に戻ってからはテレビがあったが、見られるのは一日に一時間だけだった。

その後、川嶋は学習院大学で教授となり、紀子も学習院大学に進学して秋篠宮と出会うことになった。紀子はあまり活発ではないが、とても秋篠宮が好きで、彼が加わるサークルには何でも参加したという。結婚が決まってから、記者が紀子に対して初めて話したのは何時でしたかと尋ねたら、路上で歩いていると秋篠宮が助けてくれたのが、双方が初めて出会った時だったと話している。

私は東京の国連大学にいた時に川嶋家を訪問したが、それは学習院大学の宿舎だった。数年前に一緒に食事した際、川嶋夫人が思い出しながら語ってくれたのは、客間は六畳、すなわち三坪相当しかなく、場所が狭いので、皇室の使いを迎えるために隣の四畳半のダイニングを片付けて二間をつなげねばならず、五坪よりやや広い空間としたということだった。

紀子がまもなく皇室に嫁するという話が広まった時、ペンシルベニア大学の元校長、マーティン・

マイヤーソンがちょうど日米関係への貢献のゆえに叙勲されたので、ペンシルベニア大学の同窓が「国際文化会館」に集まって歓迎会を開いた。ここは江戸時代の藩邸で、所有者が幾度か変転し、皇族の久邇宮邸となったこともあり、今上天皇の母親もここで生まれている。国際文化会館は六本木にあって会員制となっており、庭園は幽静にして高雅、一般のホテルのような商業的な雰囲気はない。東京に行く時、私は好んでここに宿泊している。

歓迎会の日に川嶋は紀子を連れてきた。彼女は準皇族であり、ニュースで非常に注目を集めていた人物だったために、彼女が会場に入るのを皆が非常に喜んで見守った。紀子は立ってスピーチをしたが、私は同窓の多くが座っている中で、川嶋辰彦が非常に畏まった様子で立ちながら彼女の話に聞き入るのを見て、彼はもはや単純に娘として紀子に接することはできないのだな、と感じた。

また国連大学には学術会議があるが、私は友人の陳恒昭を通じて皇太子の来駕を願ったこともある。陳恒昭の兄、陳顕庭は私が台南一中の三年上の先輩で、兄弟ともにハーバード大学に学び、米国ではどちらも良い友人だった。当時のハーバードの名教授だったライシャワーは陳兄弟の先生だった。米国の駐日大使も務めたライシャワーは学生の面倒見が良く、陳恒昭が英国のケンブリッジ大学の教員になるのを推薦してくれたが、その時ちょうど皇太子がケンブリッジで学んでいたのである。皇太子妃雅子の父親、小和田恒はかつて日本の国連大使でハーバードに学んだことがあり、陳恒昭も知っていた。陳恒昭は在日台湾人の真珠王、鄭旺の娘と結婚していて、日本語が話せた。彼が言うところによると、彼は月に一回皇宮に行って皇太子夫妻と食事をするのだという。

私は国連の三つの組織で二七年働いたが、そのうち二つの組織は名古屋、東京にあった。皇室関係の他にも知り合いとなった日本の要人の数は数え切れない。

名古屋にある国連の地域開発センターの本城和彦所長は私の上司で、彼の背景もまた特別なものだった。本城の弟の義父である東郷茂徳は終戦時の外相で、ドイツ人と結婚し、子供は女児一人だけだったので、本城の弟が東郷家に婿入りして東郷文彦と名を改めた。日本の外交官には世襲に似た伝統があり、一家みなが対外関係の職業に就くことがよくある。東郷文彦も七〇年代の駐米大使となり、彼の子も駐オランダ大使となっている。

本城和彦は東大の建築学科を出て、一九五五年に新たにできた法人「日本住宅公団」に入り、主として地方出身の中流サラリーマンのために多数の住宅を建設した。日本人はこの種の住宅を「公団住宅」と言っている。最初に本城が公団住宅の標準型を「2DK」、すなわちダイニングキッチン(食事室＋台所)のほかに二部屋のアパートと決定した。「2DK」はさらにリビングダイニングキッチン(居間＋食事室＋台所)のほかに三部屋がある「3LDK」へと進化し、戦後日本の住宅の基本型となった。台北の四、五階建の古いアパートも日本の3LDKと同様の構造から派生したものである。

アメリカ人はよく日本人はマッチ箱に住んでいると笑うが、本城夫人は時に、「マサ(本城の名前、和の発音)、あなたが最初に設計した2DKのせいで、日本人の住む空間がこんなに狭くなっちゃったのよ」とやんわりとした口調で文句を言っていた。実際のところ、戦後は誰もが困窮する一方、

（上）日本の秋篠宮妃である紀子は学者の家庭の出身であり、その父の川嶋辰彦（後ろ右から２番目）は羅福全（同右端）とペンシルベニア大学の同窓。

（下）羅福全（右から２番目）の国連地域開発センターの上司、本城和彦（同３番目）の弟は元駐米大使。

都市に大量に移住したために、非常に沢山の家を建てる必要に迫られた。それを生活の苦しい庶民にも購入できるものとするために、やむをえず「2DK」を案出した、という時代背景があったのである。

本城所長は私が三、四十歳で出会った日本の上層社会の人物だが、五、六十歳の頃に仕事上で出会った人には、国連大学の創設者となった永井道雄がいる。永井道雄はオハイオ州立大学で教育社会学博士号を取得、文部大臣となり、非政党・非国会議員出身の最初の文部大臣として各方面の尊敬を受けていた。国連大学は永井の大臣在任中に創設され、校内には彼専用の事務室がずっと設けられていた。

台湾は日本のかつての植民地であるが、私は永井の家族は台湾に特別の感情を持っていたのではないかと思う。永井の父親、永井柳太郎は英国に留学し、植民地を所管する拓務大臣となり、東京帝大で最初に植民地政策を講義する学者となった。新渡戸稲造も永井の後に現れた人物であり、さらに矢内原忠雄がこれに続いて三人で学問を継承した。矢内原忠雄は『帝国主義下の台湾』を書いて日本政府を批判した。私の台湾大学での教授、張漢裕は彼の学生で、言って見れば私の師匠筋に当たることになる。私は永井とこうした縁を語り合い、非常に親密に感じた。彼は初めて私に会った時に非常に私を気に入ってくれて、よく私を地方の講演に呼んでくれた。

鈴木俊一都知事のもと、阿久悠と東京都顧問になる

こういった人脈の繋がりは、国民党が従来持っていた人間関係とはかなり異なったものだった。第二次大戦で日本が降服しても、蒋介石が報復せず賠償を求めなかったことで、日本は恩義を感じたようだが、戦後の国民党の対日関係は七〇年代までずっと蒋介石の近臣の何応欽と張群が取り仕切っており、主として政界関係だった。蒋経国時代の馬樹礼に至るまで、駐日代表は高官の信任を受けた代理人という態度で日本側と応接しており、政治の高層にある人物とのみ交際していた。自分で日本の各階層に浸透しようとは思いもせず、知ってもいなかった。ようやく李登輝総統の時代になって、台湾セメントの辜振甫董事長が財界と深い付き合いをもつようになった。

私自身は教育文化方面の人脈が比較的多いと思う。例えば私立大学の最高位である慶應義塾大学では、私と高橋潤二郎理事には「魚一尾の交わり」がある。二、三十歳で米国に留学した高橋と私はペンシルベニア大学の同窓生だった。二人とも経済的には大変で、われわれは一緒にペンキ塗りのバイトをした。彼が修士論文を準備している時には、清芬が論文のタイプを助けた。ある時、彼は魚一匹をお礼に持ってきてくれた。このような気楽でまた密接な友情は、米国を離れて台湾や日本に戻ってもずっと変わらないものだ。

経済学の専門分野では私は主に大都市の問題を研究したが、国連大学在勤中には東京都からも顧

問に指名されたことがある。大都市には交通問題だけでなく、社会階級と貧富、経済発展、文化の振興や保存などの問題もあるので、都市問題の顧問が様々な領域から呼ばれており、私と同時に顧問となったのは作詞家の阿久悠だった。阿久悠は私より二歳下で、台湾で言えば方文山のように歌詞で名を成した人物である。

ゴミ問題を話し合っていた時に印象深いことが二つあった。ゴミは東京湾に埋め立てられており、その上でゴルフをすることができるが、煙草を吸ってはいけない。ゴミから発生したバイオガスが火気で爆発するからだ。またゴミでコンクリートを作ることもできる。コストは通常のコンクリートより高くなるが、それでも直接焼却するよりはまだ安い。

私は顧問会議に出て見て自分が唯一の外国人であることを知った。恐らく日本語が流暢に話せるからだろう。

その当時の都知事は鈴木俊一で、彼と私の友人、マーティン・マイヤーソンは昔の同僚でもあり、師でも友でもあった。戦後の一九五九年、鈴木は副知事となり、東龍太郎知事を助けて東京オリンピックを成功させたことで、事実上の知事と見られるまでになった。七九年から東京都知事に四期一六年間連続当選し、鈴木は東京都と一心同体になったと言えよう。

戦後の東京は、戦火の破壊の中から復興せねばならなかった。五〇年代には二人の米国人教授が顧問となっており、うち一人がマイヤーソンだった。彼はハーバードの都市計画の教授で、鈴木とは一緒に苦労した間柄でとても親しかった。

日本では人間関係は一種の資産であり、人脈豊富であるほど仕事の能力があることを意味する。日本人は経歴に非常に敏感だが、敏感であらねばならないのだ。日本人が最初に会う場合、まず相手の身分や地位を正確に知ろうとする。まずはどの学校を卒業したか、次に出身地、三番目に現在の仕事で、これでようやく正しい言葉の遣い方が分かるのである。

国連事務次長を内密に訪台させ、世界的ニュースとなる

駐日代表となる以前の国連職員の地位では、私が台湾のために何事もすることはできないのが当然だった。だがなお台湾の安否は常に心にかけており、何か台湾の為にできることがあれば、という心情は持ち合わせていた。日本駐在の八年前、私は台湾のために秘密裡に行ったことがある。大胆にも国連事務次長を連れて台湾に来たのである。

これには前段がある。一九九二年三月、コーネル大学の地域科学科の教授が私に手紙を寄越して、台湾の中央研究院が開く応用地域科学の国際会議に出席するよう私に求めてきた。だが両蔣時代の政治犯ブラックリストは廃止された訳ではなく、私と清芬はなおブラックリストに載っていて台湾へ戻ることは禁止されていた。蔣経国が一九八八年に死去してから何年もの間、海外にいるブラックリストの人々はしばしばいわゆる「闖關（関門を押し通る）」というやり方で国民党の非民主性に挑戦していた。私はこの機を利用して、駐日代表処に新しいパスポートを申請した。私は事前に

ＮＨＫに連絡し、私は国連大学の首席学術審議官であるが、台湾の統治者は私が故郷に帰ることを拒絶するのだ、と伝えておき、私と清芬が駐日代表処に申請をする時にＮＨＫの記者とカメラが後ろにいるようにした。

これは意外にも功を奏した。国民党はスキャンダルが表沙汰になるのを嫌い、駐日代表の林金莖はすぐにわれわれにパスポートを発給した。だが、帰国のビザの上には「台湾への立ち入りを許可する」との文字があった。自国のパスポートを得て自国に帰るのになぜ審査や許可申請が必要なのだろうか。世界各国は好ましくない外国人の入国を阻むだけであり、自国民の帰国に許可や不許可の審査を必要とする例などない。

この時の台湾帰国で、私は台湾を離れてから三一年ぶりに再び台湾を見たが、感じられたのは自然環境がすでに変化していることだった。観音山の上空には灰煙が立ち込め、淡水河ももはやきれいな流れではなかった。東京に戻ると私はすぐに国連大学学長に対し、環境保護研究所を台北に設立することを提案した。国連大学の研究所は世界各国の十数カ所に散在しており、例えばフィンランドには第三世界研究所、オランダには新科学技術・経済研究所がある。

学長は提案に同意し、私はすぐに黄崑虎に仲介と連絡を頼んだ。まず私が黄崑虎に手紙を書き、そこから李登輝総統に転送する。李登輝総統からは費用が幾らかかるかを問うて来たので、私は研究所の設置国が四千万米ドル程度を提供し、毎年の運営予算を負担する必要がある、と答えた。李総統は直ぐに同意した。国連大学の研究所は学術組織であり、私は教育部が交渉相手になるべきだ

（上）1992 年、政治犯のブラックリストが廃止され、羅福全夫妻は30 年ぶりに台湾に戻った。
（下）その前年、羅福全はまだ政治犯ブラックリストに載っていたが、次の年に国連大学学長兼事務次長夫妻（中）の台湾訪問を手配し、行政院に立ち入って連戦行政院長（右）にも挨拶している。

と主張した。李登輝は直ぐに一人の教授を私の元に派遣して、面談の上で詳細を詰めさせた。

ここからが重要な場面だった。一九九三年八月下旬、私と清芬はエイトール・グルグリーノ・デソウザ国連大学学長に付き従って台湾に行った。私は公務であり、国連の青いパスポートを持って入国した。台湾は一九七一年に国連から脱退し、国連との往来は全く途絶えていたのだから、台湾はすでに二一年間もこの特殊なパスポートを見ていないのだな、と私はその時思った。

続く三日間は全く休む間がなかった。総統府に行って李登輝総統に会ったが、国連本部は事務総長の下に十数人の事務次長がおり、国連大学校長も事務次長の一人である。台湾は国連脱退後にこのように高位の国連職員を迎えるのは初めてだったので、李登輝総統は終始、満面の笑顔が絶えなかった。李登輝は学長に向かって、「次に来られた時には花蓮へお連れします。あそこはもっと良いですよ」とも言った。

李登輝は学長に向かい、すでに連戦行政院長に任せたので、全ては彼が対応すると述べた。行政院を訪れると、連戦も熱烈な態度で、「あなた方にはアイデアがあり、私たちにはマッスル（筋肉）がある！」と話しながら手を握り、力こぶを作って見せた。台湾側が全力で助けるから安心してくれ、という意味である。

この後、教育部長と外交部長を訪れ、さらに工業技術研究院をも訪問し、宝物が一杯の故宮博物院も忘れなかった。初秋の台湾は風も穏やかで何もかもが順調に進んだが、思いもかけずその背後で早くも面倒なことが起き始めていた。

訪問三日目となり、国連大学学長が密かに台湾を訪問中であることを台湾メディアが大々的に取り上げ、ニューヨークの中国語新聞が後を追い、中国の国連大使が直ちに事務総長に抗議し、われわれ一行が直ちに台湾を離れることを要求した。事務総長の電文はまず国連本部から東京に届き、東京は台北に電話をかけて必死で学長を捜した。事務総長はわれわれが二四時間以内に急いで台湾を離れるよう命じてきた。

厳命が矢継早に発せられたが、遥かに遠くからであるため、実の所われわれはさして緊張もしなかった。学長の子供が台湾の自転車部品は品質が優秀だと聞いていたので、われわれはまた学長が自転車を買うのに付き合って出かけた。

われわれが東京に戻ると、すぐに故宮の秦孝儀院長が古陶磁の精巧な複製を二〇個も大箱五つで送ってきた。私はこれらを国連大学の内部に展示した。静かに置かれた古陶磁の姿は、さながら今回の秘密訪問の余韻を伝えて止まないようであった。

情報が漏れた後となっては、環境保護研究所構想は日の目を見ることなく頓挫してしまった。だが私は元来楽観的であり、学長にも「We are simply ahead of time.（単に時代の先を行き過ぎただけだ）」と話した。観音山の対岸に国連の旗が立つ日がいつかは来ると信じている。

山中貞則を通じて日本政界の重要人物と知り合う

陳水扁総統と唐飛行政院長は水面下で対立していたが、新政府が滑り出し、新たな人事を決めて布陣を整える必要があるため、私は五月二十八日にようやく派遣の命令を受けた。鍋の中に長いこと閉じ込められ、動けもしなかったものがある日、蓋が外されたような具合で、私は湯気が噴き出すように手足を伸ばし、すぐに動き始めた。

まず外交部に行って三日間のブリーフィングを受け、駐日代表として必要な各種アプリや基本ソフトウェアを頭にダウンロードした。それから一日もあけずに直ちに東京に飛んで赴任した。

急いで赴任し引継ぎを終えようとしたのは、まもなく日本の国会の選挙が行われ、政局の重大な変化が起きようという時であったからである。大使がその席を空けているべきでないからだ。

日本の政治は一〇年から二〇年のあいだ不安定が続いており、その当時もまた混乱に陥ろうとしていた。小渕恵三首相が四月に脳溢血で急逝、森喜朗が後を継いだが、彼が五月のある会合で、「日本は天皇を中心とする神の国」だと発言したことで国中が騒ぎとなり、まるで憲法の主権在民の理念に大きく反する第二次大戦前の時代に戻ったかのようだった。森喜朗の支持率は急激に落ち込み、彼は追い込まれて国会を解散し、総選挙で立ち向かった。私は外交部のブリーフィングを聴いてすぐに東京に向かったが、六月二日が国会解散、二十五日には投票の予定だった。選挙が始まると議員は次々と選挙区に帰ってしまうので、名刺を持って訪問し、知り合うことが難しくなってしまう。日本と台湾は一九七二年に断交しており、普通の国交のある国のように何かあれば外務省や大臣との面会を求めるというわけにも行かない。だが幸いなことに日本は議院内閣制であり、大臣はみな国会議員が就任する。台湾でも国会議員に道を開いて政府の高層と話が通りやすくなるよう改めたら良いだろう。日本の衆参両院には台湾と友好を保つことを望む議員が二五〇人もいて、彼らの組織する「日華議員懇談会」は、わが駐日代表処の最も重要な相手先となっている。

「日華懇」の議員から見ると、台湾側の政局の変動は大きな地震のようなものだった。彼らは数十年来、国民党と付き合うことに慣れており、それが一朝にして民進党となって、彼ら自身にもやや疑惑や不安の念があったのであろう。

私が最初に面会に行ったのは、日華議員懇談会の山中貞則会長だった。彼は私を見るや否や、「歳を取ったよ!」、「今の任期限りで辞めようと思う」と言った。日本人の話し方は言葉通りでは分からない。実際の所、山中貞則はそれほど歳ではなく、まだ八十になっていなかった。日本人は初対面の時には注意して控え目にするというだけでなく、もって回った話し方をする。私は老齢を嘆いて見せたのも、冗談やただ探りを入れて来たのだと思った。

山中貞則はしばらくの間、陳水扁の名前をどう読むかが覚えられず、山中会長が民進党の新政府のことはよく知らないことが分かった。彼は思わず、「陳水扁のことは知らないんだ。うちのどの子よりも若いんだから」と呟いたが、それも探りを入れたのだろう。

長く話した後で、山中会長はようやく本当に尋ねたいことを持ち出してきた。「あなたを派遣したのは誰ですか？　李登輝総統ですか？　それとも陳水扁総統？」。私は「どちらも同じなんですよ！」と答え、さらに説明を加えた。私も李総統も日本の教育を受けており、日本に住んだことがある。陳水扁と李登輝の何れも民主的に選ばれた総統だ。私の説明を聴いた山中はにわかに態度が明るくなり、顔の皺が柔和な感じになった。私は彼と話しながら、彼に気に入られたような感じがした。彼が李登輝と国民党の話をしても、私は全て流暢な日本語で答えることができるのだ。われわれの間にはこの後、しっかりとした信頼感が生まれた。彼が私のために日華懇談会を開いてくれたので、一度に三、四〇人もの議員と知り合うことができたが、その中には副会長の平沼赳夫、麻生太郎、扇千景もいた。いずれも随時入閣の可能性がある政界の重要人物である。

中国の伝統社会では個人は家族に依存し、家長の言うことには従い、家長は面倒を見て保護する。日本人は団体の動物であり、個人は団体にとけ込まなければならず、一人で勝手に振る舞うことはできない。日本の政界の規範は特にそうであり、このため山中は私を連れて他の議員に紹介した時には、わざわざ私を彼の隣りに座らせ、他の議員の席はわれわれと同じ側にしないようにして、彼が私を好きで支持していることを明らかに示した。会長がこのように待遇する限り、その下の議員も私を尊重せざるを得ない。

私が山中貞則に会いに行く前、駐日代表処のスタッフは私に山中会長は日華懇では非常に独裁的だと説明した。そういう場合、独裁者に気に入られるなら悪いことにはならない。私は四年間の駐

日華議員懇談会の山中貞則（右端）。病気で普段はいつも杖を用いていた。

日代表在任中に山中会長にはルートをつけて貰い、非常にスムーズにことが運んだので、彼には非常に感謝している。

山中貞則は九州南部の鹿児島出身だが、日本時代に台湾に移り住んだ日本人の中でも鹿児島出身者が最も多かった。山中貞則は台北第二師範学校（現・台北市和平東路二段の国立台北教育大学）に学び、その後は高雄の小港で先生となった。一九七〇年の佐藤内閣ですでに総務庁長官に就任、米国の沖縄返還にも功績があり、続いて沖縄開発庁長官となった。彼の経歴からすれば議長や首相になる機会はあったが、残念なことにこれらの地位につけば、天皇の面前で宣誓し、天皇の手から任命状を受け取り、一歩ずつ後に下がって退出しなければならない。山中貞則は糖尿病のため足がやや悪く、この後退の動作が困難だったと言われる。

ある時、彼と話をしていると、山中は明治以来、ステッキは紳士の象徴であって、天皇が議員に下賜する物のうち最も良いものが銀のステッキだと教えてくれた。それから私は三越に行き、銀のステッキを特別に誂えて彼にプレゼントした。握りの部分は銀製で花模様などはなく、質実な感じのするものだった。

二〇〇四年春に山中が病逝した時、彼の家人から山中は家でいつもこのステッキを用いていたと聞かされ、私は非常に感動した。私の求めで、山中の家族はこのステッキを私に送り返してくれた。将来「必要」になったら、私は山中貞則の思い出としてこのステッキを持ち歩こうと思っている。

椎名素夫の招待で、駐日アメリカ大使館に潜り込む

日本政界の各派閥の中では、橋本龍太郎元首相も見過ごすことのできない人物だった。私が挨拶に行くと、彼はちょうど国際会議の準備で忙しくしていたが、「自民党と台湾の関係で何かあれば、私の所に来なくとも、直接椎名さんの所に行けばいいですよ」とはっきりとした口調で言った。

椎名とは何者か？　当時の参議院議員、椎名素夫のことである。日本の議員の多くと同様に、彼も権門の出だった。台湾史上で有名な後藤新平は彼の祖母の初瀬の弟であり、台湾人の慣用する親族の呼称で言えば「舅公」となる。後藤は十九世紀末の台湾にやって来て、児玉源太郎総督の直属の民政長官として実権を掌握し、台湾統治の手法や方針を設計した。まず戸口や土地所有制度を設け、台湾人の風俗習慣等の基礎的調査を行い、台湾の農村社会から近代社会への転換を推し進め、深遠な影響をもたらしている。後藤新平は日本に戻った後も東京市長を務めた。

椎名素夫の父、椎名悦三郎と台湾の関係は、後藤と似たものにはならなかった。椎名悦三郎は外務大臣と自民党副総裁に就任し、台日断交前には特使として台湾を訪問、蔣経国行政院長と会見している。彼が空港を出ると、怒った学生や民衆がプラカードを掲げて包囲した。

椎名は名門の出で若い頃には物理を学び、アルゴンヌ国立研究所で勤務したこともあって英語が非常に流暢だった。彼は後にもとの仕事を捨てて、政治家として父親の後を継いだ。米国という背

景が彼を知米・親米派とした。

李登輝時代、総統府には外交上のプロジェクトがあり、それは台湾と日米が毎年ハワイで三者会談を行うというものだった。三方の代表は李登輝、椎名素夫とアーミテージ米国務次官補だった。米日はともに台湾の重要なパートナーであり、椎名素夫は台湾外交にとって極めて重要な人物であって、李登輝時代にはすでに叙勲が検討されていたが、椎名が辞退していた。陳水扁時代の四年目の二〇〇三年になり、椎名は七月に米国の叙勲を受けたことから、それを前例に八月には台湾側の叙勲を受けた。

椎名が受けたのは米国務省の最高の勲章 The Secretary's Distinguished Service Award で、日本では米国務長官特別功労賞と称せられている。外国人の受章例は二人しかおらず、米国が椎名素夫の貢献を高く評価していたことが窺える。

勲章授与式は駐日米大使館で行われた。私は以前に国連大学で働いていた時には米国籍を有しており、毎年七月四日の米建国記念日には米大使館で開かれるパーティーに招かれていた。時は同じ七月だが、身分の状況は違っている。この時の私は台湾の駐日代表であり、門外に拒絶されることとなった。台湾と米国、日本は国交がなく、断交後の歴代の駐日代表は誰も米国大使館に入ることができなかった。代表処は東京の港区白金台にあり、米国大使館は港区赤坂で、互いの距離は三キロ程だが、政治的には無限ともいえる距離があった。だが椎名が何事もないかのように私に招待状を送ってきて私を無理に潜り込ませたことで、数十年来の遠距離は打破されることとなった。

会場には百人以上が来ており、ハワード・ベーカー大使が入り口で迎えていた。彼はかつて上院院内総務で、妻も上院議員だった。だが当時のリチャード・アーミテージ国務次官補はさらに注目すべき人物と言えた。彼は政治の面で椎名に協力していた友人だった。

アーミテージは軍の出身で、壮健な身体はまるでレスラーかアラビアンナイトのアッラーのようだった。人となりは非常に善良で、一〇人の孤児を養っていた。私は米国大使館内で非常に自然にアーミテージと握手した。彼は私が誰かを知っており、私も彼が誰だか知っている。皆微笑して目を交わし、口には出さないが肝胆相照らす、といった感じだった。

駐日代表処をふさわしく設える

米国大使館と言えば、かつて建国記念日パーティーに出席した際に館内で清芬が非常に心惹かれたものがある。壁の至る所に名画の本物が掛けてあり、どれも大使館が米国内の美術館や博物館から借りてきたものだった。大使館内は文化展示の場となり、また米国大使の文化的素養を示すものとなっている。

われわれが代表処に入った時には、二人とも期せずして同じように面貌を一新する必要を感じた。

戦後、台湾の駐日大使館は港区元麻布にあったが、その前身は台湾の民政長官だった後藤新平邸で、台日断交後は中国に持って行かれて彼らの駐日大使館となっている。交渉の後に、日本側は別に港区白金台の公園地を選び、台湾の台北駐日経済文化代表処を建設する場所とした。

代表処には二棟の建築があり、一つは五階建ての事務棟、一つは二階建ての代表の公邸であり、二つの棟は繋がっている。初めて公邸に足を踏み入れた時には、やや嫌な感じがあった。壁に掛かっている絵が複製というだけでなく、白いプラスチックのフックを使っていた。某代表は自分と有名人の記念写真や自分の賞状、証書の類を壁一杯に掛けるのを好んでいたという。代表処は台湾の顔や衣服であり、装飾の仕方はわれわれの品格や素養を反映することになる。他国であれば何とか我慢して受け入れられなくもないが、駐日代表処が対面しているのは美意識を世界で最も綿密に追い求める国である。

台湾には世界第一級の故宮博物院があり、貴重な書画骨董は数えきれない。私は米国大使館と同様に故宮から借りたものを展示したいと思った。まず某名画家の家族に実現可能性を打診してみたところ、相手の返事は「政府と交渉するのは非常に面倒だ」というものだったので、私の熱は半ば冷めてしまった。ともかく公文で交渉し、時日を費やしたが埒があかず、私はまず自分の金を出すことにして、六〇万元で画家の謝里法の「牛」を購入した。

実は私は書道が好きで、自分でも古い書画を世界の各地から買い集めている。以前にクアラルンプールにいた時には、マレーシアには華人が多く、中国の古書画を扱う店もあるので、私は「集珍荘」という骨董店で晩清の名書家、何紹基の一幅四聯の書をもとめていた。代表処の壁に掛けると、四聯の巨大な構図が四囲を圧する迫力を放った。日本在住のスター、翁倩玉（ジュディ・オング）と

駐日代表処は羅福全夫妻が改装を行ったことでアートサロンのように様変わり。訪問客がピアノを弾く姿が見られるようになった。

言えば日本で知らぬ者はないが、彼女は日本人と台湾人のどちらの身分をも持っている。彼女の版画は何回も賞を獲っており、台湾の現代文化をテーマにした彼女の絵は台湾の中央大学のそばの茶芸館にも掲げられている。私はそれを八〇から百万円ほどの公費で買い取り、代表処の来客招宴用の食堂に掲げた。

代表処の一階には応接室のほかにグランドピアノを購入して置き、その傍らに白い人物彫像を配した。これは金沢大学の台湾人留学生の作品である。

台湾の画家の先達、李石樵はバラを愛し、バラの園や花瓶に挿したバラなどの作品が少なくない。私はオークション会社の景薫楼国際芸術を通して一枚を買ったが、二百万台湾元以上を費やした。

このことが後に中傷を受け、汚職か何かのような話として広まった。政界には元々この種の噂やゴシップがつきものだが、国家公務員は実行すべきと信ずることはあまり恐れ憚るべきではない。李石樵の絵は公費により公開のオークションを通じて買い求めたもので、国有財産として外交部の管理下にあり、私が持ち出せるはずもない。何れにせよ有名画家の名画は価値を保つもので、それらの絵はみな後に価格が倍になった。政界では密告というものはあっても良いが、指導的な立場の人は見極めるだけの判断力がなくてはならず、密告から混乱を生ずべきでない。さもなくば政治の雰囲気が清明になることはなく、公務員も職務が困難になるばかりだ。

米国大統領の勤勉さを手本とする

台湾によって派遣された代表ではあったが、私はまる四〇年間も台湾に住むことが出来なかったので、歴代代表のキャリアパスを変えてしまった。歴代の代表は総司令（幕僚長）、部長（大臣）、ベテランの副代表など、いずれも台湾政界に深い関係のある人物ばかりで、国際組織の出身は私一人だった。私はさながら世界を飛んでいたはぐれ鳥が台湾という木の枝に止まったかのような具合だった。それは私が台湾官界の文化を知らず、自分の声で鳴くからである。

代表処のスタッフと最初に話した時にも、私は「マイドア・イズ・オープン」と言って、誰でも何時でも来て話してくれて良いと伝えた。スタッフの多くは国民党員なので、私は特にケネディ大統領の一九六一年の演説の、「国家があなたに何をしてくれるかを問うのではない。あなたが国家

国慶節の 10 月 10 日に開かれるパーティーは駐日代表処にとって年間の最重要行事で、千人以上を招待、日本の国会議員も百人を超える。

になにが出来るかを問うてほしい」という名文句を引用し、外交ではただ国家の利益を考え、党派の立場を考えるべきではないと述べた。私は国民党的な政治的特質を持たないばかりか、口を開けば自分がボスだとばかり言うようなやり方も知らず、ただ米国大統領の勤勉さを自分の態度としたと後になって気づいた。

私はさらに以前の代表がしなかったことを実行した。

国慶節の双十節（十月十日）パーティーは代表処にとり、一年で最も盛大な催しである。盛大であることには、中国と張り合っていることが関係している。九日前の十月一日には中国が建国記念日を挙行し、常にパーティーで四、五百人を招待する。わが台湾としても弱い所は見せられず、招待客は千人に上り、国会議員も百人を超える。私が就任した第一回目のパーティーでは一五〇〇人が祝賀に訪れた。

第一回目のパーティーでは私がホストとなり、例の通りまず北京語で話し、続いて日本語に訳したので、両方合わせて四五分と非常に冗長なものとなった。オランダ、スイス、アフリカ諸国等二十数カ国の大使が来ているので、私は二年目にはやり方を変え、まず北京語で三分間、英語で三分間、日本語は来客の多くの共通の言葉なので、その後で日本語であいさつを述べた。結果はみな心楽しくリラックスすることができた。ある華僑などは私に親指を立てて、中・英・日の三カ国語がみな話せる大使は、数十年間見た事がないと言っていた。

民進党はまだ政権を獲ったばかりで、多くの人は国民党の気風に染まっており、総統官邸に熱心に足を運んでいた。私はこういうことが得意でないというか、全然できないのである。私が思い至ることと言えば、自分の仕事をちゃんとしようと言うことだけだ。勉強も就職も米国だったので、私は恩師の家に行って用事をさせられたりすることもなかったし、上司に個人的に何かを依頼する必要ではなく、すべて仕事を仕事の場でやっただけである。清芬も私と同様で、公務員の奥さんの中にはよく官邸に贈り物を届けたりする人がいるが、彼女はそういうことは全然しなかった。

私は若いころから米国や国際組織で働いてきたので、人間関係の文化や習慣は西洋の影響を受けている。米国では通常の場合、友人に招かれて家に行く時にはみな何も持たずに行くのが普通である。米国の公務員が贈り物を貰う場合については法令が明確に規定しており、二〇ドル以下でなければならない。

日本人の人間関係が贈答のやり取りに依存する程度は極めて高く、代表在任の四年間、普段の日に受け取る贈答品でさえ少なくない所に、歳暮と中元の二大シーズンに受け取る贈答品はさらに多かった。私は毎月、受け取ったものはスタッフに抽選で配布し、自分では一つも受け取らなかった。

私どものやり方が前任者とは違っていたので、スタッフの中にはなぜ贈答品を受け取らないのか、と折を見て私や清芬に尋ねてきた者もいた。まさか、贈答品を家に持ち帰って部屋詰め込むということか？　私は倉庫番じゃないぞ、と私は内心で思った。清芬は笑いながら上手く遠回しに、「そうじゃないのなら、どうすれば良いのかしら？」と聞き返していた。

駐日代表処にはもう一つの習慣があり、毎年の旧正月になると代表夫人が職員の子供に紅包（お年玉）を配るのである。高校生は三千円、小学生は千円で、これについて清芬は四年間、公費を一切使わなかった。紅包の上に書くのは自分の名だから、当然自分で出さなければいけない、と清芬は言っていた。私的な事柄である以上、紅包の上の名前も公的な人間である秘書に書かせてはならず、清芬は一字一字自分で書いていた。

李登輝訪日は誰の功績か

私が駐日代表だった四年間に、台湾にとっては大きな外交上の成果があった。二〇〇一年四月に李登輝が遂に日本を訪問したことである。

「遂に」と言うのは、これが中日台の三方で永年もめてきたことだからだ。台湾と日本には正式の国交がなく、中日間には国交がある。中国は当然、台湾の現職の総統が「総統」の肩書で中国と国交のある国々を訪問することを認めない。九〇年代に中国が日本に関して最も不快としたことは三つあり、第一が誤解ではあったが、教科書が中日の戦争につき「侵略」の語を避けて「進出」の二字を用いたことである。第二次大戦後、戦勝国の目には「戦犯」である者を、日本は台湾では忠烈祠に類する靖国神社に合祀し、首相がなおその遺霊に参拝する、というのがその第二である。李登輝が日本を訪問するということがその第三であった。

李登輝は退陣した後は一平民であり、元来旅行は自由なはずであるが、中国は引き続きこれを阻もうとした。私が着任して一年も経たぬうちに、李登輝は医師の診察を受けるという名目でとうとう日本の土地を踏んだのである。

このような外交上の重要な成功となると、その功績が誰にあるのかを後になって捜そうという人も出てくる。当時の河野洋平外務大臣も福田康夫官房長官も未だその時期ではないと考えていたので、外務副大臣の衛藤征士郎が自ら李登輝と話をして、自分が話をまとめると言ったのである。陳水扁総統は衛藤征士郎に大綬景星勲章を授与した。

私はある日、代表処官邸で日華懇談会の議員の招宴を開いた。山中貞則会長が一番真ん中に座り、副会長の麻生太郎がその隣、各位は序列に従って並んで座ったが、衛藤征士郎も序列通り隅の方に座っていた。山中会長がスピーチをしたが、「最近、台湾に行って勲章を貰った人がいるそうだけど、俺の近くの人は誰も貰ってないよなあ?」と、えらく率直な物言いをした。衛藤は何も言わず頭を低くして、まるで父に訓戒を受けた子供のようだった。

衛藤を叙勲の対象としたことは、台湾が日本の政界の規範や秩序を理解していないことを示しており、ややタブーに触れるものであった。日本人が重視するのは団体であり、同様の行動を取るようにする。個人プレーの突出は勧められない。仮に衛藤が自分が欲しがった訳ではない、台湾側が非常に熱心に授与しようとするので、自分としては受けるしかなかった等と説明をしても、こういう言い分は日本でも理解されるものではない。台湾側が熱心に授与しようとしても、衛藤は婉曲に断われば良いのである。

李登輝訪日では、世論の影響力の大きさも功を奏している。日本の朝日、読売、毎日、日経、産経、東京の六大紙の論調もそろって李登輝訪日支持に傾いた。私は毎月決まって六大紙の上層部と宴席を設け、台湾関係の状況や問題を伝え説明していたが、これにより成功したというわけではない。一つの大きな政治的な仕事の達成とは、実際には多方面の共同の結果である。私は日本の政界によくある「密室」の話し合いに個人的に参加し、福田康夫を説得して立場を変えさせたことがある。その日は四人だけだった。台湾側は私と彭栄次で、彼が李登輝の代理人であることは誰もが知っている。日本側の代表は椎名素夫参議院議員だった。われわれが会ったのは旅館の一室で、福田康夫は李登輝訪日に反対だと言うことは全然なかったが、ただゆっくりやって欲しいと主張していた。椎名は福田の軟弱な態度を見て語気を荒げ、話を外部にバラして、福田がどんな奴だか世間に知らせることもできるんだぞ、と言った。

当時の首相は森喜朗で、李登輝が訪日できた件については森首相の最終的な決定が鍵となったと私は思っている。森喜朗は福田赳夫の親台派の継承者であり、森派の議員は九十数人に上る自民党の最大派閥だった。森喜朗は首相在任一年で退陣したが、なお派閥の領袖だった。安倍、福田、麻生といった数人の首相はみな彼が支持したことで出世していったのである。

私が就任してから初めて森首相に面会した時、彼は一言だけを強調した。「国と国との外交は、与党と与党の関係だよ」。この言葉は私を安心させた。国民党と自民党は数十年来の友好関係にあっ

（上）日本は李登輝元総統の京都訪問を許さなかったので、李登輝元総統は大阪城に上り、遠くを眺めて「京都はあっちの方向だ」と言った。
（下）日本の森喜朗元首相（中）は自ら訪台し、父のチームメイトだった柯子彰に1936年の早稲田ラグビー部の旗をささげた。

たが、それは民進党政府と日本政府が外交関係をうち立てることに何ら影響するものではない、という意味だからだ。

日本にいた頃には、忙しい政治家と「付き合おう」としても、事務所を訪れても普通は二〇分間しか取れなかった。何か話したいことがあるなら、「ゴルフに行く時間はないですか？」と聞かなければならない。プレーを始めようという時におもむろに切り出し、それだけにしておいてプレーを続けるのである。日本人の物事のやり方は温和でゆっくりしたもので、単刀直入というのは彼らの個性ではない。彼らと付き合うには効率を追求したり、答えを急いだりしてはならない。彼らはゴルフをしながら考える。ゴルフが終わればなにか返答があるだろう。このため、日本の政治家の考えを知る上では、ゴルフは時間が掛かるが必要なことなのである。

私が代表となり、最初にゴルフをした相手は森喜朗だった。彼は主だった国会議員を呼んでくれていて、ゴルフに会話を交えて私を皆に紹介してくれた。

個人的な間柄では、森喜朗はとても人情味のある人だった。彼の父親は一九三七年に早稲田のラグビー部に属しており、台湾人留学生の柯子彰とともにラグビー場を駆け回り、とても仲が良かった。柯子彰は台湾ラグビーの父とされている。森の父が逝去した時、柯子彰も遠路をおして森家の故郷の金沢まで弔問に訪れた。柯子彰が亡くなると森喜朗自らが台湾までやってきて、お悔やみに柯家を訪れた。私も同行したが、彼は持って来た沢山の古新聞を柯子彰の霊前に捧げていた。見てみると、みな一九三〇年代の新聞の切り抜きであり、早大ラグビー部の華々しい活躍ぶりを報ずるものだった。

森首相は私に、自分の父は非常に厳格な人であまり会話はなかったと言っていた。戦時中に彼の父親は中国の四平に行き、弾丸に当たった。それがずっと脊椎に残っており、火葬にしたら取れる、と生前に言っていた。確かに父の言った通り、弾丸一発が本当に出てきた。私は、この話は中国に言わない方が良いですよ、この弾丸は中国の財産だから、返さなくともいいが賠償しろと言いかねない、と冗談で言った。

コレクターから信頼され、故宮博物院への寄贈につながる

代表処でよく見かける人物の中に、年の頃は九十過ぎなのに、頭を覆う真っ白な髪をオールバックにして顔を見せ、頬は赤く歯は白く、スーツの胸元からは絹のポケットチーフを覗かせている、という人がいた。もし彼がその気なら、彼を使って映画を撮りたい監督は沢山いるだろう、と私は思っていた。

この人物が彭楷棟であり、彼は新竹出身で、戦後は日本国籍となっていた。彼は歴代の駐日代表と面識があり、代表処にしばしば顔を出していた。私の就任後、彼は例の通り新代表に面会しようとしたので、代表処の秘書の林さんがある日、彼を私のオフィスに連れてきた。我々は初対面で意外にもすぐに意気投合し、まるで映画のような彼の人生を聞くことになった。

彼は一九一二年に生まれ、生後三カ月で父は海に漁に出たまま帰らなかった。幼児の頃に母は再婚した。小学校は三年生すら終えることができなかった。二十歳前にして、彼はすでに妻を亡くす悲哀を味わっていた。

彭楷棟が十何歳かのころ、台湾ではビリヤードが非常に流行した。彼はたまたまビリヤード場の得点係となり、ビリヤードに熱中するようになった。ほどなく彭楷棟はある日本人歯科医に付いて東京に行き、ビリヤードを学んだ。最初は非常に貧乏をして、食事ができないこともしばしばあった。彼は「子供はよくお腹が空くんだ」と笑って私に話したが、その頃は甘い味と塩味のビスケットの袋を買い両手にそれぞれを持って、一口食べれば甘く、一口は塩味、としたこともあったという。

彭楷棟は東京でついに成功して一九三二年に故郷に錦を飾った。台湾最大の新聞が彼を写真入りで紹介し、本島生まれの撞球界の天才で、各地で技倆を見せることを求められ、歓迎を受けていると報じた。まだ三〇年代の繁栄が続いている頃で、ある日彭楷棟は「本町」(現在の重慶南路)でハンサムな姿を映画監督に見出され、映画「望春風」の主演男優となった。彭楷棟の名は広く知られるようになり、当局の要人とも面識があるようになった。戦時中の一九四〇年代、彼は軍需向けの事業で大儲けをした。

彭楷棟は日本の敗戦で大きな挫折に見舞われた。B級戦犯となり、台湾に帰れなくなった。

だが頭脳明敏な彼は、日本でも金地金、宝石、骨董等を売買し、銀座でナイトクラブ「金馬車」

「銀馬車」を経営して、一時は大いに羽振りが良かった。古い政客に聞くと、これらの店は誰もがはしごして通っていたという。巨万の富を得た彭楷棟だったが、一九五二年には米ドル密買で外国為替法令に違反して有罪となり、またもや零落することになった。

彼の人生には滅多に見られないような大事件が何度も起き、激しい浮き沈みを三度も経験している。彼はどん底の日々の中で、母と製糖工場の小型汽車「五分仔車（台湾語で軌間が標準軌の半分の小型鉄道）」に乗り、北港の媽祖様に参拝に行ったことを思い出した。それは彼の人生で最も懐かしい記憶だった。遠く北港にありながらも、媽祖の御顔の荘厳さや慈愛は記憶の中に鮮やかで、心を慰撫される思いがした。彼は心を動かされて仏像を蒐集し始めた。その後、彼は谷底から一歩一歩這い出して、仏像を買い入れるだけでなく、ロンドンやパリのオークションに行ってはルノワールやドガの世界的名画を世界の博物館やコレクターと競い、また東京では不動産を購入した。八〇年代初頭、彼は所得税納税で全国一一位になったこともある。

彭楷棟の蒐集品のなかで白眉と言えるものはやはり仏像だった。彼は最も優品である七尊仏を米ニューヨークのメトロポリタン美術館に寄贈し、さらに三尊仏を東京国立博物館に売却した。そして齢が九十に届こうとする時、彼は蒐集品の落ち着き先を考え始めた。われわれが最初に会った時、彼は古い仏像を台湾に寄贈する意思があることを明らかにした。彼の気が変わらないうちにと、私はすぐに彼の蒐集を見にゆく約束をした。

われわれは六本木にある五階建てのビルに到着した。隣は中国大使館で、中に足を踏み入れると大きな磁器のかめが置いてあり、水を張った小さな池に蓮の花が開いて簡素で清潔な様子だった。ビル全部が仏像だけを置いてあった。彭楷棟は歩きつつ、仏像を買った時の話をした。

仏像の起源は一世紀のインドで、初めは仏陀の彫像はなく、塔を崇拝の対象としたという。これが西のアフガンやパキスタン一帯に伝わり、ガンダーラやマトゥラーで初めて仏像が登場したらしい。私は彭楷棟に八〇年代にガンダーラを訪れた時の話をした。そこはギリシャ文化と仏教文化の交わった土地で、釈迦像は明らかにギリシャ彫刻の技法で作られている。その左右両脇には翼を持ったギリシャの天使が立っていた。仏教はガンダーラ一帯から東に伝播し、中国や更に韓国や日本へ達した。だが仏教発祥のガンジス河畔からは、スリランカやタイへともう一本の線が向かっており、それは肢体の舞う仏像となっている。私が話していると、彭楷棟が私の腕を引っ張りながら言った。「僕は君が気に入ったよ!」。彼はこのように長い間仏像を蒐集し続け、そのコレクションは非常に高水準であるにも係らず、仏像の起源であるガンダーラを訪れたこともなかったので、私が行って見たことがあるというのを非常に羨んだのだろう。

この時から彭楷棟は、総じて非常に私を信頼するようになり、私を引っ張ってはこう言うのだった。「君を見るとね、安心するんだよ」。私はこれを聞いて、「私は体がデカいですからね!」と笑って答えた。

後に私は毛筆を使って杜正勝・故宮博物院長に丁重な手紙を書き、東京への訪問を招請した。彭楷棟はわれわれ二人がとても「古意(台湾語で誠実の意)」だとして、二百以上の仏像を寄贈することを

ビリヤードの天才、映画の主役と人生の浮き沈みを経た彭楷棟（左から２人目）は羅福全（右から２人目）に信頼を寄せ、故宮博物院に仏像を寄付した。

決めた。杜正勝と彭楷棟が署名した際には私も立会人として署名した。彭楷棟の寄贈した金銅仏は故宮で常設展示されており、展示場は「楷棟堂」と命名されている。

彭楷棟はある時、「君の歳を僕に分けてくれないか！」と私に言ったことがある。晩年に至れば誰もが人生を振り返り、なしたことの少なさを嘆くものだ。栄光の人生もみな幕を下ろす時が来るのである。だが明智の人物である彭楷棟は、故郷を思う心から計り知れない価値のある蒐集を子孫に遺さずに故郷にもたらし、世にその名を永く留めたのであり、思い残すことはないだろうと私は思う。

台湾財界の巨頭、辜振甫との縁で日本の歴代首相と知り合う

台湾セメントの辜振甫・前董事長と言えば、財団法人海峡交流基金会の董事長でもあるが、彼は私が駐日代表在勤中に識り合い、敬服したもう一人の人物である。辜振甫氏の政界人脈はとても広く、台湾の利益のため、いつも私心なく私に適切な人物を見出す方法を教えてくれた。私は彼には非常に感謝している。

実は日本駐在以前、私はすでに某経済会議で辜振甫と識り合っていた。永年にわたり多くの会議に参加したので、それが何年だったかは分からないが、韓国の首都ソウルで開かれた会議だとは記憶している。辜振甫氏は英語でスピーチしていたが、この年恰好の人物が英語を上手く話すので私

は非常に驚き、自己紹介した。それまで落ち着いた様子だった彼は、「おお、ここに台湾人がいるのか⁉ 国連で働いているの⁉」と滅多にないような驚いた表情を浮かべた。私は、「私はずっと台湾には帰っていないんですよ」と答えた。彼はそれ以上尋ねて来なかった。傍らにいた劉泰英（国民党の大番頭と呼ばれた学者出身の財界人）は台湾大学経済系の後輩で私の一年下だから、私が誰だか分かっていたはずだが、彼も何も口にしなかった。

数年後、辜振甫は東京国際フォーラムで京劇に出演したので、私は非常に興味を持ち、清芬とチケットを購入して聴きに行った。われわれは最後列に座り、彼の演技を遠くに眺めた。再び辜振甫に会った時には私はすでに駐日代表で、正面から相まみえることとなった。

二〇〇三年四月、辜振甫は早稲田大学の名誉博士号を授与された。当日、私と清芬はホテルの部屋まで辜振甫と奥さんを迎えに行き、客間で待っていた。辜振甫は出て来ると、私に福佬語（台湾語）で話しかけた。私はその場にいた彼の部下は台湾語が分かるのかと気を遣って尋ねたら、辜振甫は気にしないでくれと言った。彼は人間関係に対しては敏感な判断力を持っており、人によりどう応待したら良いかを理解していると感じた。

この名誉博士号の授与の際には、森喜朗前首相が銀座の有名な料亭「新ばし　金田中」を選び、わざわざ宴席を設けてくれた。料亭とは宴席の場所として最高級のもので芸者の踊りなどもあるが、彼女たちはみな五、六十歳で、若い芸者では格の高い席は務まらない。だがいわゆる料亭の料理というものは、食べて帰るとお腹がすいてラーメンが食べたくなると誰もが言うようなものだ。

その晩の主客は一〇人足らずで、台湾人は私と辜老人だけだった。日本人側は経済界が二人、他はみな政治家で、安倍晋三、福田康夫、麻生太郎もいて、この三人は後にみな首相になった。その場にいた政財界人はみな辜振甫よりも若く、日本では年長者は尊重されるために、みな辜振甫には非常に鄭重に応対していた。会合が終わると彼らは次々と私に対し、辜振甫老の言葉遣いは「格調が高いですね」と讃嘆していた。

辜振甫の物腰や立居振る舞いにはとても品格があった。彼は私に森喜朗をお礼にもてなすのに代表処を使わせて欲しいと頼んできた。招待客はそのほかに元首相の海部俊樹、宮澤喜一もいた。だが費用は辜振甫が支払い、招待状も彼が送った。

辜振甫と私は非常に話が合った。私が初めて彼に御馳走した時、彼は「今日はとてもいいメニューだね」と言っていた。彼は二十二歳の時に油彩で観音山を描いているが、紫や黄で山の色を描き出した才気溢れる画風だった。彼は観音山の絵の複製を人に送り、私も一枚を貰った。私は二首の漢詩を賦して彼に送り、謝意を示した。秘書の葛保羅によると、辜振甫は詩を見ながら頭を傾げ、「台湾にはもうこういう人物は出ないだろうな」と言ったという。

別のある日、私が彼のオフィスに行くと、事務机の上にベンジャミン・フランクリンがベンチに座った彫像があるのを発見した。私はこれを幾度となく見ているが、それはフランクリンが母校ペンシルベニア大の創立者だからだ。辜振甫は、これはペンシルベニア大の名誉博士号を貰った時に同大から記念品として貰ったものだと言った。そして、「君のは本物だけど、僕のは偽物だからね」

辜振甫は日本政界の人脈が広く、台湾の国家の利益のためしばしば羅福全を助けた。

と笑いながら言った。

幸振甫に会っている時は、いわゆる「如沐春風（春風を浴びるが如し）」という感じがしたものである。

早稲田大学台湾研究所が世界的デザイナーとの縁をつなぐ

日本の大学にはあちこちに中国研究センターがあるが、台湾は往々にして中国研究の一部とされてしまう。またそこで研究されるテーマは台湾文学が多くなっている。この困難を打開すべく、私は「台湾研究所」の創設を、母校である早稲田大学と交渉した。早稲田はすぐに委員会を作り、総長が委員長となって学外の教授をも招き検討した結果、早稲田大学は台湾研究所を設置するだけの条件を十分に有していることが確認された。早くも二〇〇三年十月に私が自分で筆を執って字を書いた「台湾研究所」の看板が掛けられ、日本の大学で初の台湾研究所となった。

初代所長の西川潤は私とは早稲田の同窓生だが、それだけでなく、西川の家族には三代にわたり台湾との縁がある。西川潤の祖父、西川純は機会を求めて戦前の台湾に渡り、台北の双渓に炭鉱を所有していたほか、台北市会議員でもあった。父親の西川満は日本統治時代後期に『台湾風土記』や『文芸台湾』を創刊、台湾の人文風物をめぐる小説や詩の作品があり、その題名も『媽祖』『台湾縦貫鉄道』『秀姑巒』等で、日本統治時代の台湾文学史の重要人物と言える。

この台湾研究所が縁となって、在米の服飾デザイナー呉季剛やその家族と思いもかけずも後に知

羅福全は早稲田大学「台湾研究所」設立を支援した。

り合うことになった。

私は駐日代表を退いてから台北に戻り、亜東関係協会会長に就任していた。ある日、私と早稲田大学の縁を伝え聞いたらしい台湾人の若者が亜東関係協会に一人で来訪し、私に推薦状を書いて欲しいと言ってきた。私は全く面識がなく、誰の紹介もなかったが、聞けば彼は米国のジョンズ・ホプキンス大学を卒業し、早稲田大学の修士に入りたいという。私はジョンズ・ホプキンス大学はとてもいい学校だから、推薦状などなくとも直接早稲田大学に申し込めば、おそらく問題ないのではないか、とさして考えもせずに答えた。

四、五年後、私はこのことを忘れかけていたが、突然の一本の電話で記憶を呼び覚まされることになった。清芬が電話を取ると、相手はお邪魔致しますと非常に畏まって述べた。彼女は房金炎大使夫人にうちの電話番号を聞いたと言い、「私は呉季剛の母です」と自己紹介した。二〇〇八年、オバマ米大統領のミシェル夫人が台湾出身のジェイソン・ウー（呉季剛）のドレスを着たことで、彼は世界的に知られるようになった。もちろん私たちも彼の名声は耳にしたことがあったが、それまでは何の縁もなかったので、清芬はずいぶん意外な気がした。

話を聞いて分かったことは、私が五年前に早稲田への留学を紹介した呉季衡という学生が呉季剛の兄だということだった。呉季衡は早稲田留学で修士号を得ただけでなく、早稲田の同級生だった女子学生、董筱恵の心も掴んだ。彼女は沖縄出身の日本人女性だが、父親は台湾人だ。こういった関係から呉の母親は私に、呉季衡の結婚の時期が近づいてきたが、仲人役になって欲しいと言った。私は名誉に感じたが、呉家の名声からして、政界で仲人を捜せば喜んでなる人が沢山いるだろうと思った。だが、呉家の父母は考え方が堅実であり、偉い人物におもねることも見栄を張ることもなく、「恩師」と思われる人物で退職した老人である私に依頼してきたのである。

呉季剛の父親も非常に気を遣っていて、まず我が家を訪問し、私と清芬を披露宴の料理の試食に来てほしいと言った。私も自分で会ってみて、呉家の両親は非常に率直でまじめで熱心な、誠実な人たちだと感じた。

二〇一〇年十月十日、呉季剛も帰国して台北のグランドハイアットホテルで兄の結婚式に出席した。メディアが群れをなして押し寄せ、招待客の到着が絶えず、テーブルが満席となったため、急いで別の宴会場を開き対応した。大勢の客が争って呉季剛と記念写真を撮っていた。

羅福全は呉季剛の兄、呉季衡と妻の董筱恵の結婚式の仲人を務めた。

オバマ大統領は二〇一二年に再選を果たし、翌年一月のパーティーで、ファーストレディーのミシェルの選択はまたも呉季剛の作品だった。呉家の母は非常に喜び、ニュースが報じられる前に呉季剛が家に電話をかけてきて、「ママ、ファーストレディーは今度どのデザイナーのドレスを着るか分かる?」と聞いてから、「あなたの息子です!」と言った、と話してくれた。これを聞いてわれわれも同様に嬉しく、誇らしく感じた。台湾の子供も立派だが、台湾の母親も大したものである。呉季剛は小さい時、人形の服を縫うのが好きだったという。そこで母は彼の秘めた能力を発揮させるようと、海外に連れて行き、ミシンを買ってやることにしたという。その当時の決断は本当に素晴らしかったですよ、と私は母を称賛した。

数十年を経てようやく故郷に戻る

自分の人生を振り返ると、私は母親からは細心の養育を受けたし、母は自分のことは顧みずに放任し、尊重してくれた。母は私にとても良くしてくれて、姉が日本に嫁いだ後は、子供は私一人だったので、当然私が愛情を一身に受けることになった。だが運命の変転により、私の人生は一歩、また一歩と母から離れることとなった。

大学卒業後には私も子供としての責任を意識しており、もともと台湾を離れる気はなかった。だが独裁統治の圧迫は耐えがたく、台湾を一歩踏み出してからはブラックリストに載った国外の異議分子となってしまった。もしも肉親の情や孝行を考えて帰郷しようとすれば、良心や魂を売らぬ限り逮捕されて監獄行きとなる途があるのみだった。私には海外を漂泊し続けるしかなかった。

母は何時も私のために色々と思い設けてくれて、私が海外で反国民党の運動に加わることで不満を持ったり、私を責めたり、私と清芬が台湾に戻り、母のそばに居られたらいいとか恨み言を言ったりはせず、私に精神的な負い目を感じさせることは全然なかった。母は気丈な人で、私は彼女が泣いているところを見たことはない。彼女はたまさかに日本や米国に来ては姉や私を訪ねはしたが、数十年間ずっと嘉義で一人で暮らしていた。一九八〇年十月、母は嘉義で亡くなった。嘉義の実家から急ぎの知らせがあり、私は葬儀に戻ることも出来ず、胸中の憂悶で居ても立ってもいられなかった。一人で車を走らせ、ずっとあてもなく名古屋から京都、琵琶湖を巡り、奈良に至ってから名古屋に戻った。家に戻ると墨を磨り、筆をとって般若心経を一字一字ゆっくりと写してから翌日嘉義に送り、天上の母の霊前で家人に焚いてもらった。

母が世を去った翌年、私は警備総司令部の書類上の叛乱犯となった。一九八〇年に国連職員として中国を訪問したために、行政院僑務委員会が「匪区（共産党の支配地域）」に行ったとして私を警備総司令部に告発し、私を「在米不逞華僑」としてさらに多くの資料を収集したが、それには六〇年代にワシントンで柳文卿送還事件に関連して日本に抗議した件、七〇年代にウィリアムズポートの少年野球の試合の際に小型飛行機で「台湾独立万歳」の幕を引いて飛ばせた件、ミシガン大学のアン・アーバー保釣国是会議でのスピーチ原稿等、何もかもが含まれていた。あらゆる資料が、私が叛乱罪を犯したものとしていた。

警備総司令部はさらに、国家安全局と法務部調査局に私の詳細を調査するように求め、また嘉義県政府に文書を送付し、私の財産を凍結した。この間、私のいとこが私の土地をひそかに売却した。凍結されていて譲渡できないため、いとこは内密に土地を譲り渡して先に代金の半分を受け取っていた。

私は国際社会で働き、各国政府から信頼や尊重を受け、人名録にも名前が載っていた。それが故郷では警備総司令部の書類上の叛乱分子となっているのである。顧みて私は天に向かい訴えるべき言葉を知らない。私のしたことは何ら国家への叛逆ではなく、知識分子として台湾の民主と自由を追求したというだけである。この目的のために、私は名古屋の地域開発センターとクアラルンプールのアジア太平洋開発センターで働いていたうち三年間は国連の組織を離れ、ニューヨークで新聞発行人をしていた。

ある日、私の台南一中の同級生で、台湾独立連盟の主席である張燦鍙が電話をかけてきた。彼は約一二万ドルの募金を集めて新聞発行の準備をしているので、私は文章が書けるから発行人になれと言ってきた。同じころ、呉基福がサンフランシスコで遠東時報を発行し、二年も経たずに二百万ドルを失い撤退していた。一二万ドルで新聞を発行するとは遠大な理想ではある。しかもこの一二万ドルは資金力十分なスポンサーの寄付ではなく、国を愛する二千人の大学や子供の留学生が年間六〇ドルの予約購読料を支払ったものであり、わずかな金額が積もり積もってできた資金だった。

新聞は国外居住者の期待を集めた。皆が台湾の政治経済の真実の状況、それも親国民党の新聞が美辞麗句で取り繕った後のニュースではないものを掲載する新聞を渇望していたので、私は大いに情熱をもって取り組んだ。元々ハワイ大学とは三年の契約をしていたのだが、新聞のために一年間で辞職することにした。

新聞の名前は私が「台湾公論報」とした。全てを節約し、マンハッタンから東に橋を渡ったロングアイランドを選んだ。小さな工場が群集している場所で、われわれは大きな倉庫の一事務室を借りた。中古の旧式タイプライター二台を購入し、毎日一字一字を打った。狭い空間にキーを叩く音が、ドラムのように一日中響いていた。

公論報の年間営業経費は二〇万ドル必要だったので、予約購読料の一二万ドルからの不足分である七、八万ドルは募金を継続する必要があった。二年少々を支える間、私は無給の発行人となり、個人の銀行口座からは持ち出しばかりで、間もなく底をつきそうだった。息子の澤行がこの時に大学進学の願書を出すことになり、私は自分が大学の学費を支払えないことに気づいて驚いた。周烒明医師が自分が出そうと言ってくれた。だが私は子の親としての責任を逃れようとは思わず、有難いながらも彼の好意は断った。子供の頃から母は私に学費のことで不安を感じさせたことはなかった。自分の子供が大学に行こうという時になってその見通しが立たなくなり、私は激しく気落ちした。一九八四年、再び荷を負うてマレーシアに赴き、経済専門家としての自分の専業に戻ることになった。

公論報の発行人として、私は訴えられたこともあった。公論報が載せた文章に高資敏医師を「四脚仔（犬畜生）」と書いたものがあり、彼は二〇万ドルをかけて弁護士を雇い、四三〇万ドルの損害賠償を求めて私を訴えた。公論報の一年間の購読料と広告収入がようやく十数万ドル程度であったことから、高資敏は公論報を倒産に追い込もうと目論んだらしい。幸いにも張燦鍙が紹介してくれたラムゼイ・クラーク元司法長官が無料で私を弁護してくれた。クラークは人権派の弁護士であり、この事案は外国政府の勢力が米国民の言論の自由を侵害しようとするものだ、という主張をして、われわれは最後には勝訴した。

理想に身を投じられるということは天与の幸福であり、私は不満に思ったことはない。だが一歩引いて見ると、私は国連で働いて他の国に貢献し、順風満帆ではあったものの、自らの台湾のためとなると、逆に苦杯をなめさせられたことは間違いない。台湾には数十年間も戻ることができず、父母の墓に線香を捧げることもできなかった。近しい人も自ら連絡して来ることはなく、われわれも求めて会うことはしなかった。彼らに累を及ぼすことを恐れたからである。私の兄の福嶽がニューヨークの教会で説教をするためにやってきた際にも、私は会いに行かなかったし、彼も連絡して来なかった。

福嶽兄さんは嘉義中学から推薦で台北帝大に入り医者となった人で、ずっと子供の頃の私のアイドルだった。彼が台北帝大で学んでいた時、嘉義の家に寄越した手紙には、同級生は酒を飲み遊んでいるが、自分は戦々兢々と宿舎で勉強していると書いてあった。私は高級中学で台南に行った時

70年代、米国台湾独立連盟の中心メンバーは毎週会合し、同志的心情が緊密だった。写真後列右から羅福全、蔡同栄、陳隆志、周烒明。

にこの手紙を持参し、自分を練磨して兄の精神を見倣わねばならない、と思ったものである。

中年以降の福嶽も尊敬すべき人物だった。彼はキリスト教の社会奉仕の考えを持っており、「福沢慈善基金会」を設け、私の父の名を取った「羅雅教会」を設立し、さらに高雄では苦しむ人々が電話をかけて助けを求められるように「生命線（命のホットライン）」を作った。呂秀蓮前副総統の大学卒業後の最初の仕事も、福嶽の始めた高雄の生命線で働くことだった。

ブラックリストが廃止されて、私はようやく台湾に戻ることができた。私は高雄に兄の福嶽を訪ねた。彼はすでに八十歳となっていたが、なお記憶通りに面持ちは凛然としていた。われわれは特に何の話題でもなく話したが、私が長く国連組織に勤務したことを知ると、彼はおもむろに、「お前は出て行って本当に良かったなあ」と一言言った。この言葉を聞いて、私は内心に異常な衝動を感じた。二十幾歳で台湾を離れ、じきに六十という歳になり再び故郷に足を踏み入れたが、三〇年を隔てて年長の知人の多くはすでに故人となり、私が外で何をしていたのか知る者は家族にも誰もおらず、大方はブラックリストに載っていた人物らしい、と知っているだけだった。この時に兄が私にこのように言うのを聞いて、私は数十年も異国の幾山河を経てようやく理解されたのだ、という気がした。

なお嬉しかったのは、とうとう台湾に帰って来たことである。

数十年間も国外の各所を巡り続けたが、決して台湾に戻ることはなかった。外国でも月は見えたが、それは台湾の空ではなかった。今や私は遂に故郷に戻って来ている。過ぎてきた八千里の路で、私は風雲を巡り見てきた。数十年の功名も今や土に帰るばかりだ。今、私はとうとう自らの土地の上に立っていることができる。たとえ担仔麺を一杯食べるだけであっても、それは私には実に嬉しいことなのである。

無償で羅福全のために弁護を買って出た米国のラムゼイ・クラーク元司法長官。勝訴の日はちょうどクラークの結婚記念日で、羅福全は毎年この日にワインを贈り感謝を表している。

編者あとがき

陳柔縉

電話では詩人である先輩、李敏勇が話していた。「この人はすごく特別なんだ。回顧録を書きたいんだが、私は貴女が興味があるんじゃないかと思ってね。彼は今、うちの事務所に居るんだが……」。その時はブックフェアの会場にいたので慌てて行ったが、内心では李敏勇への敬意はともかく、まだやる気にはなっていなかった。もう六年間ほど他人の回顧録の執筆はしていなかったし、その間に時折あった依頼も、直観で「縁が合わないようですので」と断っていた。

私は直観で決めることが多い。興が乗ると何かすることがままある。

その日、私は初めて羅福全元駐日代表にお会いした。彼は嘉義出身で、台プラの創立者・王永慶は若い頃のお隣さんだというのがまず私の興味を惹いた。この二〇年、台湾人の回顧録は少なくない。主人公のほぼすべてが台北か台南の人である。さらに興味を惹いたのが、羅福全元代表がかつて国際連合で働いていた、ということだった。これはすごく珍しいことだ。台湾は国連には入れないのに、彼は入ったのだ。

羅福全氏の奥様もそのすぐ後に到着された。彼女はうなずいて軽く微笑しながら入口の辺の椅子を引いて座り、ただ皆の会話を中断しないようにと気遣っているようだった。彼女が羅福全氏の脇に座らなかったのは、私の前を横切らないためだったろう。私は奥様の細やかな礼儀正しさに讃嘆の思いだった。

最後にわれわれは一緒にビルの階下に降りた。空気が冷たい日で、背が高く大柄の羅福全氏はダークイエローのウィンドブレーカーを着込み、小柄な奥様がそれを着るのを手伝っていた。お目に掛かってから、二人のタクシーを見送るまで、その笑顔や動作は飾り気なく優雅な感じで、冬の寒い台北にもこのような人間風景があるのかと思った。私の心の内では、「回顧録を書くのを引き受けよう」との声が高らかに響いていた。

他人の回顧録を書くというのは、話を聞いてそれを書き留めるコピー作業ではない。私の考えでは、どちらかと言えば庭園を造るのに似ている。

人生幾星霜を経て、巡り合った数知れない人や出来事が個人の記憶の園の中では錯雑しており、それらを八万字か一〇万字の中に揃えて置かねばならない。文章を本にするには、掘り出し、摘み取り、剪定し、または移植したり捨てたり、更には補う必要もある。庭園がもつキャラクターや、持ち主がどんな庭となることを期待しているかを考えながら、こうした作業を選んで行かなければならない。だが庭園にどんな材料があるか、その性質を理解もせずに、軽忽にテーマを決めてしまうことはできない。だから私は何回も訪問を繰り返し、園の中にどんな草花や木石があるか、見上げては時代の空は康熙（清朝初期の元号）か昭和かを見て、さらには外側には川があるか獣がいるか、こういったことをできる限りどれも蒐め尽した後で、ようやく庭園のテーマを決め、手を動かし始める。

何日かして、私は改めて羅福全元代表の自宅に伺い、回顧録というものについての考え方ややり方を長々と説明した。自分が非常におしゃべりなような気がしたが、聞き終わった羅福全氏は身を起こし、両手を高く上げた笑顔で一言・「ゴーアヘッド！」と英語で言った。私に任せてくれるというのだ。「注意してほしいこと」とか「期待すること」などの附帯条件すら何もなく、かえって私は少し不安な気がした。期待が高すぎると困るので、すぐに予防注射のつもりで、自分が文章を書く際には、字句も簡単に選び、あまり味付けをいじったりしないので、「サシミ」と同じだと言った。それでも羅福全元代表は満面笑顔のまま、「ゴーアヘッド」ともう一度私に言った。

羅福全元代表のキャラクターは、この時に良く感じられた。非常に自信に満ちて落ち着いており、木の梢の葉の中で蝶が絶えず動き回り、心穏やかならず、というようなことはない。

正式に訪問インタビューを始めると、羅福全元代表は一つまた一つという感じに、驚く様な話をしてくれた。あわて始めた私はフォローしきれなくなった。羅福全元代表の人生は庭園どころではない、私は山に入り込んだのだ。

山が高ければ、よじ登ろうと奮闘しなければならない。

羅福全元代表はエコノミストとして国際組織に勤務し、人口、貧困、食糧、資源、環境汚染など国家レベル、世界レベルの問題を取り扱っていた。最後には有名な「京都会議」にも参加している。台湾政府でも出席がかなわない世界的な環境問題の会議である。

議題のレベルの高さ、そして羅代表が接触した人物の国際性。話がインドの現職首相、マンモハン・シンを知っていることに及ぶと、羅代表は一緒に撮った写真を取り出し、彼はヒンズー教徒でなくシーク教徒だからターバンを巻いているのだ、と説明してくれた。私はすぐ後に、マンモハン・シンが雑誌タイムの表紙になっているのを見た。日本で韓国の南悳祐元首相死去のニュースがあると、羅代表は新聞を手に取りながら、南悳祐は韓国の戦後経済発展の功労者であり、ハワイ大学では彼が隣の研究室にいた、と話した。同じ月にフィリピンの公船が屏東の船員を射殺した事件が起きて台比関係が緊張したが、羅代表の話はまた現職の大統領、アキノ三世の父が下獄していた際、アムネスティー・インターナショナルの理事として秘密裏に父親の手紙を運び出し、国外に救援を訴えたということに及んだ。

それから、各国の元リーダーによるOBサミットでは、羅代表は一三人の指定委員の一人を務めており、委員長はオーストラリア元首相で、同席した何理良委員は中国の元外相・副首相の黄華の妻だった。彼女は若い頃に延安で毛沢東とダンスをしたことがあるという。

羅代表のストーリーは多すぎた。台湾が中国とまだ何の連絡もしていなかった八〇年代、彼が北京の人民大会堂で経済会議を主催し、趙紫陽首相が挨拶し、またカウンターパートが当時は国会経済委員会の副主任であった朱鎔基元首相だった、会議の前日には羅代表が招かれて一緒に東来順で羊のしゃぶしゃぶを食べた、と語るに及んで、私は遂に羅福全はもはや台湾の歴史の枠組みで理解し切れる人物ではないと、ようやく達悟するに至った。我々がもしも台湾式の使い慣れた顕微鏡で羅福全氏を観察するならば、彼の特徴は全然他と異なっていて、とても分類しきれるものではないと気づくだろう。

台湾生まれの人物が独力で世界を巡り、国際社会で成功して行く。カバンを手に世界を回るビジネスマンでもなければ、国が送り出す外交官でもない。彼は彼自身であるのみだ。

私にしてみれば、羅福全代表という山は広いものだった。その常識や知識、その理性と感性、その生活と生命の情緒は、連綿と続く高原のように豊かで多くの姿を持っている。

彼は漢詩も作る。

昨年、羅福全代表は七十七歳の日本人のいわゆる「喜寿」を迎え、ちょうど旧暦の十五日の頃で、窓外には丸い月がかかり、三歳の孫娘が東洋から電話でハッピーバースデーと言って来た。羅福全代表は喜色満面で、自分のために一首の詩を作った。

半世歸鄉一書生
民主台灣日日新
喜壽明月來相照
稚孫萬里傳笑聲

彼は食べる事が好きで、味も良く分かる。

ある日の正午、彼は台湾大学経済系の同窓生と食事をしたが、午後は家で私と訪問インタビューと録音の約束があり中座したところ、主催者は「お好きなデザートの芝麻球がまだですよ？」と引き留めた。羅福全代表は席を去りつつ、「あの芝麻球は心残りだ」と無念がったという。

彼はよく歌も歌う。

話の最中に、私が台所に入ると、羅福全氏の奥様が日本式のカボチャの煮つけを作っていた。鍋の中にはオレンジ色に厚い緑色の皮がついたカボチャがあり、その角はみなそぎ落とされていた。羅福全氏の奥様は、日本語ではこの切り方を「面取り」と言うのだと教えてくれた。この時、台所の外では羅福全氏の歌声が響き、奥様は「また歌ってる」と笑っていた。

彼は歴史の研究も好きだ。

羅福全代表は自分でテーマを捜してくれたりする。例えば「李香蘭」については、多くの歴史の本を買ってきては読んでおり、この戦前の歌の巨星の波乱に満ちた一生については、細かいところまで知っていた。日本駐在の期間中、八十歳を過ぎた李香蘭を食事に招いたこともある。この面会した場面は羅福全氏が好んで語るところで、辞去する時に台湾の記者がカメラを取り上げて写真を撮ろうとしたが、李香蘭は皆に待ってもらった。彼女はこの時、テーブルの脇で頭を下向きにして化粧を直していた。羅福全代表は話をしながら化粧を直す真似をして見せた。彼の物を見る目にはヒューマンな所があり、人の外面のすきまから、その人の本質を窺い知ることに長けていると思った。

彼は風刺漫画や油絵、書道にも優れている。羅福全代表は、自分は書道が好きだが、他人と競おうとは思わない。人に見せようと思う訳でもないので、好きなように書いているとのことだった。骨董も好きで、ニューヨークからクアラルンプールまで買い歩き、書画や硯、陶磁、時計は言うに及ばず、骨董の絨毯まで購入している。絨毯にも骨董があるとは、羅福全代表の話で初めて知った。

一年半にわたり羅福全代表を何度も訪問しインタビューする間に、会うたびに経済発展や国際的な状況、歴史や文化、生活や趣味と話し始めの話題が何であれ、羅福全代表の最後の言葉はいつも同じで、満足そうに「I enjoy」と言うのだった。「I enjoy my life」というのと同じ意味で、さらに一〇〇%の満足ということだ。羅福全代表と知り合う前に、私はこのように人生を愉快に過ごしている人に会ったことはなく、またこれからも会うこともないだろう。

羅福全代表の回想では、大学の哲学概論の授業で、最初の学期には授業をずっとサボってばかりいて全然真面目ではなかったが、試験は九三点を取ったとのこと。良い成績で気分を良くしたが、先生に少々申し訳ない気になり、二学期はずっと真面目に授業に出たが、成績は逆に七十数点だった。羅福全代表は、人生とは科学の公式ではなく、自分が思った通りになる訳ではなく、無理をする必要はない、無理に求めなければ失望もしない訳だ。失敗して帰って来ても天地は依然悠々としている、何事も自然に任せるに如くはなし、と感じたという。これが恐らくは彼が人生を陽気に愉快に渡ってきた秘訣だろう。

私は台湾セメント公司の辜振甫董事長による、「台湾にはもうこのような人は出ないだろう」との評に全く同意する。私は偶像を崇拝したこともなく、偶像を追い求めもしない性質《たち》だが、羅福全代表は私の頑固な特質を打ち破りそうで、私の人生で話を聞き、語られるストーリーに耳を傾けることが最も愉しい人となっている。傍らで茶菓を世話してくれつつ、羅福全代表とともに優雅に身動きする奥様がいることも、その理由であることは間違いない。

訳者あとがき

羅福全先生に初めてお目に掛かったのは、平成十七（二〇〇五）年九月、台湾の淡水にある淡江大学日本研究所に来校された時だった。先生は前年に駐日代表を退かれ、陳水扁政権二期目の亜東関係協会長として、東京の許世楷駐日代表とともに台日外交を主導する立場にあったが、多忙の中でも週に一回は外交部の黒塗りの車で授業に来られていた。私は産経新聞で十数年記者をしてから台湾に留学したばかりだったが、一年半も羅福全先生の授業に出席するという、今思えば得難い経験をした。

授業のテーマは中国の環境問題や台湾が常に関心事とする多国間貿易協定などが多く、素人の私もグリーンGDPやクズネッツ曲線などの新知識を学んだが、一方で私がいつも感心していたのは、当然といえば当然だが、先生の日本語が他の先生や外交部の誰よりも自然なこと、先生の穏やかで紳士的な言葉遣い、福の神のようなオーラが常に変わらないことで、戦前の台湾の上流階層はかくやと、またこのような日本語世代の授業を聴くのも自分が最後かと思いつつも耳を傾けたものである。

羅福全先生のご配慮で外交部が留学生のための宴席を設けたり、また台北市内の高層マンションにあるご自宅にも招かれたこともあった。広々とした部屋の壁には日本駐在中に輪島で誂えたという黒塗りの仏壇が収められ、別の壁には陶淵明の帰去来辞など、ご自身の書が掛かっていた。号は「浩生」とあり、「これはペンシルベニア大学留学で縁のあった日本人にちなんだものなんですよ」と、ご説明があったのを記憶している。

前置きが長くなったが、羅福全先生の自伝である本書の原題は『栄町少年走天下―羅福全回憶録』といい、私同様に記者出身で歴史・伝記作家の陳柔縉さんが、台北のマンションのご自宅に一年半も通い、聞き書きを一冊に纏めたものである。台湾では二〇一三年の刊行から好評を博して版を重ね、既に英訳も出ている。本書の前年には駐日代表時代をまとめた『羅福全與台日外交』があり、また許世楷元代表も同年、学者によりオーラルヒストリーとして纏められた『許世楷與台湾認同外交』を出版されている。許世楷氏の本は先祖や幼年期から馬英九政権下の代表辞任までをカバーしており、これらの本は民進党政権下二〇〇〇―〇八年の対日外交を窺い知る好個の資料であるだけでなく、日本語世代の知的エリートによる自伝的証言として、その期間や内容の点で比類なき価値を持つと思われる。

惜しむらくは許世楷氏の自伝は編者が学者であるためか、情報は豊富だがその羅列が多く、何よりも伝記として許世楷氏という強健な人格を生き生きと描き出す作品とはなっていない。一方本書は対象への記者的な熱意、魅力を掴み出す能力、文章的教養を持つ書き手を得たことで、現代台湾の文学にも稀な良き伝記作品となったことが最大の特徴であると思われる。

伝記作家リットン・ストレイチーの、「良き人生を描くことは、恐らくそれを生きるのと同様に難しいことである」、「情報の省略(ignorance)こそ歴史家の第一条件である」等の言葉が思い出されるが、原文には平易さと文語・漢文的教養が並存し、劇的な場面にあっても舞文《ぶぶん》も激昂もなく、世界と人生の場面を静かに見つめ続け、過不足ない表現で平平坦坦と語り続ける。これらは羅福全先生の人柄や雰囲気をそのままに伝えており、得られた材料で一流の庭園を築き上げた筆者の力量や匿名の献身を感じさせる。

この翻訳は原書出版直後に台湾独立建国連盟のシンポジウムに招かれた際、羅福全先生よりお話があり喜んでお受けした。新台湾国策智庫の李明峻先生が、「一カ月でできるんじゃないの」と言われるので、数か月位の仕事の気がしていたが、いざ取り掛かると読みやすいようでありながら含意の深い表現が多く、しかも全体の大きな調子を崩さずに訳すのは至難であり、さらに私が転職したこともあって、結局は二年ほど夜毎に本書の原稿に向かうことになった。全篇を通して一向集中力の途切れない文章からは、筆者が取材に駆り立てられ、文章を彫琢した様が窺える。当方も元記者として恥ずかしい仕事は出来ないと、暮夜幾度となく気を引き締めたものであった。

日本での出版にあたっては、羅福全先生の永年の御友人である渡辺利夫・拓殖大学前総長に心より御礼を申し上げたい。本書の如きは一流の書肆に任せたいとのご意向で、その御縁から藤原良雄社長の炯眼が本書の意義を見出されることとなった。同社の小枝冬実さんには一流の書肆らしい綿密な編集をして頂いた。また淡江大学日本語文学系で私の学生だった江旻芳さんには、翻訳作業で随時貴重なアドバイスを貰うことができた。何れも訳者の力では到底及ばぬ所であり、正に天の配剤と言う外はなく、各位には改めて深く感謝申し上げたい。訳者としての願いは本書を通じて、かつて日本と深い縁のあったこの土地の声に触れて頂くことあるのみである。


平成二十八（二〇一六）年二月　　小金丸貴志

羅福全年譜（1935－）

西暦	
一九三五年	五月八日、嘉義市栄町に出生。
一九三六年	一月一日、叔父の羅程（族譜の名は羅章程）の養子となる。
	養父羅程死去。
一九四一年	三月十七日、同父同母の長兄、羅福慧が病死。
	母親とともに東京に転居し幼稚園に入園。
一九四二年	小学校入学、米軍の最初の空襲に遭遇。
一九四四年	小学三年生で戦火を逃れて伊豆半島の温泉旅館に疎開する。
一九四五年	四月、米軍の東京大空襲により埼玉県に転学、四年生。
一九四六年	二月、日本から台湾に戻る。
一九四八年	嘉義市垂楊小学卒業。
一九五〇年	生父の羅雅死去、享年六十歳（満年齢）。
一九五一年	嘉義中学初中部卒業。
一九五四年	台南一中高中部卒業。

一九五八年	台湾大学経済系卒業、続いて兵役のため、左営で海軍予備士官となる。
一九六〇年	四月、退役。 「南山廬外客」の名で『自由中国』投書、蒋介石の三期連続の総統就任を違憲だと批判。 六月十九日、黄崑虎、蔡同栄等四二人と関子嶺の「静楽旅社」で秘密に義兄弟の契りを交わす。 八月三日、出国し日本の早稲田大学の修士課程に留学。
一九六二年	六月十五日、毛清芬と結婚。毛清芬は早稲田大学修士課程で歴史を学ぶ。
一九六三年	早稲田大学で修士号取得。 八月、米国留学。
一九六四年	年初にグレーター・フィラデルフィア地区で台湾同郷会会長に選出。 九月、ペンシルベニア大学で修士号取得。
一九六六年	七月四日、全米台湾独立連盟（ＵＦＡＩ）成立、中央委員となる。 十月、長子澤行生まれる。
一九六八年	ペンシルベニア大学で地域科学博士。 夏にニューヨークの民間コンサルタント会社Consadに入社、研究員となる。 十月、Consad社の転勤で一家揃ってペンシルベニア州ピッツバーグに戻る。

一九六九年	三月、ハーバード大学教授で前米国駐日大使の頼孝和（エドウィン・O・ライシャワー）に面会、台湾独立の理念を説明する。
一九七〇年	一月一日、世界台独連盟（WUFI）成立、中央委員となる。 次男澤言生まれる。
一九七一年	九月、保釣運動学生団体がミシガン大学でアン・アーバー保釣国是会議を開催、台独連盟を代表して出席し講演する。
一九七二年	八月、ウィリアムズポートで少年野球試合を応援、華人の水兵に眼鏡を壊され、手の甲に負傷。
一九七三年	五月、日本の名古屋に移り、国連地域開発センター（UNCRD）国際比較主任となる。 毎月五万円を台独連盟日本本部に寄付し始め、一九八〇年まで続く。
一九七四年	フィリピンを訪問し初めて第三世界を経験。「総合地域開発養成コース」を創設する。
一九七五年	マレーシア理科大学副学長カマール・サリーとの共著「Growth Pole Strategy and Regional Development Policy, Asian experiences and Alternative Approaches」がハーバード大学、マサチューセッツ工科大学等で採用され、学術で国際的な地位を得る。
	インドネシア・ジャワで地域開発養成コースを創設。 国連開発計画（UNDP）の招きによりインドで経済顧問となる。
一九七六年	パキスタン政府の招きにより地域開発養成コースを創設。初めて南アジアを訪問。 八月二十日、生母の羅朱蓮が死去。

一九七七年	タイのナコーンラーチャシーマー県で地域開発養成コースを実施。業務の他にアムネスティ・インターナショナル日本分会理事となり、曾代轉フィリピンの政治犯、アキノの獄中からの手紙をロンドンのアムネスティ・インターナショナル本部に転送した。
一九七八年	国連開発計画の招きにより、イランで経済顧問となる。
一九八〇年	十一月十九日、招きを受け中国を半月間訪問。五月に世界銀行顧問として韓国を訪問、「光州事件」に遭遇する。 十月十日、養母の陳醜（別名陳増妍）が死去。
一九八一年	一月、ハワイ大学イースト・ウェスト・センター上級研究員兼経済学部、地理学部教授となる。 七月三十一日、『台湾公論報』創刊、発行人となる。
一九八二年	二月、ハワイ大学イースト・ウェスト・センターを辞職、ニューヨークに戻り『台湾公論報』発行人。名列「世界名人録」。「Who's who」に名前が掲載される。
一九八三年	十一月九日、米上院外交委員会で証言、「台湾の将来に関する決議案」採択に尽力。
一九八四年	九月、マレーシア「アジア太平洋開発センター」（ＡＰＤＣ）で国際貿易経済協力研究の主任となる。 十月十七日、元行政院僑務委員の高資敏医師が名誉棄損で『台湾公論報』訴え、たラムゼイ・クラーク元司法長官の弁護を得て勝訴する。

一九八六年	六月二十日、フィリピンの自由選挙運動に参加、蔡同栄がアキノ大統領夫人を訪問。 十一月十二日、初めて国際会議「二〇〇〇年に向かうアジア太平洋経済」を北京の人民大会堂で挙行、中国の趙紫陽国務院総理が祝辞を述べる。
一九八八年	二月、パキスタンの経済開発研究所所長と共同研究、造訪東西文化の十字路であるパキスタン北部や、アラブ世界と南アジア文化の混在する古城ペシャワールを訪れる。
	五月、於東京で会議「世界経済の調整とアジア太平洋経済の未来」を開催、会議後に日本の著名なエコノミスト篠原三代平と共英語論文集を同編集する。
一九八九年	十一月、バンコクで会議「アジア太平洋経済の未来、アジア経済体とアセアンの貢献」を開催。
一九九〇年	一月、国連大学高等学術審議官となる。 六月、中国・北京大学で講義。
	毎月一〇万円を台独連盟日本本部に寄付し始め、二〇〇四年まで続く。
一九九一年	三月、先前於APDCの任期内最後のアジア太平洋経済フォーラム「ニューデリー会議」を開催。日本の中村洋一教授と会議の第一篇の論文を共同発表する。

一九九二年	七月十七日、中央研究院の地域科学国際会議に参加、「政治ブラックリスト」の制限をもはや受けることなく、三一年振りに台湾に帰国する。
一九九三年	八月、エイトール・グルグリーノ・デソウザ国連事務次長兼国連大学学長の台湾秘密訪問を手配、台湾への「環境保護研究センター」設置を交渉する。
二〇〇〇年	四月三十日、国連大学首席学術審議官兼高等研究所副所長を定年退職。
	五月、台湾駐日代表（大使相当）となる。
二〇〇一年	四月、李登輝元総統の訪日を実現、台日外交の重大な成功となる。
二〇〇四年	九月、外交部の亜東関係協会会長となり、台湾に帰国定住する。
二〇〇七年	九月、亜東関係協会会長を辞職。 十二月、台湾安保協会理事に就任。
二〇一〇年	十二月、台湾安保協会理事長に就任。
二〇一五年	十二月、台湾安保協会名誉理事長に就任。

—— & Yue-man Yeung (ed.), *Globalization and the World of Large Cities*, UN University Press, Tokyo, 1998.

—— & Yu-qing Xing (ed.), *China's Sustainable Development Framework; Summary Report*, Omega Publications, Tokyo, 1999.

——, Tsuneyuki Morita & Shuntaro Shishido (ed.), *The Sustainable Future of the Global System I: Issues, Models and Prospects*, UNU Institute of Advanced Studies, Tokyo, 1999.

——, Kazuo Matsushita & Hiroaki Takagi (ed.), *The Sustainable Future of the Global System II: Proceedings of the International Conference on Sustainable Future of the Global System 23-24 February 1999*, UNU Institute of Advanced Studies & IGES Japan, Tokyo, 1999.

——, Hiroyasu Tokuda & N. S. Cooray (ed.), *The Sustainable Future of the Global System III: Proceedings of the International Conference on Sustainable Future of Global System,24-25 May 2000*, UNU Institute of Advanced Studies & OECD, Tokyo & Paris, 2000.

——, Peter J. Marcotullio (ed.), *Globalization and the Sustainability of Cities in the Asia Pacific Region*, UN University Press, Tokyo, 2001.

羅福全の全学術著作は下記ウェブサイトを参照。
http://www.worldcat.org/identities/lccn-n78-6628
1960年から2011年まで、120の著作が4つの言語で出版、世界4709カ所の図書館に収蔵されている。

羅福全主要学術著作一覧

Fu-chen Lo & Kamal Salih (ed.), *Growth Pole Strategy and Regional Development Policy: Asian Experiences and Alternative Approaches*, Pergamon Press, Oxford, 1978.

Fu-chen Lo, *Rural-Urban Relation and Regional Development*, Maruzen Asia, Singapore, 1981.

Fu-chen Lo, *Asian and Pacific Economy Towards the Year 2000*, APDC, Kuala Lumpur, 1987.

——& Miyohei Shinohana (ed.), *Global Adjustments and the Future of Asian-Pacific Economy*, PMC Publication, Tokyo, 1989.
邦訳:篠原三代平との共編著『世界経済調整とアジア太平洋経済の将来』アジア経済研究所、1994 年。

——& Narongchai Akrasance (ed.), *The Future of Asia-Pacific Economies: Emerging Role of Asian NIEs and ASEAN*, Allied Publishers, New Delhi, 1992.

——, Lawrence R. Klein & Warwick J. McKibbin (ed.), *Arms Reduction: Economic Implications in the Post-Cold War Era*, UN University Press, Tokyo, 1994.

——, Roland J. Fuchs, Ellen Brennan, Joseph Chamie & Juha I. Uitto(ed.), *Mega-City Growth and the Future*, UN University Press, Tokyo, 1994.

—— & Lawrence R. Klein (ed.), *Modelling Global Change*, UN University Press, Tokyo, 1995.

—— & Yue-man Yeung (ed.), *Emerging World Cities in Pacific Asia*, UN University Press, Tokyo, 1996.

ま 行

や 行

ら 行

な 行

は 行

た　行

さ　行

主要人名索引

漢字の人名は日本語読みの順に並べた。

著者紹介

羅福全（ら・ふくぜん）

1935年嘉義市栄町生まれ。台湾大学経済系卒、早稲田大学経済学修士、米国ペンシルベニア大学博士。国連地域開発センター（UNCRD）、国連大学に勤務。著作は世界各国4709カ所の図書館に所蔵されている。国際機関に勤務して世界各国を巡り、国際会議に参加し、世界経済問題を議論した。詩画、歌や料理にも堪能で、経済専門家にならなければ、画家、詩人、歌手となったかもしれない。2000年に米国籍を放棄し、台湾の駐日代表となる（2000-04年）。2004年に外交部亜東関係協会会長。2007年に公職を退き、現在は妻子と台北に居住。

陳柔縉（ちん・じゅうしん）

コラムニスト。専門は歴史。著書に『総統の親戚』『台湾の西洋文明初体験』『台湾幸福百事』『昔日の光陰』（以上未邦訳）、『宮前町九十番地』（坂井臣之助訳『国際広報官 張超英』まどか出版、2008年）『人みな時代あり』（天野健太郎訳『日本統治時代の台湾』PHP研究所、2014年）など。

訳者紹介

小金丸貴志（こがねまる・たかし）

1965年兵庫県生。1988年慶應義塾大学法学部政治学科卒業。名古屋大学リサーチ・アドミニストレーター。論文「日治台灣『法治』的檢討：從比較法史出發」（台湾大学法律学院博士論文）等。

台湾《たいわん》と日本《にほん》のはざまを生《い》きて　世界人《せかいじん》、羅福全《らふくぜん》の回想《かいそう》

2016年3月10日　初版第1刷発行©

訳　者　小金丸貴志
発行者　藤原良雄
発行所　株式会社　藤原書店

〒162-0041　東京都新宿区早稲田鶴巻町523
電　話　03（5272）0301
FAX　03（5272）0450
振　替　00160-4-17013
info@fujiwara-shoten.co.jp

印刷・製本　中央精版印刷

落丁本・乱丁本はお取替えいたします
定価はカバーに表示してあります

Printed in Japan
ISBN978-4-86578-061-1

「満洲」をトータルに捉える、初の試み

新装版

満洲とは何だったのか

藤原書店編集部編

三輪公忠／中見立夫／山本有造／和田春樹／安冨歩／別役実 ほか

「満洲国」前史、二十世紀初頭の国際情勢、周辺国の利害、近代の夢想、「満洲」に渡った人々……。東アジアの国際関係の底に現在も横たわる「満洲」の歴史的意味を初めて真っ向から問うた決定版！

四六上製 五二〇頁 **三六〇〇円**

（二〇〇四年七月刊／二〇〇六年一一月刊）◇978-4-89434-547-8

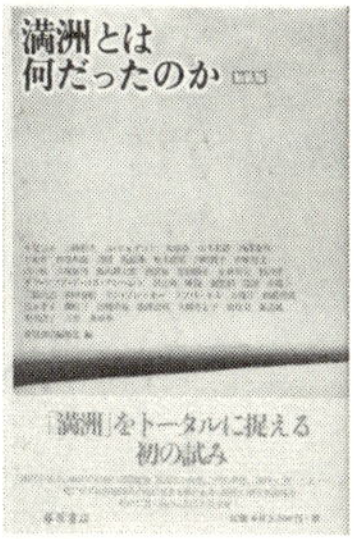

満鉄創業百年記念出版

別冊『環』⑫

満鉄とは何だったのか

〈寄稿〉山田洋次／原田勝正

世界史のなかの満鉄 モロジャコフ／小林道彦／マツサカ／加藤聖文／中山隆志／伊藤一彦／コールマン／長見崇亮

〈鼎談〉小林英夫＋高橋泰隆＋波多野澄雄

「満鉄王国」のすべて 金子文夫／前間孝則／高橋団吉／竹島紀元／小林英夫／加藤二郎／庵谷磐／西澤泰彦／富田昭次／磯田一雄／芳地隆之／李相哲／里見脩／岡田秀則／岡村敬二／井村哲郎／岡田和裕

回想の満鉄 衛藤瀋吉／石原一子／松岡満寿男／下村満子／宝田明／中西準子／長谷川元吉／杉本恒明／加藤幹雄／高松正司

資料 満鉄関連書ブックガイド／満鉄関連地図／満鉄年譜／満鉄ビジュアル資料（ポスター・絵葉書・スケッチ・出版物）

菊大並製 三二八頁 **三三〇〇円**

（二〇〇六年一一月刊）◇978-4-89434-543-0

その全活動と歴史的意味

満鉄調査部の軌跡〔1907-1945〕

小林英夫

日本の満洲経営を「知」で支え、戦後「日本株式会社」の官僚支配システムをも準備した伝説の組織、満鉄調査部。後藤新平による創設以降、ロシア革命、満洲事変、日中全面戦争へと展開する東アジア史のなかで数奇な光芒を放ったその活動の全歴史を辿りなおす。

A5上製 三六〇頁 **四六〇〇円**

満鉄創立百年記念出版

（二〇〇六年一一月刊）◇978-4-89434-544-7

"満洲"をめぐる歴史と記憶

満洲——交錯する歴史

玉野井麻利子編

山本武利監訳

日本人、漢人、朝鮮人、ユダヤ人、ポーランド人、ロシア人、日系米国人など、様々な民族と国籍の人びとによって経験された"満洲"とは何だったのか。近代国家への希求と帝国主義の欲望が混沌のなかで激突する、多言語的、前＝国家的、そして超＝国家的空間としての"満洲"に迫る！

四六上製 三五二頁 **三三〇〇円**

（二〇〇八年二月刊）◇978-4-89434-612-3

CROSSED HISTORIES

Mariko ASANO TAMANOI

“光州事件”はまだ終わっていない

光州の五月

宋 基淑
金松伊訳

一九八〇年五月、隣国で何が起きていたのか？　そしてその後は？　現代韓国の惨劇、光州民主化抗争（光州事件）。凄惨な現場を身を以て体験し、抗争後、数百名に上る証言の収集・整理作業に従事した韓国の大作家が、事件の意味を渾身の力で描いた長編小説。

四六上製　四〇八頁　三六〇〇円
（二〇〇八年五月刊）
◇978-4-89434-628-4

激動する朝鮮半島の真実

朝鮮半島を見る眼

〔「親日と反日」「親米と反米」の構図〕

朴 一

対米従属を続ける日本をよそに、変化する朝鮮半島。日本のメディアでは捉えられない、この変化が持つ意味とは何か。国家のはざまに生きる「在日」の立場から、隣国間の不毛な対立に終止符を打つ！

四六上製　三〇四頁　二八〇〇円
（二〇〇五年一一月刊）
◇978-4-89434-482-2

「在日」はなぜ生まれたのか

歴史のなかの「在日」

藤原書店編集部編
上田正昭＋杉原達＋姜尚中＋朴一／金時鐘＋尹健次／金石範　ほか

「在日」百年を迎える今、二千年に亘る朝鮮半島と日本の関係、そして東アジア全体の歴史の中にその百年の歴史を位置づけ、「在日」の意味を東アジアの過去・現在・未来を問う中で捉え直す。

四六上製　四五六頁　三〇〇〇円
（二〇〇五年三月刊）
◇978-4-89434-438-9

津軽と朝鮮半島、ふたつの故郷

ふたつの故郷《ふるさと》

〔津軽の空・星州《ソンジュ》の風〕

朴 才暎

雪深い津軽に生まれ、韓国・星州（ソンジュ）出身の両親に育まれ、二十年以上を古都・奈良に暮らす――女性問題心理カウンセラーとして活動してきた在日コリアン二世の、初のエッセイ集。「もしいまの私に“善きもの”があるとすれば、それは紛れもなく、すべてあの津軽での日々に培われたと思う。」

四六上製　二五六頁　一九〇〇円
（二〇〇八年八月刊）
◇978-4-89434-642-0

「食」からみた初の朝鮮半島通史

韓国食生活史
（原始から現代まで）

姜《カン》仁《イン》姫《ヒ》
玄《ヒョン》順《スン》恵《ヒェ》訳

朝鮮半島の「食と生活」を第一人者が通史として描く記念碑的業績。キムチを初めとする厖大な品数の料理の変遷を紹介しつつ、食卓を囲む人々の活き活きとした風景を再現。中国・日本との食生活文化交流の記述も充実。

A５上製　四八〇頁　五八〇〇円
（二〇〇〇年一二月刊）
品切◇978-4-89434-211-8

台湾人による初の日台交渉史

台湾の歴史
（日台交渉の三百年）

殷允芃編
丸山勝訳

オランダ、鄭氏、清朝、日本……外来政権に翻弄され続けてきた移民社会・台湾の歴史を、台湾人自らの手で初めて描き出す。「親日」と言われる台湾が、その歴史において日本といかなる関係を結んできたのか。知られざる台湾を知るための必携の一冊。

四六上製　四四〇頁　三二〇〇円
（一九九六年一二月刊）
◇978-4-89434-054-1

台湾・民進党指導者の素顔

陳水扁の時代
（台湾・民進党、誕生から政権獲得まで）

丸山　勝

二〇〇〇年三月の総統選において野党・民進党から劇的な当選を果たし、五〇年に及んだ国民党独裁に遂に終止符を打った陳水扁。台湾における戦後民主化運動の歴史を踏まえ、陳水扁登場の意味と、台湾と、日本・中国を含む東アジアの未来像に迫る。

四六上製　二二二頁　一八〇〇円
（二〇〇〇年四月刊）
◇978-4-89434-173-9

近代日本理解の死角

近代日本と台湾
（霧社事件・植民地統治政策の研究）

春山明哲

「近代国家」建設期の日本にとって、初の「植民地」台湾とは何だったのか。台湾先住民族の抗日武装蜂起「霧社事件」と、原敬・後藤新平らの統治思想との両面から、日台関係の近代史を見つめ直し、台湾を合わせ鏡とした日本像に迫る。

A５上製　四一六頁　五六〇〇円
（二〇〇八年六月刊）
◇978-4-89434-635-2

中国民主化の原点

天安門事件から「08憲章」へ

（中国民主化のための闘いと希望）

劉暁波著
劉燕子編
横澤泰夫・及川淳子・劉燕子・蒋海波訳
序＝子安宣邦

「事件の忘却」が「日中友好」ではない。隣国、中国における「08憲章」発表と不屈の詩人の不当逮捕・投獄を我々はどう受けとめるか。

四六上製　三二〇頁　三六〇〇円
（二〇〇九年一二月刊）
◇978-4-89434-721-2

日中関係の未来は「民間」にあり！

「私には敵はいない」の思想

（中国民主化闘争二十余年）

劉　暁波

「劉暁波」は、我々の問題だ。

劉霞／劉燕子／徐友漁／杜光／王力雄／李鋭／丁子霖・蒋培坤／張博樹／余杰／麻生晴一郎／子安宣邦／及川淳子／峯村健司／藤井省三／藤野彰／横澤泰夫／加藤青延／矢吹晋／林望／清水美和／城山英巳

四六上製　四〇〇頁　三六〇〇円
（二〇一一年五月刊）
◇978-4-89434-801-1

日中共同研究の初成果

辛亥革命と日本

王柯　編
櫻井良樹／趙軍／安井三吉／姜克實／汪婉／呂一民・徐立望／松本ますみ／沈国威／濱下武志

アジア初の「共和国」を成立させ、「アジアの近代」を画期した辛亥革命に、日本はいかに関わったのか。政治的アクターとしての関与の実像に迫るとともに、近代化を先行させた同時代日本が、辛亥革命発生の土壌にいかなる思想的・社会的影響を与えたかを探る。

辛亥革命百年記念出版
A5上製　三二八頁　三八〇〇円
（二〇一一年一一月刊）
◇978-4-89434-830-1

戦後日中関係史の第一級資料

時は流れて　㊤㊦

（日中関係秘史五十年）

劉　徳有
王雅丹訳

卓越した日本語力により、毛沢東、周恩来、劉少奇、鄧小平、郭沫若ら中国指導者の通訳として戦後日中関係のハイライトシーン、舞台裏に立ち会ってきた著者が、五十年に亙るその歴史を回顧。戦後日中交流史の第一級史料。

四六上製　各三八〇〇円
㊤四七二頁＋口絵八頁　㊦四八〇頁
（二〇〇二年七月刊）
㊤◇978-4-89434-296-5
㊦◇978-4-89434-297-2

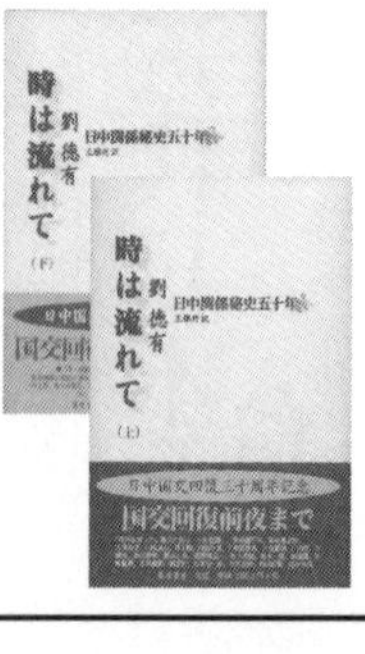

中国という「脅威」をめぐる屈折

近代日本の社会科学と東アジア

武藤秀太郎

欧米社会科学の定着は、近代日本の世界認識から何を失わせたのか？ 田口卯吉、福澤諭吉から、福田徳三、河上肇、山田盛太郎、宇野弘蔵らに至るまで、その認識枠組みの変遷を「アジア」の位置付けという視点から追跡。東アジア地域のダイナミズムが見失われていった過程を検証する。

A5上製 二六四頁 **四八〇〇円** （二〇〇九年四月刊） ◇978-4-89434-683-3

「植民地」は、いかに消費されてきたか？

「戦後」というイデオロギー 〈歴史／記憶／文化〉

高 榮蘭

幸徳秋水、島崎藤村、中野重治や、「植民地」作家・張赫宙、「在日」作家・金達寿らは、「非戦」「抵抗」「連帯」の文脈の中で、いかにして神話化されてきたのか。「戦後」の「弱い日本」幻想において不可視化されてきた多様な「記憶」のノイズの可能性を問う。

四六上製 三八四頁 **四二〇〇円** （二〇一〇年六月刊） ◇978-4-89434-748-9

日・中・韓ジャーナリズムを問う

日中韓の戦後メディア史

李相哲編

市場化・自由化の波に揉まれる中国、"自由"と"統制"に翻弄されてきた韓国、メディアの多様化の中で迷う日本。戦後の東アジア・ジャーナリズムを歴史的に検証し、未来を展望する。 **李相哲／鄭晋錫／小黒純／卓南生／渡辺陽介／李東官／斎藤治／劉揚／金泳徳／若宮啓文／西村敏雄／西倉一喜／李双龍**

A5上製 三二八頁 **三八〇〇円** （二〇一二年一二月刊） ◇978-4-89434-890-5

誰のための、何のための"国境"なのか？

別冊『環』⑲

日本の「国境問題」 〈現場から考える〉

岩下明裕編

I **総論** 岩下明裕／古川浩司／本間浩昭／佐藤由紀／長嶋俊介／鈴木勇次／田村慶子／竹内陽一／木山克彦
II **千島と根室** 黒岩幸子／井潤裕／松崎誉／本田良一／長谷川俊輔／鈴木寛和／伊藤 哉／遠藤輝宣／久保浩昭
III **樺太と稚内** 天野尚樹／中川善博／相原秀起／工藤信彦／佐藤秀志／藤田幸洋
IV **朝鮮半島と北部九州・対馬** 松原孝俊／新井直樹／加峯隆義／財部能成／金京一／比田勝亨／武末聖子／久保実
V **台湾と八重山** 松田良孝／上妻毅／佐道明広／外間守吉／吉川博也／小濱啓由
VI **大東島** 山上博信／木村崇／吉澤直美
VII **小笠原** 石原俊／ダニエル・ロング／小西潤子／渋谷正昭／可知直毅／南谷奉良／今村圭介／延島冬生／越村勲

菊大並製 三六八頁 **三三〇〇円** （二〇一二年三月刊） ◇978-4-89434-848-6

今、アジア認識を問う

「アジア」はどう語られてきたか
〈近代日本のオリエンタリズム〉

子安宣邦

脱亜を志向した近代日本は、欧米への対抗の中で「アジア」を語りだす。しかし、そこで語られた「アジア」は、脱亜論の裏返し、都合のよい他者像にすぎなかった。再び「アジア」が語られる今、過去の歴史を徹底検証する。

四六上製　二八八頁　三〇〇〇円
（二〇〇三年四月刊）
◇978-4-89434-335-1

日韓近現代史の核心は、「日露戦争」にある

歴史の共有体としての東アジア
〈日露戦争と日韓の歴史認識〉

子安宣邦＋崔文衡

近現代における日本と朝鮮半島の関係を決定づけた「日露戦争」を軸に、「一国化した歴史」が見落とした歴史の盲点を衝く！　日韓の二人の同世代の碩学が、次世代に伝える渾身の「対話＝歴史」。

四六上製　二九六頁　三二〇〇円
（二〇〇七年六月刊）
◇978-4-89434-576-8

トインビーに学ぶ東アジアの進路

文明の転換と東アジア
〈トインビー生誕一〇〇年アジア国際フォーラム〉

秀村欣二監修
吉澤五郎・川窪啓資編

地球文明の大転換期、太平洋時代の到来における東アジアの進路を、トインビーの文明論から模索する。日・韓・中・米の比較文明学、政治学、歴史学の第一人者らによる「アジアとトインビー」論の焦点。「フォーラム全記録」収録。

四六上製　二八〇頁　二七一八円
（一九九二年九月刊）
◇978-4-938661-56-4

文化大革命の日々の真実

中国医師の娘が見た文革

（旧満洲と文化大革命を超えて）

張《チャン》 鑫鳳《シンフォン》

「文革」によって人々は何を得て、何を失い、日々の暮らしはどう変わったのか。文革の嵐のなか、差別と困窮の日々を送った父と娘。日本留学という父の夢を叶えた娘がいま初めて、誰も語らなかった文革の日々の真実を語る。

四六上製　三一二頁　**二八〇〇円**
（二〇〇〇年二月刊）
◇978-4-89434-167-8

「朝鮮戦争」とは何だったのか？

歴史の不寝番《ねずのばん》

（「亡命」韓国人の回想録）

鄭 敬謨
鄭剛憲訳

多方面からの根拠のない嫌疑と圧力にも屈することなく南北双方に等距離を保ち、いかなる組織にも肩書きにも拠らずに「亡命」の地、日本に身を置く鄭敬謨。躯ひとつで朝鮮半島の分断に抵抗し続け、激動の現代史の数々の歴史的現場に立ち会いながら、志を貫いた、その生涯。

四六上製　四八八頁　**口絵一六頁**　**四六〇〇円**
（二〇一一年五月刊）
◇978-4-89434-804-2

小説のような壮絶で華麗な生涯

三生三世《さんしょうさんぜ》

（中国・台湾・アメリカに生きて）

聶《ニエ》 華苓《ホアリン》
島田順子訳

国共内戦の中を中国で逞しく生き抜き、戦後『自由中国』誌を通し台湾民主化と弾圧の渦中に身を置き、その後渡米し、詩人エングルと共にアイオワの地に世界文学の一大拠点を創出した中国人女性作家。その生涯から見える激動の東アジア二十世紀史。

四六上製　四六四頁　**口絵三二頁**　**四六〇〇円**
（二〇〇八年一〇月刊）
◇978-4-89434-654-3